"十四五"职业教育国家规划教材

# 汽车机械基础

总主编　周乐山
主　编　陆琳杰

产教融合　项目教学型教材

QICHE JIXIE JICHU

北京师范大学出版集团
BEIJING NORMAL UNIVERSITY PUBLISHING GROUP
北京师范大学出版社

**图书在版编目(CIP)数据**

汽车机械基础/陆琳杰主编. —北京：北京师范大学出版社，
2016.9(2025.7 重印)

ISBN 978-7-303-21242-2

Ⅰ. ①汽… Ⅱ. ①陆… Ⅲ. ①汽车－机械学－中等专业学
校－教材 Ⅳ. ①U463

中国版本图书馆 CIP 数据核字(2016)第 213007 号

出版发行：北京师范大学出版社 https://www.bnupg.com
　　　　　北京市西城区新街口外大街 12-3 号
　　　　　邮政编码：100088

印　　刷：优奇仕印刷河北有限公司
经　　销：全国新华书店
开　　本：787 mm×1092 mm　1/16
印　　张：13
字　　数：220 千字
版　　次：2016 年 9 月第 1 版
印　　次：2025 年 7 月第 12 次印刷
定　　价：36.80 元

策划编辑：庞海龙　　　　　责任编辑：庞海龙
美术编辑：焦　丽　　　　　装帧设计：弓禾碧工作室
责任较对：陈　民　　　　　责任印制：赵　龙

# 出版说明

本套教材是在汽车维修行业专家、企业专家、课程专家的精心指导下，结合汽车维修企业生产岗位和工作实际开发的。本套教材紧紧围绕汽车售后维修企业的职业工作需求，以就业为导向，以技能训练为中心，以"更加实用、更加科学、更加新颖"为编写原则，旨在探索理论与实践一体化的教学模式，具有如下特色：

1. 教材编写理念。借鉴"行动导向"的教学模式，以学生为主体，以教师为指导，以提高学生职业技能和创新能力为目标，理论紧密联系实践。理论知识以必备、够用为度，技能训练面向岗位需求，注重结合汽车后市场服务岗位群和维修岗位群的岗位知识与技能要求，使学生学完每一本教材后，都能获得该教材所对应的职业岗位能力。

2. 教材结构体系。根据汽车维修职业岗位工作需求，采用项目、任务两个层级，实施项目导向、任务驱动的模式构建课程体系。理论教学和技能训练有机融合，专业学习和"1＋X"考证有机融合，实践教学与岗位培训有机融合，系统性和模块化有机融合，方便不同地区、不同专业、不同条件、不同层次的学生或人员剪裁选用。

3. 教材内容组织。精选对学生有用的基础理论和基本知识，突出实用性、新颖性，以我国保有量较大的轿车为典型，引入现代汽车新技术、新工艺、新规范，结合典型车型维修手册，加强"任务实施"内容的编写。在教学中坚持立德树人，德技并修，将规范操作、5S管理、良好的职业素养理念融入专业课程教学内容之中。引导教师在"做中规范地教"，学生在"学中规范地做"。教学内容突出典型工作任务，任务实施注重以实例为引导，激发学生的学习兴趣，符合学生的认知规律。

4. 教材编排形式。本套教材图文并茂，采用四色印刷。教材编排通俗易懂、简明实用、由浅入深，符合职业院校学生的心理特点。每一项目均配有"项目概述"，让学习者知道本项目要学习的任务和在"知识、技能、行为习惯和职业素养"四个方面应达到的要求。每一个任务都有具体的学习目标，配有技术规范、有安全提示的任务实施步骤，力求做到科学、规范、明晰。教材最后配有课程评价，便于学生对课程教学提出建议和专业教师教学素质提升。

5. 教材配套资源。每本教材都配有学生工作手册和数字化教学资源，教学资源主要包括教学视频、电子教案、教学课件等。配套资源可方便广大教师组织教学，也可方便广大读者学习。

由于编写人员能力有限，教材中不足之处在所难免，恳请各位读者批评指正。

汽车运用与维修专业项目化课程编写指导委员会

# 序

据公安部统计，2025 年 6 月底全国机动车保有量达 4.6 亿辆，其中汽车 3.59 亿辆。我国已经进入了飞速发展的汽车社会新时代，汽车维修业也成为与广大人民群众日常生活息息相关的现代服务业。随着国家对职业教育的重视和投入的增加，我国的汽修职业教育取得了快速发展，为社会输送了一大批在汽修一线工作的高技术技能型人才，从一定程度上突破了汽车维修人才紧缺的瓶颈。但同时应该看到，汽车电动化、智能化、网联化和共享化的快速推进，打破了人们对传统汽车的理解，对汽车维修人才也提出了更高的要求。教育是国之大计、党之大计。培养什么人、怎样培养人、为谁培养人是教育的根本问题，育人的根本在于立德。全面贯彻党的教育方针，落实立德树人根本任务，培养德智体美劳全面发展的社会主义建设者和接班人，坚持以人民为中心发展教育，加快建设高质量教育体系，发展素质教育，促进教育公平。加强企业主导的产学研深度融合，坚持学思用贯通、知信行统一。这就需要我们工作在职业教育一线的专家、教师在习近平新时代中国特色社会主义思想指导下，创新教育理念，改革教学模式，优化专业教材，为党育人、为国育才，培养出真正符合党和国家要求的高技术技能型汽修人才。

教学模式的创新，得益于先进的课程理念，先进的课程理念需要一套完整的课程方案和配套的课程资源来体现，近几年，在企业、行业专家和课程专家的指导下，北京师范大学出版社开发了一整套汽车运用与维修专业的项目化教材，并不断完善和更新。相比以往的职业教育汽车运用与维修专业教材，这套教材有许多特点和亮点，主要体现在：

1. 面向职教。教材作者均来自汽车维修专业教学一线，有多年从事专业课教学的经验，大多数参编者都亲自参加过职业院校汽车运用与维修技能大赛的教师组比赛项目，并取得了优异的成绩。因此，在教材的编写过程中，他们能紧扣汽车运用与维修专业的培养目标，并借鉴全国职业院校汽车运用与维修技能大赛所提出的能力要求，把维修行业的规范、安全、环保、高效、服务、合作、敬业等理念贯穿于专业技能训练的课目之中，符合当前汽车后市场对人才的综合素质要求。

2. 难易适度。本套教材汲取了宝马、丰田、上海通用等知名汽车企业培训教材的精华，着重强调结论性、应用性强的必备基础理论知识，使得教材整体理论知识的学习难度降低，同时又保证学生在分析和解决实际问题时能具有一定的理论基础，这符合职业院校学生的认知特点。

3. 实用性强。本套教材体例实用，并配有学生工作手册，力求把知识传授、技能训练、行为习惯培养和职业素养养成融为一体，有利于学生综合素质的提升，使学生能够运用所学的基本知识举一反三、触类旁通，同时也为学生后续学习奠定基础。教材中精选了典型的工作任务，并配有工艺化的任务实施流程，旨在培养学生正确使用工具和设备解决实际问题的能力，达到学生毕业后即可胜任汽车后市场相应工作岗位的技能和素质要求。

4. 静动并举。本套教材在理论知识讲解和具体工作任务实施中采用了大量的实物图，教材采用四色印刷，在文字描述方面力求简洁规范、通俗易懂，在关键知识点的理论讲解和具体工作任务实施时配有教学视频、动画演示等数字化资源，激发了学生的学习兴趣，降低了学习难度，方便学生自我完善和自我提高。

这套教材的推广使用，将有助于职业院校汽车运用与维修专业教学质量和能力的提高。希望大家多提宝贵意见和建议，也希望我国的职业教育事业越办越好。

# 前　言

随着汽车业的飞速发展，汽车技术的不断提高，我国汽车产业对汽车业从业人员提出了更高的要求。本书是中等职业学校汽车运用与维修中职专业领域的系列教材之一，作为汽车专业的专业基础课，教材的编制注重与专业知识的结合，坚持教育教学与实践的结合。

编者根据汽车专业类毕业生所从事职业的实际需要，对教材内容进行整合与梳理。本教材包括汽车典型机构、汽车典型零部件、汽车典型联接、汽车机械传动、汽车液压液力传动、构件的力学知识。通过对该课程的学习，学生需要掌握常用机构的工作原理和运动特性；汽车中常用的联接和传动方式；知道汽车上相关零件的种类及特点；了解液压传动系统中的相关元件及特点，为以后专业课的学习打下基础。

在编写过程中，编者着重考虑了以下几方面的问题。

第一，在充分考虑知识适用性的基础上对教学内容进行重新整合和排序。

第二，在内容的叙述上，尽量多用图来表达信息，符合中等专业学校学生的学习特点和认知规律。

第三，紧密联系汽车实物，以培养学生的综合能力。

第四，任务后面配有思考与练习，以便于师生组织教学后的质量检测。

本教材建议126课时，课时分配如下。

| 序号 | 项目名称 | 任务 | 课时 |
|------|----------|------|------|
| 项目1 | 构件的力学知识 | 5 | 16 |
| 项目2 | 汽车典型机构 | 6 | 24 |
| 项目3 | 汽车典型零部件 | 5 | 18 |
| 项目4 | 汽车典型联接 | 3 | 14 |
| 项目5 | 汽车机械传动 | 7 | 36 |
| 项目6 | 汽车液压液力传动 | 4 | 18 |

本教材由陆琳杰担任主编，承担项目1、3、6的编写任务并负责全书统稿，吴海军参与编写项目2并协助全书校稿、统稿，花文艺参与编写项目4、5，李海彬参与修订项目4、为本课程提供教学视频等部分多媒体资源。

　　由于编者水平有限，书中难免有不妥之处，希望广大读者批评指正，提出宝贵意见和建议。

编　者

# 目 录

# 构件的力学知识

　　构件的静力学分析，是选择构件材料、确定构件外形尺寸的基础。一般情况下，构件受力后产生的变形，相对于构件的几何尺寸而言是微小的，可以忽略不计，这样在进行构件的受力分析时，可使问题得到简化。

　　通过本项目的学习，让学生知道构件受力作用后所发生的各种变形，了解构件的运动分析情况。

## 任务 MISSION 1　构件的受力分析

### 任务描述

　　通过本任务的学习可以让学生掌握力学知识、掌握汽车中涉及力学的基本概念及各构件与机构的受力分析方法；理解构件在某些情况下的受力情况，学习力学的相关知识，对于提高学生在维修工作中的分析与判断能力有很大帮助。

### 任务目标

1. 熟悉力的基础知识。
2. 掌握利用平行四边形法则求力的合成的方法。
3. 知道平面力系的几个概念。

### 相关知识

## 一、力

### 1. 力的概念

　　力是物体间相互的机械作用，机械作用的形式是多种多样的，如压力、支持力、重力、摩擦力等。这种作用的结果使物体的运动状态发生变化或使物体产生变形。力在人们生活和生产实践中的例子相当普遍，例如，人用手推小车，使其由静止开始移动；滚动的车轮受到制动力的作用而使车轮运动变慢，直到车辆停驶。

力使物体的运动状态发生变化，即改变物体的运动速度或方向的效应，称为运动效应或外效应，如图 1-1-1(a)所示；而力使物体产生形变的效应，称为变形效应或内效应，如图 1-1-1(b)所示。

（a）力的外效应 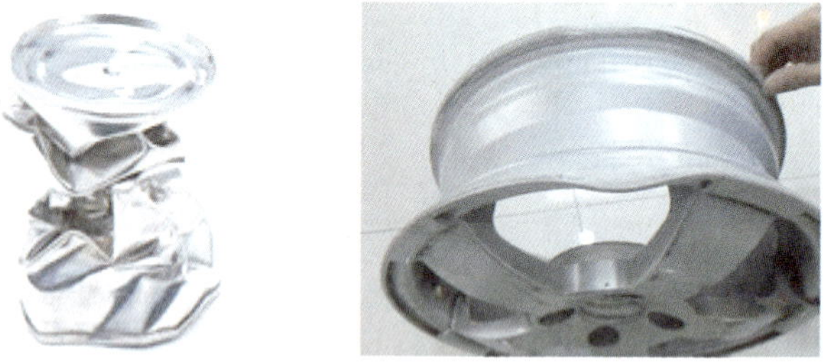　　　　　　　　　　　　（b）力的内效应

图 1-1-1　力对物体的效应

### 2. 力的三要素

力对物体的效应（外效应和内效应）取决于力的大小、方向和作用点，这三者称为力的三要素。只要力的三要素之一发生改变，则力对物体的效应也随之改变。

力是一个既有大小又有方向的矢量。力可以用带有箭头的线段表示，线段的长度（按一定比例）表示力的大小，

图 1-1-2　用力推动小车

箭头的指向和线段的方位表示力的方向，线段的起始点（或终点）表示力的作用点，如图 1-1-2 所示。力的国际单位为牛顿，记作 N。工程上常以千牛作为力的单位，记作 kN。

## 二、力系

### 1. 力系的概念

同时作用于一个物体上的若干个力称为力系，如图 1-1-3 所示。如果两个力系对同一物体的作用效应完全相同，则称这两个力系为等效力系或平衡力系。力系按作用线是否共面分为平面力系和空间力系。若力系中各个力的作用线均在同一平面内，则称为平面力系；若力系中各个力的作用线不在同一平面内，则称为空间力系。本任务主要介绍平面力系的知识。

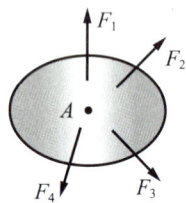

图 1-1-3　力系

### 2. 合力与分力

如果一个力和一个力系的作用效果相同，那么这个力就称为这个力系的合力。该力系中的每一个力称为该合力的分力。如图 1-1-4 所示，$F_1$ 和 $F_2$ 就是 $F_合$ 的分力，$F_合$ 就是 $F_1$ 和 $F_2$ 的合力。

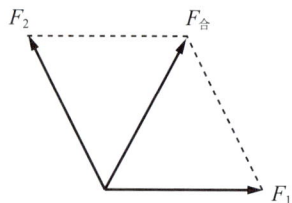

图 1-1-4　合力与分力

3. **力的合成和分解**

已知分力求合力的过程称为力的合成，已知合力求分力的过程称为力的分解。

作用于物体上同一点的两个力可以合成为一个合力。力是矢量，矢量合成应按平行四边形法则来进行。两个共点力的合力仍然通过原作用点，合力的大小和方向以这两个力为邻边所构成的平行四边形的对角线来决定。

在力的分析中，平衡是指物体相对于地面保持静止或做匀速直线运动。例如，静止在地面上的汽车或在直线路面上匀速行驶的汽车，都处于平衡状态。如果作用于同一刚体上的且同一平面的三个相互平衡的力，若其中两个力的作用线汇交于一点，则第三个力的作用线通过汇交点。

如图 1-1-5 所示，在刚体的 $A$、$B$、$C$ 三点上，分别作用三个相互平衡的力 $F_1$、$F_2$、$F_3$。根据力的可传性，将力 $F_1$ 和 $F_2$ 移到汇交点 $O$，然后根据力的平行四边形法则，得合力 $F_{12}$。则力 $F_3$ 应与 $F_{12}$ 平衡。由于两个力平衡必须共线，所以力 $F_3$ 必定与力 $F_1$ 和 $F_2$ 共面，且通过力 $F_1$ 与 $F_2$ 的交点 $O$。

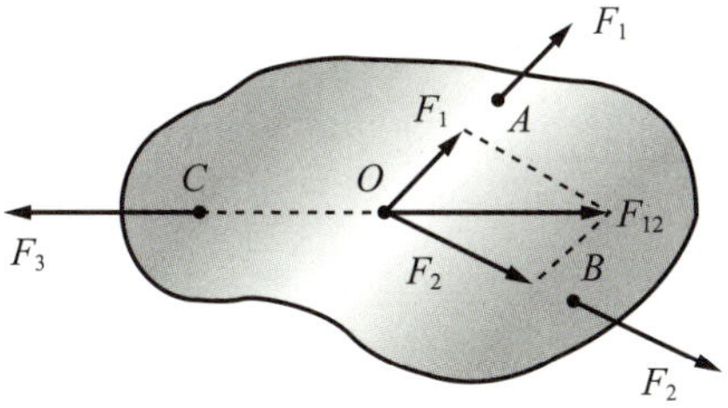

图 1-1-5　力的平衡汇交

4. **作用力与反作用力**

两个物体间的作用力与反作用力总是同时存在，同时消失，且大小相等、方向相反、沿同一直线，分别作用在这两个物体上。例如，图 1-1-6 所示，重物放在桌子上，重物受地球引力影响对桌面有压力，而为保持重物静止，桌面对重物有支持力作用。再如，当用高压水枪冲洗汽车时，会有水反射到冲洗者的身上，这些反射的水仍旧是水枪喷射的水，只是受到车身的反作用力，水发生了反向运动，如图 1-1-7 所示。

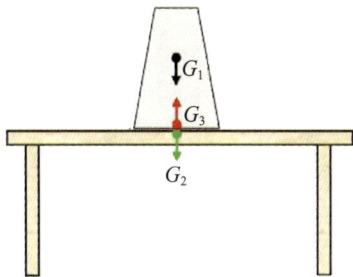

图 1-1-6　力的作用力与反作用力

图 1-1-7　力的反作用力

**5.** 平面汇交力系和平面平行力系

在平面力系中，若各力的作用线交于一点，则称为平面汇交力系，如图 1-1-8 所示。若各力的作用线相互平行，则称为平面平行力系，如图 1-1-9 所示。

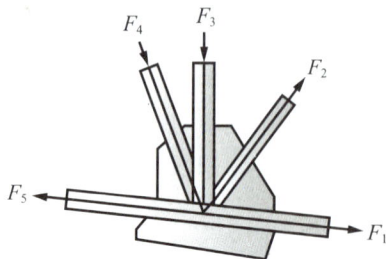

图 1-1-8　汽车侧立柱构件图　　　　图 1-1-9　车轮与铁轨的接触力

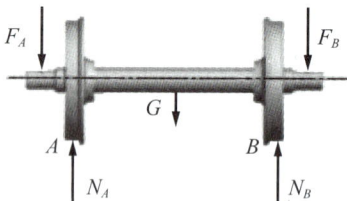

## 思考与练习

**一、填空题**

1. 力是物体间相互的_____作用，使物体的_____发生变化或使物体产生_____。

2. 力的三要素是指力的_____、_____和_____，它们决定了力对物体的_____。

3. 在力的作用下，_____和_____都保持不变的物体称为刚体。

4. 力是一个既有_____又有_____的矢量。

5. 同时作用于一物体上的若干个力组成的系统称为_____。

6. 如果一个力和一个力系的作用效果相同，那么这个力就称为这个力系的_____，该力系中的各力称为这个力的_____。

7. 作用力和反作用力总是_____、_____，且两个力的大小_____、方向_____，沿着同一直线分别作用在两个相互作用的物体上。

8. 作用于物体上的_____都在_____内，而且_____的力系，称为平面汇交力系。

**二、判断题**

1. 力的三要素中只要有一个要素不改变，则力对物体的作用效果就不变。（　　）

2. 作用力和反作用力总是同时存在，其大小相等、方向相反，沿同一直线作用于同一物体。（　　）

3. 作用力与反作用力表明了力是两个物体间的相互作用。（　　）

4. 合力的作用与它的各分力同时作用效果相同，故合力一定大于任何一个分力。（　　）

**三、选择题**

1. 力是物体之间的_____。

A. 相互冲击　　　　B. 相互振动　　　　C. 相互作用　　　　D. 相对运动

2. 下列关于力的说法中，正确的是_____。

A. 力作用在物体上，只能使物体从静止变为运动

B. 没有物体也可能会有力的作用

C. 在发生力的作用时，必定可以找到此力的施力物体和受力物体

D. 力是物体对物体的作用，所以彼此不直接接触的物体之间没有力的作用

3. 平面上有 3 个不平行的力使物体处于平衡状态，则它们有_____交点。

A. 1 个　　　　　　B. 2 个　　　　　　C. 3 个　　　　　　D. 0 个

4. 作用力与反作用力_____。

A. 是平衡的　　　　　　　　　　B. 有时是平衡的

C. 是不能平衡的　　　　　　　　D. 关系无法确定

### 四、简答题

1. 力的三要素是什么？

2. 力对物体的效应分为哪两种？

3. 举例说明汽车中力的效应。

4. 简述平面平行力系与平面汇交力系的区别，并用图举例说明。

5. 举例生活中的作用力与反作用力。

## M任务 2　力矩与力偶的分析

### 任务描述

通过本任务的学习叮以让学生掌握力矩、力偶、力偶矩的概念；理解力矩、力偶的联系与区别；了解汽车和生活中的力偶的应用。学习构件的力矩和力偶，对于提高学生在维修工作中的分析与判断能力有很大帮助。

### 任务目标

1. 理解力矩、力偶、力偶矩的概念。

2. 了解汽车中的力偶。

### 相关知识

## 一、力矩

力对物体的作用效应，使物体的运动状态（包括移动与转动）发生改变，其中力对物体的转动效应可用力矩来表示。

如图 1-2-1 所示，一般地，设平面上一作用力 $F$，在平面内任取一点 $O$ 为矩心，$O$ 点到力作用线的垂直距离 $d$ 称为力臂。因为扳手的转向可能是逆时针，也可能是顺时针，所以

可用力的大小与力臂的乘积 $Fd$ 再加上适当的正负号来表示力 $F$ 使物体绕 $O$ 点转动的效应，称为力 $F$ 对 $O$ 点之矩，简称力矩，用 $M_O(F)$ 来表示，即 $M_O(F)＝\pm Fd$，其中，正号表示力矩为逆时针方向，负号表示力矩为顺时针方向。力矩单位通常用 N·m 或 kN·m。

例如汽车修理工常用的扳手，如图 1-2-2、图 1-2-3、图 1-2-4 所示其手柄部分的长短是根据所拧螺栓的直径规格而定的，因为手柄部分越长其力臂就越大，在同样的力作用下，则力矩就越大。如果扳手手柄长度不受到限制，就可能将直径小的螺栓拧断。那么如果在操作的过程中，力矩的大小可以让操作者直观地感觉到，如汽车修理工用的扭力扳手，在操作时可以通过看扭力扳手上的扭转力矩刻度来掌握拧紧力矩的大小。

由此可见，力 $F$ 使物体绕 $O$ 点转动的效果，完全由下列两个要素决定。

①力的大小与力臂的乘积。

②力使物体绕 $O$ 点转动的方向。

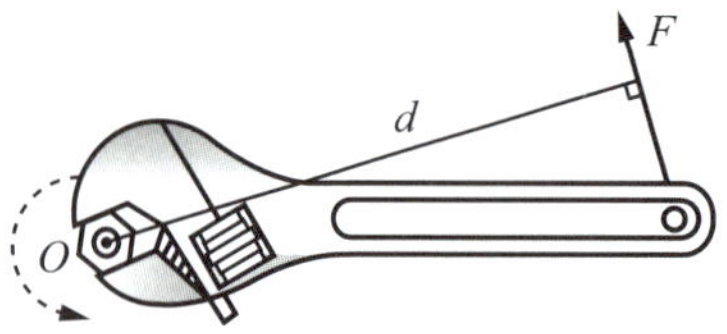

图 1-2-1　扳手拧螺母

图 1-2-2　扭力扳手

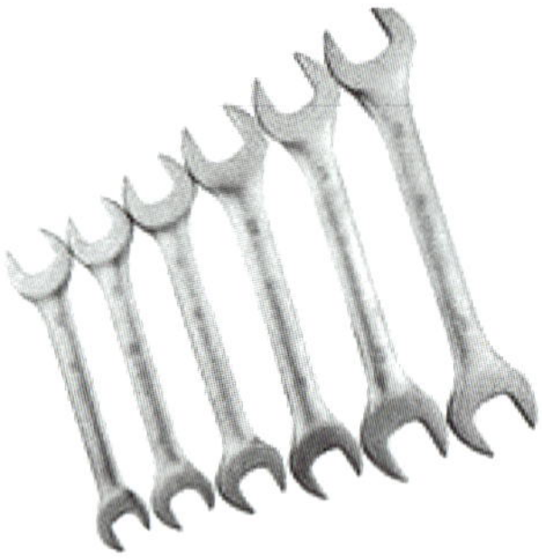

图 1-2-3　双头开口扳手

图 1-2-4　双头梅花扳手

由此得出，力矩的如下性质：

①力矩与力大小、方向，同时还与矩心有关。

②力矩不会因该力的作用点沿其作用线移动而改变。

③力的大小为零，或力的作用线通过矩心时，力矩皆为零。

## 二、力偶与力偶矩

### 1. 力偶

力偶是指两个大小相等、方向相反，作用线平行但不共线的两个力组成的力系，如

图 1-2-5 所示的双手紧固汽车轮胎的十字扳手中，由力 $F$ 和 $F'$ 组成的力偶，表示为($F$，$F'$)。当我们开门锁时，如图 1-2-6 用双手控制钥匙，手作用在钥匙上一对等值、反向、不共线的平行力组成的力系即为力偶。如图 1-2-7、图 1-2-8，司机用双手转动方向盘，拧水龙头等，都是施加力偶的例子。力偶用符号($F$，$F'$)表示。力偶中两力之间的垂直距离 $d$ 称为力偶臂，力偶所在的平面称为力偶的作用面。

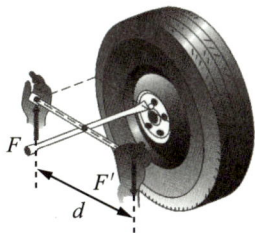

图 1-2-5 汽车轮胎的紧固

图 1-2-6 开门锁

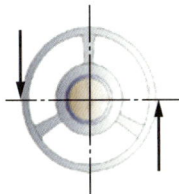

图 1-2-7 方向盘

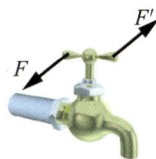

图 1-2-8 水龙头

**2. 力偶矩**

如图 1-2-5 所示，力偶中两个力之间的垂直距离 $d$ 称为力偶臂。力偶中的力 $F$ 与力偶臂 $d$ 的乘积称为力偶矩。

力偶矩的符号为 $M(F，F')$，公式为 $M = \pm Fd = \mp F'd$，正负号表示力偶的转向，为正表示逆时针方向转动，为负表示顺时针方向转动。力偶矩的单位和力矩的单位相同，为 N·m 或 kN·m。

力偶矩对物体的转动效应取决于三要素：力偶矩的大小、力偶的转向、力偶的作用面。

**3. 力偶的性质**

①力偶没有合力，即力偶不能与一个力平衡。因此力偶只能用力偶平衡。

②力偶对物体的转动效果可以用力偶矩来度量。

③凡是三要素相同的力偶都是等效力偶，它们可以互相代替。

应当注意，力矩和力偶都能使物体运动状态改变，这是它们的共性。但是它们也是有区别的，力矩使物体的转动效应与矩心位置有关，而力偶对其作用面内的任意点的力偶矩为常数，与矩心无关。

### 思考与练习

**一、填空题**

1. 用力拧紧螺母，其拧紧程度不仅与力_____有关，而且与螺母中心到力的作用线的_____有关。

2. 力偶的三要素是_____、_____和_____。

3. 力偶的大小等于_____。

4. 力偶对物体的转动作用与_____无关。

**二、判断题**

1. 力和力偶都能使物体转动，所以力偶可以用力来平衡。（　　）

2. 力偶矩的大小和方向与所取矩心位置无关，力偶对作用平面内任意一点的矩，恒等于力偶矩。（　　）

3. 力偶对物体的转动效果与力矩对物体的转动效果相同。（　　）

**三、选择题**

1. 平面中，力矩为零的条件是_____。

A. 作用力与力臂二者之一为零　　　　B. 作用力与力臂不为零

C. 作用力与力臂的乘积不为零　　　　D. 与力矩方向有关

2. 下列属于力矩作用的是_____。

A. 用丝锥攻螺纹　　　　B. 双手握方向盘

C. 用螺丝刀扭螺钉　　　　D. 用扳手拧螺母

3. 作用在物体某一点的力可以平移到另一点，但必须同时附加一个_____。

A. 力　　　　B. 力臂

C. 剪力　　　　D. 力偶

4. 力偶等效只要满足_____。

A. 力偶矩大小相等　　　　B. 力偶矩转向相同

C. 力偶作用面相同　　　　D. 力偶矩大小、转向、作用面均相同

**四、简答题**

1. 驾驶员双手如何用力才能保持方向盘静止不动？

2. 驾驶员双手如何用力才能使方向盘转动？

3. 驾驶员能否使用一只手转动方向盘？

4. 力矩、力偶的定义是什么？

5. 力偶的性质有哪些？

6. 简述力矩和力偶矩的区别，并举例说明。

7. 力偶能与一个力等效或者平衡吗？

8. 力偶对其作用平面内任一点的矩恒等于力偶矩吗？

9. 如果力偶中力没有改变，矩心位置改变，力偶矩是否变化？

## 任务 3  摩擦现象认知

### 任务描述

汽车上的各个零件都要受力的作用，如拉伸、压缩、扭转、弯曲和剪切等。汽车上许多部位存在摩擦现象，摩擦将导致磨损，进而影响零部件的寿命。活塞与气缸体等均存在摩擦现象。摩擦会带来能量损耗，还会引起振动和噪声等。在汽车制动以及车辆的驱动等方面必须依靠摩擦，所以摩擦具有两面性。行驶中的汽车需要依靠摩擦才能够停下来，汽车离合器依靠摩擦才能够传递动力。

通过本任务可以让学生了解摩擦的基本知识，从而对汽车中的各种机构和构件的使用寿命有所了解，减少负面摩擦。

### 任务目标

1. 了解摩擦的基本概念。
2. 知道摩擦的分类。
3. 知道静摩擦、滑动摩擦和滚动摩擦之间的区别。

### 相关知识

摩擦是自然界普遍而又重要的物理现象。没有摩擦，人们就寸步难行，车辆也将无法行驶。摩擦对于人类来说有利有弊。在机械工程中，可以利用摩擦来传动、制动，例如，汽车离合器能够依靠摩擦传递动力；汽车的起动、行驶离不开摩擦。反之摩擦的弊端会使零件磨损、能耗增大，使得机器发热、降低效率。例如，汽车发动机中气缸与活塞环之间的摩擦，使得发动机工作效率降低。

根据接触面之间的运动状况不同，摩擦有滑动摩擦和滚动摩擦。

## 一、滑动摩擦

### 1. 摩擦力

两个互相接触的物体，当它们做相对运动或有做相对运动的趋势时，在接触面上会产生一种阻碍相对运动的力，这种力叫做摩擦力。

若一个物体在另一个物体表面发生相对滑动时，在接触面之间产生阻碍物体运动的力叫做滑动摩擦力。若两个物体只有相对滑动趋势，但仍保持相对静止，接触面上产生的摩擦力称为静滑动摩擦力，简称静摩擦力。由于摩擦力阻碍物体间的相对运动，所以摩擦力的方向（沿接触面的公切线）与相对运动或运动趋势的方向相反。

如图 1-3-1 所示，在粗糙的水平面上放一重为 $G$ 的物块，物块所受作用力有主动力 $F_P$、$G$，水平面的法向约束力即正压力 $F_N$，以及摩擦力 $F_f$。随着拉力 $F_P$ 的增大，将会出现以下三种情况。

图 1-3-1　滑动摩擦力实例

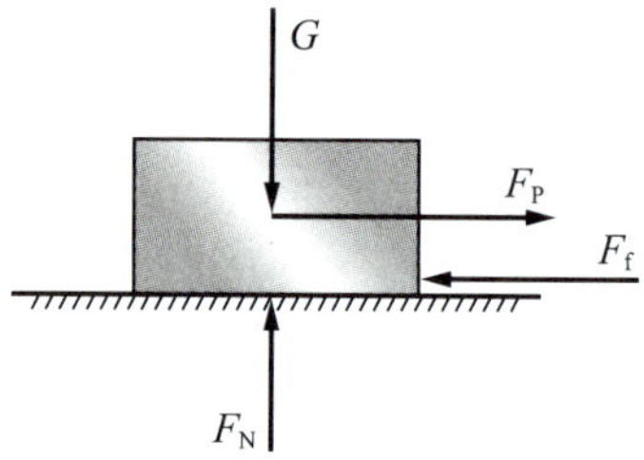

图 1-3-2　滑动摩擦受力图

①当物体处于平衡静止状态时，物块受静摩擦力作用，$F_f = F_P$。如图 1-3-1 所示，小孩使尽全身力气推箱子，箱子也没有运动。

②当物体处于滑动的临界状态时，静摩擦力达到最大值，此时为最大静摩擦力 $F_{max} = fF_N$，$f$ 为静摩擦系数。

③当物体开始相对滑动时，在接触面之间产生的切向阻力称为滑动摩擦力，用 $F'$ 表示，如图 1-3-2 所示。

$$F' = f'F_N$$

式中　$f'$——滑动摩擦系数；

　　　$F_N$——法向反力。

工程实际中，因为 $f'$ 与 $f$ 相差不大，故认为 $f' \approx f$。滑动摩擦力 $F'$ 的大小，与接触面压力、受力面积、接触面的粗糙程度有关。

汽车中常用材料的滑动摩擦系数见表 1-3-1。

表 1-3-1　汽车常用材料的滑动摩擦系数

| 材料名称 | 静摩擦系数 | | 滑动摩擦系数 | |
|---|---|---|---|---|
| | 无润滑剂 | 有润滑剂 | 无润滑剂 | 有润滑剂 |
| 钢-钢 | 0.15 | 0.10~0.12 | 0.15 | 0.05~0.1 |
| 钢-铸铁 | 0.20~0.30 | 0.05~0.15 | 0.16~0.18 | 0.05~0.15 |
| 钢-青铜 | 0.15~0.18 | 0.10~0.15 | 0.15~0.18 | 0.1~0.15 |
| 铸铁-铸铁 | 0.15 | 0.15~0.16 | 0.15 | 0.07~0.12 |
| 皮革-铸铁 | 0.3~0.5 | 0.12~0.16 | 0.3~0.5 | 0.12~0.16 |
| 木材-木材 | 0.4~0.6 | 0.1 | 0.2~0.5 | 0.07~0.15 |

**2.** 摩擦角和自锁

（1）摩擦角

由法向压力 $F_N$ 与沿接触面的摩擦力 $F_f$ 合成一个合力 $F_R$，称为全反力。全反力 $F_R$ 的作用线与接触表面的法线间的夹角 $\varphi$ 将随着摩擦力的增大而增大，如图 1-3-3（a）所示。当物体处于临界平衡状态时，静摩擦力达到最大值 $F_{max}$，夹角 $\varphi$ 也达到最大值 $\varphi_{max}$。全反力与接触面法线间夹角的最大值 $\varphi_{max}$ 叫做摩擦角，如图 1-3-3（b）所示。

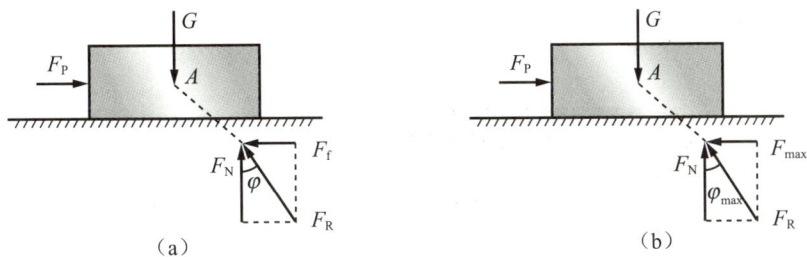

图 1-3-3　摩擦角

（2）自锁

物体平衡时，静摩擦力不一定达到最大值，可在零与最大值 $F_{max}$ 之间变化，全反力与接触面法线间的夹角 $\varphi$ 也在零与摩擦角 $\varphi_{max}$ 之间变化。

由于静摩擦力不可能超出最大值，因此全反力的作用线与接触面法线间的夹角 $\varphi$ 也不可能超出摩擦角 $\varphi_{max}$，即 $\varphi \leqslant \varphi_{max}$。

如果作用于物体的主动力的合力的作用线在摩擦角之内，则无论这个力怎样大，总有一个全反力与之平衡，物体保持静止；反之，如果主动力的合力的作用线在摩擦角之外，则无论这个力多么小，物体也不可能保持平衡。这种与力大小无关而与摩擦角有关的平衡条件称为自锁条件。物体在这种条件下的平衡现象称之自锁现象。

由此可见，如果作用于物体的全部主动力的合力 $F_{Rm}$ 的作用线在摩擦角 $\varphi_{max}$ 内，则无论这个力多大，物体依然保持静止，这种现象称为自锁现象。

自锁在工程的机构设计中占有很重要的地位。某些机械要求必须自锁，如图 1-3-4 所示汽车千斤顶举起汽车，螺杆不会自动下降而保持平衡；如螺母拧紧后不能自动松开。某些机械则不允许自锁，如传动机构中的齿轮传动、凸轮机构等。

图 1-3-4　汽车千斤顶

## 二、滚动摩擦

滚动摩擦是一物体沿另一物体表面做相对滚动或有相对滚动趋势时产生的对物体滚动的阻碍，如图 1-3-5 所示。

图 1-3-5　人推物体使用滚动接触代替滑动接触

经验告诉我们，以滚动代替滑动可以大大减少摩擦阻力。物体滚动时的摩擦阻力与接触表面间的变形有关。例如，汽车在坚硬的路面行驶要比在松软的泥地上省力；汽车轮胎充气不足时，行驶起来很费力。可见轮子滚动所受到的阻碍与接触面的形变有关，如图 1-3-6 所示。

**图 1-3-6　车轮滚动的摩擦力与接触面的形变有关**

如图 1-3-7 所示，在车轮轮心处加一水平力 $F_P$ 时，支承面产生一摩擦阻力 $F_f$，阻止车轮的滑动。由于 $F_P$ 和 $F_f$ 构成一对力偶，使车轮向前滚动。可见，摩擦阻力 $F_f$ 除具有阻止车轮滑动外，还有促使车轮滚动的作用。我们以车轮为研究对象，物体所受力的分析如下。

当车轮在水平面上，不受外力，静止不动时，如图 1-3-7(a) 所示，物体与地面的形变都是左右对称的，物体受到竖直向下的重力 $G$、地面的支持力。将支持力简化到一点 $A$ 上，得到力 $N$，物体处于平衡状态，所以 $N$ 和 $G$ 两个力大小相等、方向相反，且在同一直线上。

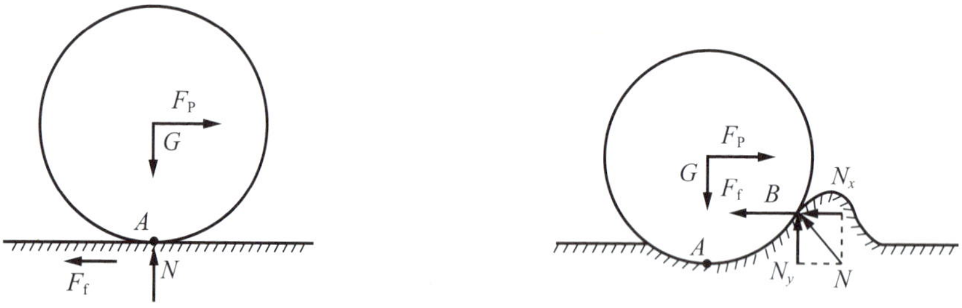

（a）地面与车轮在 $A$ 点接触　　　　　　　　（b）由于地面、轮胎变形，在 $B$ 点接触

**图 1-3-7**

当物体受到一个水平推力时，物体与地面的接触部分，为偏右侧的一段弧线。物体所受的支持力分布在右侧的这段弧线上，且总是与支持面垂直，这样就在 $B$ 点得到力 $N$，如图 1-3-7(b) 所示。沿竖直方向和水平方向分解力 $N$，得 $N_x$、$N_y$。实际上，$N$ 与竖直方向的夹角极小，所以 $N_x$ 极小，且圆心正下方的 $A$ 点到 $N_x$ 作用线的距离很小，故 $N_x$ 对 $A$ 点的力矩近似为 0。

$N_y$ 与 $G$ 大小相等、方向相反，但不在同一直线上，是一对力偶。支持力 $N$ 对 $A$ 点的力矩，就是 $N_y$ 对 $A$ 点的力矩。设 $N_y$ 对 $A$ 点的力臂为 $k$，即 $N_y$ 与 $G$ 的水平距离为 $k$，则力矩为 $M = kN_y = kG$

当车轮滚动时，力臂 $k$ 固定不变。车轮将要滚动时的 $k$ 称为滚阻系数。力偶对物体不产生平动加速度，只产生转动加速度。力偶（$N_y$，$G$）的转动方向为逆时针方向，与物体运动方向相反，阻碍物体的运动，称为滚阻力偶。物体的形变量越大，$N_y$ 偏移的越多，即力偶臂 $k$ 越大。由此可知，阻力矩越大，所需动力越大。

### 思考与练习

**一、填空题**

1. 两个互相接触的物体，发生_____或_____时，接触面间会产生_____，这种力称为滑动摩擦力，简称摩擦力。

2. 由于摩擦力_____，所以它的方向总是与_____或_____的方向相反。

**二、判断题**

1. 拉车时，路面硬、轮胎气足、车轮直径大则省力。（    ）

2. 转动的刚体上各点的速度相等。（    ）

3. 静摩擦力的方向与物体相对滑动趋势的方向相同。（    ）

**三、选择题**

1. 汽车向前行驶时，地面对驱动轮的摩擦力的方向_____。

A. 向前　　　　　B. 向后　　　　　C. 向上　　　　　D. 不能确定

2. 下列现象中，属于滑动摩擦的是_____。

A. 用手握住瓶子时，手与瓶子之间的摩擦

B. 旋动瓶盖时，盖子与瓶口之间的摩擦

C. 双杠运动员手与杠之间的摩擦

D. 汽车发动机关闭后继续向前滑行时，车轮与地面之间的摩擦

**四、简答题**

1. 行驶中的车辆，当车胎气不足时，车胎变形的程度怎样变化？其受到的阻力如何变化？

2. 什么叫自锁？

3. 完成表 1-3-2。

表 1-3-2

| 摩擦类型 | 定义 |
| --- | --- |
| 滑动摩擦 | |
| 滚动摩擦 | |

4. 简述图 1-3-8 至图 1-3-10 是如何利用摩擦的有利一面的？

图 1-3-8　　　　　　　　　　图 1-3-9

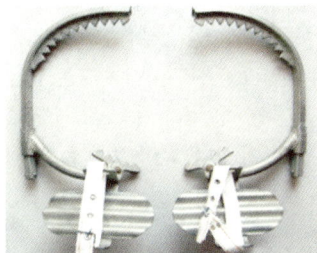

图 1-3-10

## Mission 4 任务 4 旋转构件的运动分析

### 任务描述

通过本任务可以使学生知道汽车轮胎从工作到停止中有各种工况，并可以用一些物理量来描述轮胎的工况如角速度、线速度、转动惯量、转矩、功率等，知道并学习这些物理量，是考察汽车上旋转零件工作情况的重要依据。

### 任务目标

1. 知道构件转动的角速度、转速和线速度的关系。
2. 知道转矩、功率的关系。
3. 了解转动惯量的概念。
4. 了解机械效率的含义。

### 相关知识

## 一、刚体的概念

在外力作用下，形状和大小都不发生变化的物体，称为刚体。一般的固体可近似看作刚体。

## 二、刚体定轴转动中的物理量

刚体运动时，刚体内有一直线保持不动，而整个构件绕这一直线做旋转运动，这样的运动称为定轴转动。例如，汽车中的齿轮、飞轮、带轮、电动机转子等都是定轴转动。如图 1-4-1 所示为汽车曲轴飞轮的定轴转动。

以图 1-4-1 中飞轮为例，飞轮在转动的过程中常用角速度或线速度来表示转动的快慢，如图 1-4-2 所示。

图 1-4-1　定轴转动

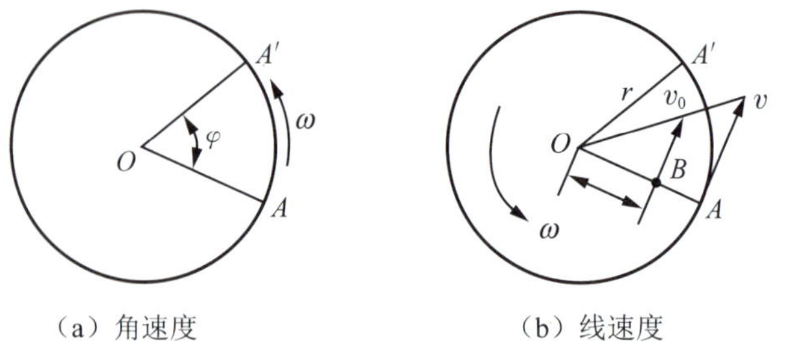

（a）角速度　　　　　（b）线速度

图 1-4-2　飞轮转动示意图

### 1. 角速度 $\omega$

角速度是表示飞轮转动快慢和转动方向的物理量。如图 1-4-2(a)所示，设有一动点 $A$

绕 $O$ 点做圆周运动，经过时间 $t$ 后，动点从 $A$ 点转到 $A'$ 点，即绕中心转过的角度为 $\varphi$。角速度 $\omega$ 是指单位时间内动点转过的弧度，用 $\omega$ 表示，公式为：

$$\omega = \frac{\varphi}{t}$$

式中　$\omega$——角速度，其方向与角位移增量方向一致，rad/s（弧度/秒）；

　　　$\varphi$——动点在 $t$ 时间内转过的角度。

工程上常用转速 $n$ 来表示物体转动的快慢。角速度 $\omega$ 与转速 $n$ 之间的关系为：

$$\omega = \frac{2\pi n}{60}$$

式中　$n$——刚体的转速，r/min。

2. 线速度 v

作为定轴转动的飞轮，其上所有各点角速度相同，但飞轮上任意点的运动快慢却不一定相同，因此用线速度来表示转动物体上任意一点运动快慢的程度，如图 1-4-2（b）所示。

线速度等于角速度与转动半径的乘积，其方向与转动半径垂直，与转动构件的转向一致。公式为：

$$v = r \times \omega$$

式中　$v$——线速速，m/s；

　　　$r$——转动半径，m；

　　　$\omega$——角速度，rad/s。

**例 1**　某汽车的车轮直径 $d = 500$ mm，当车轮轴的转速 $n = 500$ r/min 时，此时汽车速度是多少？如果该车的车轮直径 $d = 600$ mm，车轮轴的转速不变，则该车的线速度是多少？

解：当车轮直径 $d = 500$ mm 时，汽车速度 $v_1$ 为

$$v_1 = r \times \omega = \frac{2\pi n r}{60} = \frac{3.14 \times 500 \times 500}{1000 \times 60} \text{ m/s} = 13.1 \text{ m/s}$$

当车轮直径 $d = 600$ mm 时，汽车速度 $v_2$ 为

$$v_2 = r \times \omega = \frac{2\pi n r}{60} = \frac{3.14 \times 600 \times 500}{1000 \times 60} \text{ m/s} = 15.7 \text{ m/s}$$

**思考**　对于如图 1-4-3 所示的汽车如果前后轮的轮毂内径相同，前后轮的外径尺寸不相同时，可以相互替换使用吗？一辆轿车的前后轮轮胎的尺寸可以不一样吗？为什么拖拉机的前后轮尺寸不一样呢？

图 1-4-3　车轮直径比较

### 3. 转动惯量

静止的飞轮，如果不对其施加外力，飞轮仍保持静止状态；转动的飞轮在切断机器的动力后，并不会立即停止，仍会继续转动。可见，转动物体具有保持原有运动状态不变的惯性。物体转动过程中表现出来的惯性称为转动惯性。度量物体转动惯性大小的物理量称为转动惯量。转动惯量是恒为正值的标量，转动惯量通常用 $I$ 表示，其单位是 $kg \cdot m^2$。公式为：

$$I = \sum \Delta m r^2$$

式中 $\sum$ —— 将所有质点的转动惯量求和；

$\Delta m$ —— 每一质点的质量；

$r$ —— 每一质点离旋转中心的距离。

汽车中的转盘类零件，如飞轮（见图 1-4-4），通常会做成中间薄而边缘厚的形状，这是为了将大部分材料分布在远离转轴处，以便使用很少的材料而获得较大的转动惯量，即便发动机负荷有波动时仍能平稳转动。

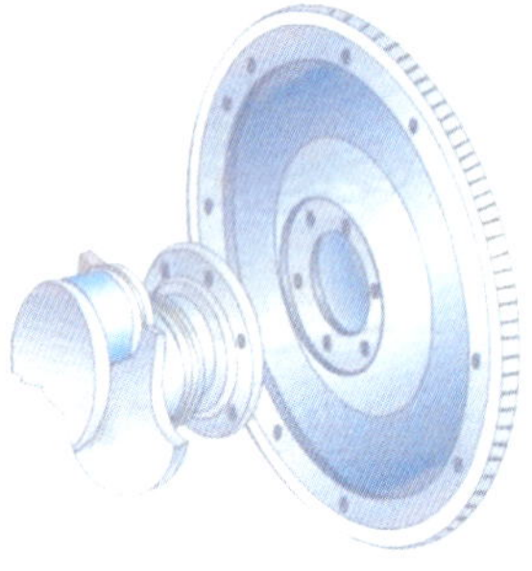

图 1-4-4　飞轮

### 4. 转矩和功率

（1）功率

单位时间内所做的功称为功率，用 $P$ 表示。根据物理学知识可知：功率等于力与速度的乘积（设力 $F$ 与速度 $v$ 的方向一致），即

$$P = Fv$$

对于如图 1-4-5 所示的飞轮转动件，在某一点 $A$ 施加一个切向力 $F$，$A$ 点的线速度 $v = r\omega$，则

$$P = Fv = Fr\omega = M\omega$$

式中 $M = Fr$ 为 $F$ 对转轴 $O$ 点之矩，即转矩的功率等于力对转动轴的力矩 $M$ 与构件角速度 $\omega$ 的乘积。

功率的单位是 $J/s$（焦/秒），即 $W$（瓦），$1\ J/s = 1\ W$。工程上常用千瓦作为功率的单位，$1\ kW = 1000\ W$。

图 1-4-5

（2）功率、转速和转矩之间的关系

已知 $P = M\omega$，$\omega = 2\pi n/60$，则可导出飞轮转动的功率、转速和转矩间的关系式：

$$M = \frac{9550P}{n}$$

**例 2**　某汽车发动机的额定功率 $P = 75\ kW$，试求：当转速 $n = 1000\ r/min$ 时，传动轴所输出的转矩。当驾驶员换挡后传动轴的转速 $n = 800\ r/min$ 时，求此时传动轴输出的转矩。

解：当转速 $n = 1000\ r/min$ 时，传动轴输出的转矩为

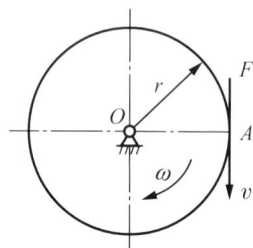

$$M = \frac{9550 \times P}{n} = 9550 \times \frac{75}{1000} \text{ N} \cdot \text{m} = 716.25 \text{ N} \cdot \text{m}$$

当转速 $n = 800 \text{ r/min}$ 时，传动轴输出的转矩为

$$M = \frac{9550 \times P}{n} = 9550 \times \frac{75}{800} \text{ N} \cdot \text{m} = 895.31 \text{ N} \cdot \text{m}$$

由此可见：当功率一定时，转速与转矩成反比。例如，低转速可以得到大转矩，能够产生较大的牵引力，汽车在上坡和上桥中，需要较大的牵引力，驾驶员通常采用换入低速挡位，使得汽车速度较小，而获取较大的转矩。

## 三、机械效率

机器在工作时，由于摩擦力等阻力的存在，必然要损耗一部分功率，以致功率不能被完全利用，损耗功率的大小是衡量机器性能的又一个重要指标。为了衡量机器输入功率被利用的程度，引入了机械效率的概念。

机器的输出功率 $P_{out}$ 与输入功率 $P_{in}$ 的比值，称为该机器的机械效率，用 $\eta$ 表示，即

$$\eta = \frac{P_{out}}{P_{in}} \times 100\%$$

### 思考与练习

**一、填空题**

1. 刚体运动时，刚体内_____，其余各点均绕_____的圆周运动。这种运动称为刚体的定轴转动，又称转动。

2. 刚体转动的_____用角速度来表示，符号是_____，常用单位是_____。

3. 功率的单位有_____和_____，符号分别是_____和_____，其换算关系为_____。

4. 功率、转速和转矩的关系是：当功率以 kW 为单位，转速单位是 r/min 时，转矩单位是_____。

**二、简答题**

1. 转动机构的角速度、转速和线速度之间的关系是什么？

2. 定轴转动的概念是什么？

3. 转矩和功率的关系是什么？

4. 车轮的直径为 600 mm，车轮主轴的转速 $n = 60000 \text{ r/min}$，试求此时汽车行驶的线速度。

5. 桑塔纳轿车发动机的额定功率 $P = 60 \text{ kW}$，试求当转速 $n = 2000 \text{ r/min}$ 时传动轴所输出的转矩。

6. 发动机的飞轮转速 $n = 1440 \text{ r/min}$，轮缘边上的线速度为 60 m/s，求飞轮的直径。

## Mission 5 任务 5 构件的常见受力形式

### 任务描述

机械零件受力后，都会发生一定程度的变形。零件变形过大，将降低使用寿命，甚至被破坏。为了保证机器安全可靠的工作，要求每个零件在外力作用下，应具有足够抵抗变形的能力、抵抗破坏的能力。

### 任务目标

1. 了解强度、刚度的概念。
2. 认识构件的常见受力形式。
3. 能够判断构件的破坏形式。

### 相关知识

## 一、构件应满足的要求

工程中各种机器设备，都是由许多构件组成的，在载荷作用下，构件必然产生变形——形状和大小发生变化，并可能被破坏。为保证机器的正常工作，构件应满足以下要求。

### 1. 足够的强度

强度是机械零部件首先应满足的基本要求。它是指材料承受外力而不被破坏（不可恢复的变形也属被破坏）的能力。根据受力种类的不同分为以下几种。

①抗压强度——材料承受压力的能力。
②抗拉强度——材料承受拉力的能力。
③抗弯强度——材料对致弯外力的承受能力。
④抗剪强度——材料承受剪切力的能力。

### 2. 足够的刚度

刚度是指零件在载荷作用下抵抗弹性变形的能力。对于一些须严格限制变形的结构（如汽车中高精度的装配件等），须通过刚度分析来控制变形。许多结构（如建筑物）也要通过控制刚度以防止发生振动，保证工作的可靠性。

### 3. 足够的稳定性

实际工作中，细长杆或薄壁零件，当载荷增加时可能出现突然失去初始平衡状态的现象。所谓稳定性是指细长杆在载荷增加时，受到干扰后，保持原有的平衡状态的能力。

　　汽车制造与修理中也有许多地方需要考虑细长杆失稳的问题。例如，图 1-5-1 所示的发动机如果处于做功状态时，活塞顶上受到很强的爆发力，此时连杆受到很大的压力；千斤顶在工作中受到很大的压力，这些都属于失稳现象。

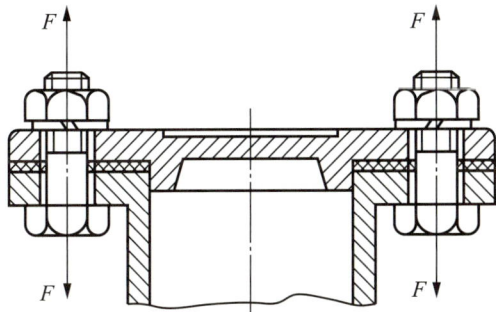

**图 1-5-1　发动机活塞连杆受力图**

## 二、构件受力的常见形式

### 1. 轴向拉伸和压缩

　　汽车上许多构件在工作时会受到拉伸或压缩的作用，如发动机气缸体与气缸盖的连接螺栓受到拉伸作用(见图 1-5-2)，而汽车发动机连杆受到轴向的压缩作用(见图 1-5-3)。

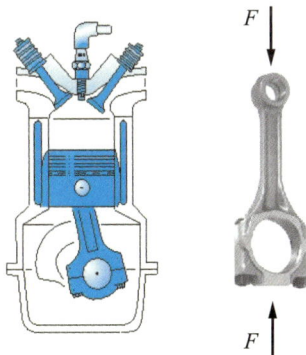

**图 1-5-2　连接螺栓受拉图**

**图 1-5-3　连杆受到轴向力的压缩图**

　　轴向拉伸与压缩的受力特点是，外力(或外力的合力)沿杆件的轴线作用，且作用线与轴线重合。

　　轴向拉伸与压缩的变形特点是，杆件沿轴线方向伸长或缩短，轴线在变形前后始终保持直线。

### 2. 剪切

　　汽车上常会有构件如连接件铆钉、销钉、键等遇到剪切问题。构件两侧受到一对大小相等、方向相反、作用线相距很近的外力作用时，使得构件上两个力所作用的中间部分发生相对错动的变形，这就是剪切。如图1-5-4所示为汽车钣金工下料时，剪切钢板的局部受力分析。如图1-5-5所示，两块用铆钉连接起来的钢板，在拉力的作用下，铆钉受到剪切作用。如图1-5-6所示，汽车上轴与轴上零件带轮的连接通常采用键（如图平键），在实际工作中，平键的工作面是两个侧面，工作时受到来自两侧的大小相等、方向相反、作用线很近的剪切力作用。

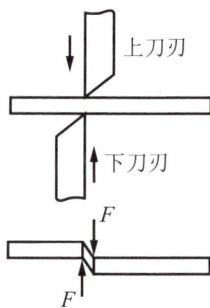

图1-5-4　钣金工下料
剪切金属钢板

图1-5-5　铆钉受到的剪力作用

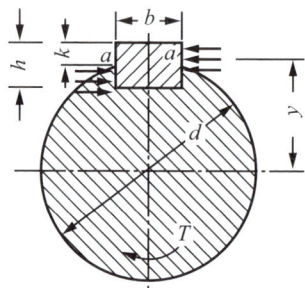

图1-5-6　汽车上连接件键受剪切作用

剪切的受力特点是，构件受一对大小相等、方向相反、作用线相距很近的平面力系的作用。

剪切的变形特点是，构件在两外力作用线间的截面处发生错动。

**3. 扭转**

当杆件受到作用面与杆轴线垂直的外力偶作用时，各横截面将绕轴线发生相对转动，杆件的这种变形称为扭转变形。工程中以扭转变形为主的构件称为轴。汽车上有很多发生扭转的构件，如汽车转向盘轴、汽车传动轴都是杆件扭转变形的实例。如图1-5-7、图1-5-8所示。

图1-5-7　汽车传动轴受扭转作用

图1-5-8　汽车方向盘转轴

扭转的受力特点是，构件两端受到一对大小相等、转向相反，且作用平面垂直于构件轴线的力偶矩作用。

扭转的变形特点是，杆件各截面都绕轴线做相对转动。

### 4. 弯曲

汽车上有一些构件受载荷作用后发生弯曲变形，如汽车钢板弹簧、汽车横梁。这些构件受力的共同特点是各外力垂直于杆件轴线，变形时杆件的轴线由直线变成曲线，这种变形称为弯曲。以弯曲变形为主的杆件称为梁。如图 1-5-9 所示的汽车车桥、如图 1-5-10 所示汽车钢板弹簧都受到垂直于轴线的使其轴线弯曲的力，当钢板弹簧安装在汽车悬架中，所承受的垂直载荷为正向时，各弹簧片都受力变形，有向上拱弯的趋势。这时，车桥和车架便相互靠近。当车桥与车架互相远离时，钢板弹簧所受的正向垂直载荷和变形便逐渐减小，有时甚至会反向。

图 1-5-9 汽车的车桥受力图　　图 1-5-10 汽车钢板弹簧反向弯曲　　钢板弹簧

弯曲的受力特点是，在通过杆件轴线的一个纵向平面内，受到力偶或垂直于轴线的外力作用。

弯曲的变形特点是，杆的轴线由直线变成曲线。

## 思考与练习

**一、填空题**

1. 受轴向拉伸或压缩的杆件，其变形是沿杆件的_____方向伸长或缩短的。

2. 圆轴扭转时，各横截面相对转动，这实际上就是_____变形。

**二、选择题**

1. 下列不属于剪切破坏的是_____。

A. 铆钉连接　　　　　　　　　B. 键连接

C. 钢板用对接焊缝连接　　　　D. 钢板用填角焊连接

2. 下列实例中，属于扭转变形的是_____。

A. 起重吊钩　　　B. 钻孔的钻头　　　C. 汽车传动轴

3. 根据汽车发动机中活塞销的受力状况，其可能发生的变形为_____。

A. 拉伸和压缩变形　　　　　　B. 剪切变形

C. 扭转变形　　　　　　　　　D. 弯曲变形

### 三、简答题

1. 强度的定义。
2. 刚度的定义。
3. 汽车板簧的形状设计有什么特点？说明这样设计的原因。
4. 生活中轴向拉伸和压缩、剪切、扭转、弯曲的例子有哪些？
5. 完成表 1-5-1。

表 1-5-1

| 受力形式 | 受力特点 | 变形特点 |
|---|---|---|
|  |  |  |
|  |  |  |
|  |  |  |
|  |  |  |

## 工匠巡礼

　　每一个男孩子心中都有一个"汽车梦"，从小就对汽车感兴趣的他，立志要与汽车为伴。2001年毕业后，他来到重庆长安汽车股份有限公司工作，从零开始学习装配，并利用空闲时间仔细研究汽车电器的特性、原理和结构，32本汽车电器相关书籍、15个笔记本，他对汽车电器的调试用"狂热"和"痴迷"来形容最合适不过。2016年，李元园享受国务院授予颁发政府特殊津贴，2017年被评为全国"最美汽车人"2022年重庆五一劳动奖章获得者。他用累累硕果，在个人发展和公司征程上留下了一串串闪光的足迹，不断发光发热。

图 1-5-11

　　党的二十大报告提到，培养造就大批德才兼备的高素质人才，是国家和民族长远发展大计。功以才成，业由才广。坚持党管人才原则，坚持尊重劳动、尊重知识、尊重人才、尊重创造，实施更加积极、更加开放、更加有效的人才政策，引导广大人才爱党报国、敬业奉献、服务人民。加快建设国家战略人才力量，努力培养造就更多大师、战略科学家、一流科技领军人才和创新团队、青年科技人才、卓越工程师、大国工匠、高技能人才。

# 汽车典型机构

## 项 目 描 述

　　通过本项目的学习，可以让学生了解到机构、构件、零件之间的联系与区别，构件之间的相对运动关系，平面连杆机构的组成及类型，以及相关特性，让学生了解到平面连杆机构在汽车上的应用，能够将平面机构的基础知识及特性运用到汽车中的相关机构，了解这些是从事汽车维修的基础。

　　在本项目之后安排铰链四杆制作，在教学中以学生为主体，用任务驱动学生自主探究的激情，在制作中，良好的动手能力也是创新精神融合在课程过程中的重要体现；用小组讨论，引导学生独立思考；用动手安装提升学生自信。让知识从实践中来，让能力到实践中去。

## M任务 **1** MISSION 机器与机构的认知

### 任务描述

　　通过本任务可以使学生知道汽车机械、机构的一些专用术语，懂得机械与机构、构件、零件之间的相互关系，让学生建立机构的概念。

### 任务目标

　　1. 认识机器的组成，懂得机器各个基础部分的功用。

　　2. 知道机器、机构的含义与区别。

　　3. 学会分析构件与零件。

### 相关知识

## 一、机器和机构

### 1. 机器

（1）机器的组成

机器主要由动力部分、传动部分、控制部分和执行部分四个基本部分组成。以汽车为例，其基本组成如图 2-1-1 所示。

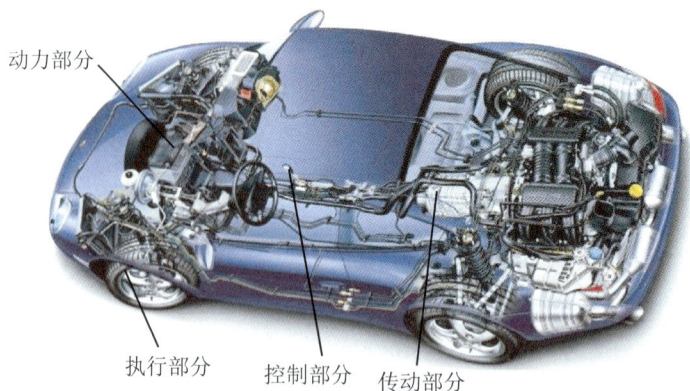

动力部分

执行部分　　控制部分　传动部分

图 2-1-1　汽车

动力部分是机器工作的动力源。现代机器的动力源多为电动机和热力机（汽油机、柴油机），汽车的原动机是发动机，它可将化学能转化为机械能（靠燃烧汽油的化学能作为能量来源）。一般机器中电动机的使用较为广泛（如吹风机、空调、洗衣机这类耗电的机器）。

传动部分是传递原动机动力和转变运动形式，以适应工作部分需要的一种传递和转换装置。它由轴及轴系零件及离合、制动、换向、蓄能（如飞轮）等各种传动元件或装置组成，如汽车的离合器、变速器、传动轴等。

控制部分是通过人工操作或自动控制来改变动力机或传动系统的工作状态和参数，使执行机构保持或改变其运动或动力的装置，如汽车的点火开关、变速箱的操纵杆、离合器踏板、制动踏板和油门踏板、方向盘等。

执行部分又称工作部分，是直接完成机器预定工作任务的部分，如汽车车轮等。

（2）机器的特征

从上面的实例可以看出，汽车作为机器是由一个或多个实体组成，用以执行机械运动以及变换或传递能量的装置。机器通常都具有以下三个特征。

①都是许多人为的实物组合体。

②组合体之间具有确定的相对运动。

③能实现能量转换或做有用的机械功。

2.　机构

机构是具有确定相对运动构件的一种实体组合。它只具有机器的前两个特征。

机器的主要功用是利用机械能做功或进行能量转换，而机构的主要功用在于传递或转变运动的形式，这就是两者的本质区别。例如，单缸四冲程内燃机的配气机构，如图 2-1-2 所示，将凸轮的连续旋转运动转换为进、排气阀杆的往复运

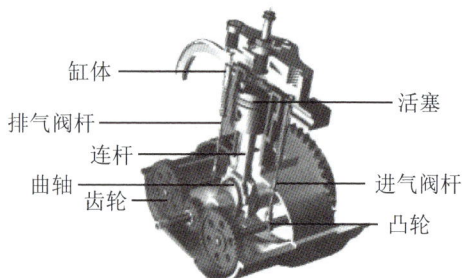

缸体
排气阀杆
连杆
曲轴
齿轮
活塞
进气阀杆
凸轮

图 2-1-2　单缸内燃机

动(移动)，从而控制气门的开启和关闭时间。其中活塞、连杆、曲轴和缸体组成曲柄滑块机构，能够使缸内燃烧的气体膨胀，推动活塞做直线往复运动，通过连杆使得曲轴转动并将动力输出。活塞两边设有进、排气阀杆，其下端的凸轮转动使得气阀按时开关，分别用来控制进气与排气。

## 二、构件和零件

### 1. 构件

构件是机构中的运动单元，也就是相互之间能做相对运动的物体。它可以是单一零件，如单缸内燃机中的曲轴，如图 2-1-3 所示；也可以有几个零件刚性地连接在一起，作为一个整体而运动，则这一个整体就称为一个构件。如图 2-1-4 所示由各零件连接在一起的连杆。

图 2-1-3　曲轴

### 2. 零件

零件是构件的组成部分，也是机械中的制造单元，是组成机械的不可拆分的基本要素，如图 2-1-4 中的螺栓、连杆体、连杆盖、衬套等，以及如图 2-1-5 所示的齿轮轴。

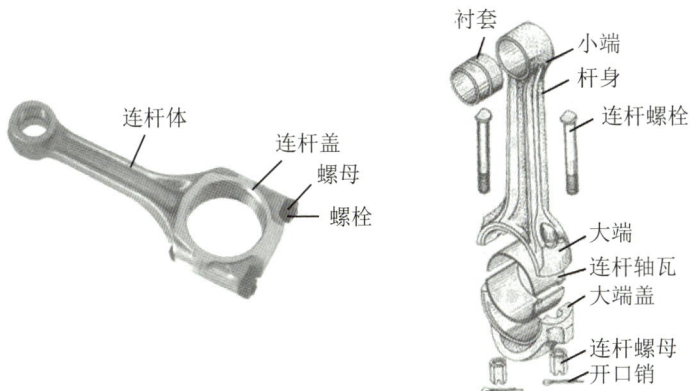

图 2-1-4　组装后的连杆

连杆体

图 2-1-5　齿轮轴

## 三、专用零件和通用零件

专用零件只适用于一定类型的特殊机械，具有专门的功用和性能，如汽车上使用的曲轴(见图 2-1-3)、凸轮轴(见图 2-1-6)。

图 2-1-6　凸轮轴

通用零件是在各类机械中经常使用的零件，具有普遍的适用性，如汽车上使用的各类连接螺栓、螺母等零件，如图 2-1-7 所示螺栓螺母组合。

总之构件是运动单元，零件是制造单元，零件组成构件。构件是组成机构的各个相对运动的实体组合。机构是机器的重要组成部分。机器和机构统称为机械。

图 2-1-7　螺栓螺母

## 思考与练习

**一、填空题**

1. 一般机器主要由_____部分、_____部分、_____部分、_____部分组成。

2. _____是机器与机构的总称。

3. 各种机器往往都具有下列三个共同特征：_____、_____、_____。

4. 机构是_____组合而成的，用来传递_____的构件系统。

**二、选择题**

1. 发动机的活塞属于_____。

A. 通用零件　　　B. 专用零件　　　C. 固定构件　　　D. 活动构件

2. 汽车中原动机部分是_____，执行部分是_____，传动部分是_____，控制部分是_____。

A. 内燃机　　　B. 汽车轮胎　　　C. 方向盘　　　D. 变速箱

3. 机器与机构的主要区别在于_____。

A. 机器的运动较为复杂

B. 机器的结构较为复杂

C. 机器能完成有用的机械功或转换机械能

D. 机器能变换运动形式

4. 下列关于构件的描述中，正确的是_____。

A. 构件是机器零件的组合体　　　　　B. 构件是机器的装配单元

C. 构件是机器的运动单元　　　　　　D. 构件是机器的制造单元

5. 发动机中的连杆由连杆身、连杆盖、轴瓦、螺栓、螺母等零件连接而成，这些零件形成了一个独立的运动整体，所以称为_____。

A. 构件　　　　　B. 零件　　　　　C. 部件　　　　　D. 机器

### 三、简答题

1. 简述机械、机器、机构、构件、零件之间的关系。

2. 机器与机构的特征是什么？它们的相同点和不同点各是什么？

## 任务 MISSION 2　机构运动的分析

### 任务描述

通过本任务可以让学生掌握机构运动的组成及机构运动中运动副的分类，通过常用的机构运动简图来表示复杂的机构运动。

### 任务目标

1. 知道平面机构的组成。

2. 掌握运动副的概念，能够区分低副与高副的特性。

3. 识读常用机构运动简图的名称与符号。

### 相关知识

机构运动时，若所有构件都在同一平面或在相互平行的平面中运动，则称该机构为平面机构。目前，常见的机构大多属于平面机构，本任务仅限于讨论平面机构。

## 一、平面机构的组成

### 1. 机构的定义

机构是具有确定相对运动的若干构件的组合体。

### 2. 运动副

运动副是指组成机构的各构件直接接触的可动连接。机构就是用运动副连接起来的构件系统。例如，汽车发动机中活塞与气缸的连接，连杆与活塞的连接，如图 2-2-1 所示。

根据组成运动副的两构件的接触形式不同，运动副可分为低副和高副。这两种运动副的接触形式不同，承受的压力也不同。

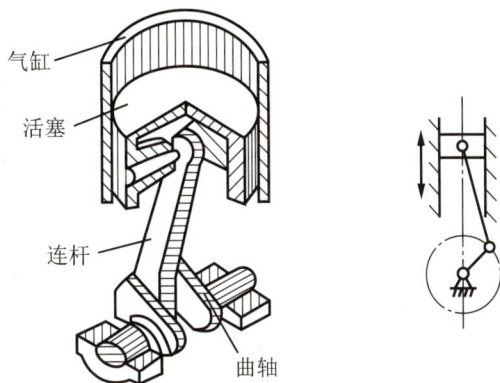

图 2-2-1　发动机气缸与活塞

（1）低副

低副是指两构件间呈面接触的运动副，包括转动副、移动副和螺旋副。低副的特点是运动副的接触表面为平面或圆柱面，承受载荷时单位面积上的压力较小，承载能力大，便于制造、维修，但其效率低且摩擦损失大，故在工作中要保证良好的润滑。

①转动副。

指两构件在接触处只能做相对转动的运动副，如图 2-2-2 所示中两个构件的连接。在发动机气缸与活塞中，连杆大头与曲轴的连接属于转动副，连杆小头与活塞的连接属于转动副，如图 2-2-1 所示。

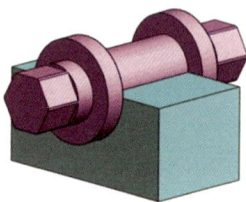

图 2-2-2　转动副

图 2-2-3　移动副

②移动副。

指两构件在接触处只能做相对直线移动的运动副，如图 2-2-3 所示；发动机气缸与活塞中，气缸壁与活塞的接触属于移动副，如图 2-2-1 所示。

③螺旋副。

指两构件在接触处具有转动和移动的复合运动的运动副，如图 2-2-4 所示活动扳手。

（2）高副

两构件通过点或线的形式相接触而组成的运动副。如图 2-2-5 所示，汽车变速箱中的齿轮接触和发动机中的凸轮接触，火车车轮与导轨的接触。

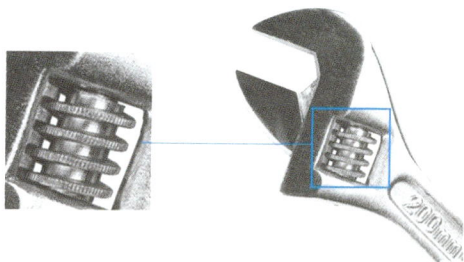

图 2-2-4　螺旋副

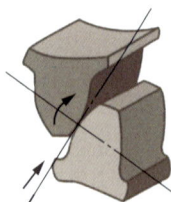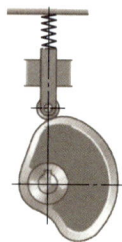

（a）齿轮副　　　　（b）凸轮副　　　　（c）火车车轮与导轨

图 2-2-5　高副

由于高副中两个构件之间的接触为点或线接触，在承受载荷时压强较高，故易磨损、制造、维修较困难，但高副比较灵活，易于实现设计的运动规律，能传递较复杂的运动。

## 二、机构运动简图

实际的机构运动比较复杂，为了便于人们分析和讨论，在研究机构运动特性时，为使问题简化，可以只考虑与运动有关的因素，如构件数目、运动副类型及相对位置。按国家标准通过简单线条和规定符号、按照一定的长度比例来表示机构的运动状态和构件的运动关系，这种简单图形称为机构运动简图。在机构中，有驱动力或力矩的构件，称为主动件；随着主动件运动的其余可动构件，称为从动件。常用机构运动简图符号见表 1-2-1。

机构运动简图绘制步骤如下。

①分析机构的组成和运动情况，找出主动件与从动件。

②从主动件开始，沿运动的传递顺序，分析构件间的相对运动特性，确定构件、运动副的类型和数目。

③合理选择视图，通常选择平行于构件运动的平面作为视图平面。

如图 2-2-6 所示各种机构运动简图中，(a)图共有 2 个转动副，(b)图分别采用了转动副和移动副，(c)图共有 3 个转动副，(d)图共有 3 个转动副，(e)图共有 3 个转动副。

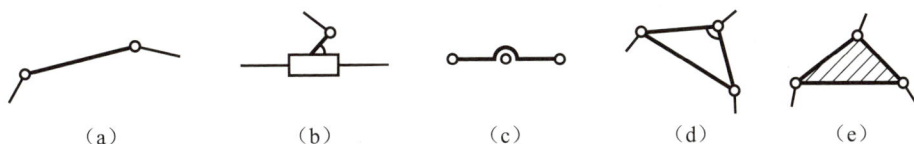

(a)　　　　　(b)　　　　　(c)　　　　　(d)　　　　　(e)

图 2-2-6　各种机构运动简图

表 2-2-1　常用机构运动简图符号

| 名称 | 符号 | 名称 | 符号 |
|---|---|---|---|
| 固定构件 | | 外啮合圆柱齿轮机构 | |
| 两副元素构件 | | 齿轮齿条机构 | |
| 三副元素构件 | | 圆锥齿轮机构 | |

续表

| 名称 | 符号 | 名称 | 符号 |
|---|---|---|---|
| 转动副 | | 蜗杆蜗轮机构 | |
| 凸轮机构 | | 带传动 | |
| 棘轮机构 | | 链传动 | |

## 思考与练习

**一、填空题**

1. 运动副是指组成机构的各构件_____的可动连接。

2. 根据运动副中两构件之间接触形式的不同，运动副可分为_____和_____。

3. 低副是指两构件间呈_____的运动副。按两构件间相对运动形式的不同，低副可分为_____、_____、_____。

4. 两构件之间只能绕某一轴线_____的运动副称为转动副，两构件之间只能_____的运动副称为移动副，两构件之间在接触处具有_____的运动副称为螺旋副。

5. 高副是指两构件呈_____接触的运动副。

6. 高副主要有_____、_____、_____应用。

7. 主动件就是_____的构件，从动件是随_____运动而运动的构件。

**二、判断题**

1. 齿轮机构中啮合的齿轮组成高副。（　　）

2. 高副是点或线接触的运动副，所以承受载荷时单位面积上的压力较小。（　　）

3. 高副与低副的承载能力都大。（　　）

4. 根据两构件间的接触形式不同，运动副可分为低副和高副。（　　）

5. 家中连接门和门框的合页采用的是转动副连接。（　　）

**三、选择题**

1. 两构件之间为点接触或线接触的运动副是_____。

A. 螺旋副 　　　 B. 转动副 　　　 C. 移动副 　　　 D. 高副

2. 两构件间呈_____接触的运动副，称为低副。

A. 面与面　　　　　B. 点或线　　　　　C. 面与点　　　　　D. 面与线

3. 内燃机中连杆小头与活塞的连接属于_____。

A. 高副　　　　　　B. 移动副　　　　　C. 螺旋副　　　　　D. 转动副

4. 内燃机中活塞与缸壁间的连接属于_____。

A. 移动副　　　　　B. 转动副　　　　　C. 螺旋副　　　　　D. 高副

5. 凸轮机构中，凸轮与从动件之间的连接属于_____。

A. 移动副　　　　　B. 转动副　　　　　C. 螺旋副　　　　　D. 高副

6. 车轮与钢轨的接触属于_____。

A. 移动副　　　　　B. 转动副　　　　　C. 螺旋副　　　　　D. 高副

## 四、简答题

1. 低副和高副的区别是什么？举例说明。

2. 汽车中常见的低副接触形式有哪些？常见的高副接触形式有哪些？

3. 说出图 2-2-7 至图 2-2-10 机构中的主动件，由哪些类型的运动副组成？

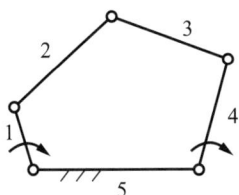

图 2-2-7

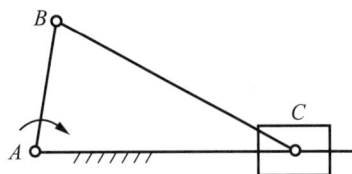

图 2-2-8

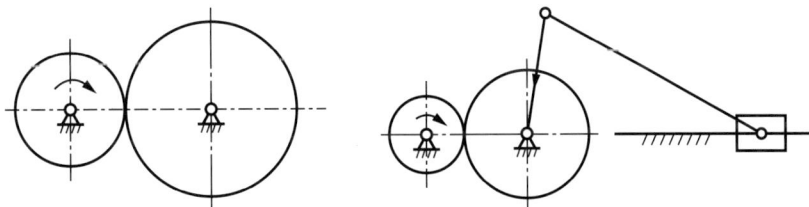

图 2-2-9

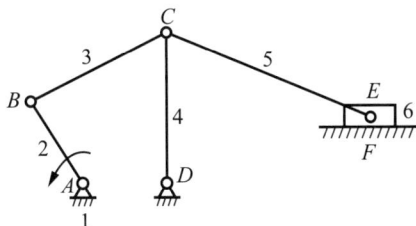

图 2-2-10

4. 完成表 2-2-2。

表 2-2-2

| 运动副 | 种类 | 接触形式 |
|--------|------|---------|
| 低副 | | |
| 高副 | | |

# MISSION 任务 3　平面连杆机构的认知

## 任务描述

通过本任务的学习，可以让学生了解平面机构的组成及类型，具备常用机构的基本知识。在这里引入汽车上常用的平面连杆机构，让学生了解更多的汽车常用机构。这是从事汽车维修的基础，也是后续学习汽车专业课的基础。

## 任务目标

1. 了解铰链四杆机构的组成。
2. 掌握铰链四杆机构的类型和应用。

## 相关知识

## 一、平面连杆机构

平面连杆机构是由一些刚性构件通过转动副和移动副相互连接而组成的机构。低副是面接触，耐磨损；转动副和移动副的接触表面就是圆柱面和平面，制造简单。平面连杆机构的构件形状多种多样，不一定为杆状，但在绘制机构运动简图时，一般可抽象为杆状。由四个构件(包括机架)组成的平面连杆机构称为平面四杆机构。

在平面四杆机构中，铰链四杆机构是最基本的形式，它是用四个转动副相连的平面四杆机构，简称为铰链四杆机构，如图 2-3-1 所示。其他四杆机构可以看作是铰链四杆机构的演化形式。

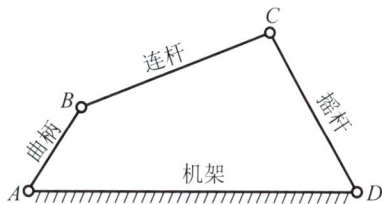

图 2-3-1　铰链四杆机构

## 二、铰链四杆机构的组成

铰链四杆机构由机架、连杆和连架杆组成，如图 2-3-1 所示。机架是指铰链四杆机构中固定不动的构件(又称固定件、静件)。连杆是指不与机架相连的构件。连架杆是指机构中与机架用低副相连的构件，按其运动特征连架杆可分成摇杆和曲柄两种。

如图 2-3-2 所示，在铰链四杆机构中，连杆 *BC* 通常做平面运动，连架杆 *AB* 和 *DC* 绕各自回转中心 *A* 和 *D* 转动。其中能做整周的连续运动的连架杆 *AB* 称为曲柄，而只能在某一角度内来回摆动的连架杆 *DC* 称为摇杆。

在铰链四杆机构中，根据连架杆运动形式的不同，可将铰链四杆机构分为曲柄摇杆机构、双曲柄机构、双摇杆机构三种基本类型。

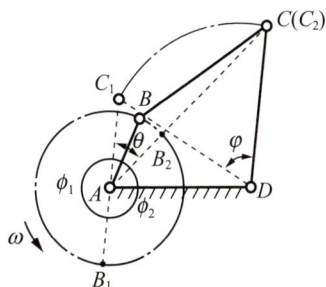

图 2-3-2　铰链四杆机构

### 1. 曲柄摇杆机构

铰链四杆机构中，如果两个连架杆中一个为曲柄，围绕中心做 360°转动；另一个为摇杆，围绕中心摆动，则这种机构称为曲柄摇杆机构。如图 2-3-2 所示，*AB* 围绕中心做 360°转动为曲柄，另一摇杆 *CD* 绕中心做摆动。

曲柄摇杆机构的主要用途是改变运动形式，它可将曲柄的回转运动转变为摇杆的摆动。当然也可将摇杆的摆动转变为曲柄的回转运动，如图 2-3-3 所示，汽车前窗雨刮器中，采用了曲柄摇杆机构。当曲柄 *AB* 绕固定轴心 *A* 做周转运动时，通过连杆 *BC*，带动摇杆 *CD*，并带动其摇杆 *CD* 的延长部分即雨刮器做往复摆动，从而实现雨刮动作，擦除汽车前窗玻璃上的雨。

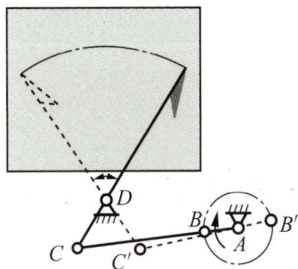

图 2-3-3　雨刮器机构

图 2-3-4 所示的雷达天线俯仰角调整机构主要用以实现将曲柄的匀速转动变成摇杆的摆动；图 2-3-5 所示的缝纫机脚踏板机构，将摇杆 *DC* 的往复摆动变成曲柄 *AB* 的整周转动。

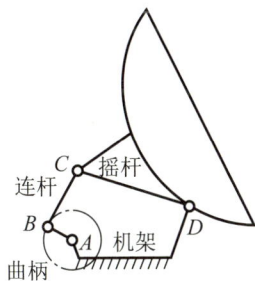

图 2-3-4　雷达天线俯仰角调整机构

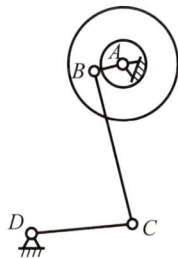

图 2-3-5　缝纫机脚踏板机构

### 2. 双曲柄机构

铰链四杆机构中两连架杆均为曲柄时，称为双曲柄机构。通常取其中一个曲柄为原动件且做等速转动，另一个曲柄为从动件，一般做变速转动（也可做等速转动）。

根据曲柄的长度和旋转方向的不同，双曲柄机构分为平行双曲柄机构、反向双曲柄机构、不等长双曲柄机构等。

（1）平行双曲柄机构

连杆与机架的长度相等且曲柄长度相等、转向相同的曲柄机构为平行曲柄机构，其中曲柄角速度相同，转向相同，连杆做平动。图 2-3-6 所示为火车车轮联动装置；图 2-3-7 所示为火车平行双曲柄机构运动简图。

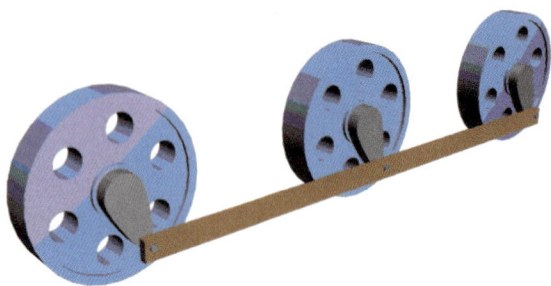

图 2-3-6　火车车轮联动装置

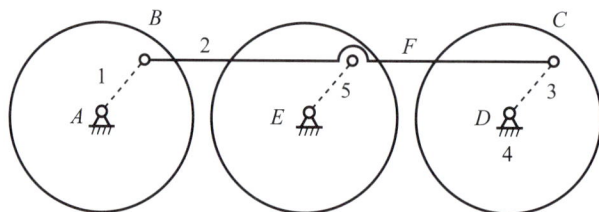

图 2-3-7　平行双曲柄机构

（2）反向双曲柄机构

如图 2-3-8 所示，反向双曲柄机构中连杆与机架的长度相等且两曲柄长度相等，但曲柄转向相反的双曲柄机构为反向双曲柄机构。反向双曲柄机构在公交车车门上应用较多，如图 2-3-9 所示，通过曲柄 $AB$、$CD$ 的反向旋转，带动车门对开。如图 2-3-10 为公交车车门启闭模型。

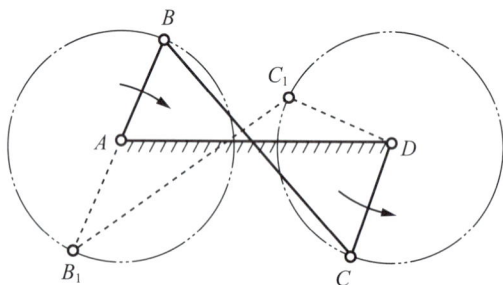

图 2-3-8　反向双曲柄机构

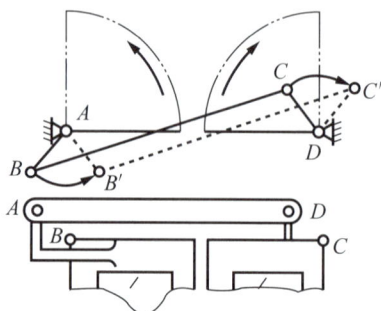

图 2-3-9　公交汽车车门启闭机构

图 2-3-10　公交车车门启闭模型

曲柄2
曲柄1
车门
车门

### 3. 双摇杆机构

如图 2-3-11，$AB$ 和 $CD$ 两个连架杆都为摇杆的铰链四杆机构称为双摇杆机构。双摇杆机构可将一种摆动转化为另一种摆动。如图 2-3-12 所示的汽车前轮转向机构中，$AD$ 为机架，$BC$ 为连杆，$AB$ 和 $DC$ 为等长摇杆的双摇杆机构，又称为等腰梯形机构。它能使与摇杆 $AB$ 和摇杆 $DC$ 固连的两前轮轴转过的角度 $\alpha$ 和 $\beta$ 不同，使车辆转弯时每一瞬时都绕一个转动中心 $O$ 点转动，即两前轮轴线交点落在后轮轴线的延长线上，保证了四个轮子与地面之间做纯滚动，避免了轮胎由于滑动引起的磨损，增加了车辆转向的稳定性。

图 2-3-11　双摇杆机构

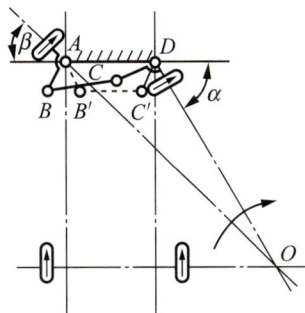

图 2-3-12　汽车前轮转向装置

飞机起落架也应用了双摇杆机构，其机构运动简图如图 2-3-13 所示，在起落架机构中，杆 $AB$ 和杆 $CD$ 均为摇杆，当飞机将要着陆时，需将胶轮放下，当飞机离开地面时，需将胶轮收起。

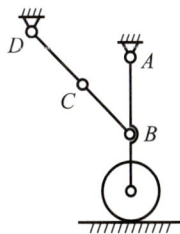

图 2-3-13　飞机起落架及机构

## 三、其他形式的四杆机构

汽车机构中，还有铰链四杆机构演变而成的机构。一般可通过将铰链四杆的转动副转化为移动副，获得相应的派生机构。

### 1. 发动机中的曲柄滑块机构

在曲柄摇杆机构中，将一个转动副转化为一个移动副，该机构就是曲柄滑块机构。只要是有移动副的四杆机构，简称滑块四杆机构。在图 2-3-14(a)汽车发动机活塞连杆机构中，杆件 AB 绕点 A 做旋转运动，是曲柄；另一连架杆 C 沿机架导轨做滑动，称为滑块。如图 2-3-14(b)所示是曲柄滑块机构在发动机中的应用，此机构实现了将曲柄的周转运动转化为活塞在气缸中的上下移动。

（a）曲柄滑块机构运动简图　　　　（b）发动机活塞连杆机构

**图 2-3-14　曲柄滑块机构在发动机中的应用**

**2.　自动货车卸货的摇块机构**

若将如图 2-3-14 所示曲柄滑块机构的相邻构件作为机架，则曲柄滑块机构就演化为如图 2-3-15 所示的摇块机构。取与滑块铰接的杆件 4 作为机架，当杆件 1 的长度小于杆件 CB（机架）的长度时，则杆件 1 能绕 B 点做周转运动，滑块 3 与机架组成转动副而绕 C 点转动，构件 1 做整周转动，滑块 3 只能绕机架往复摆动。这种机构常用于摆缸式原动机和气、液压驱动装置中，如图 2-3-16 所示的自动货车翻斗机构中运用了摇块机构。

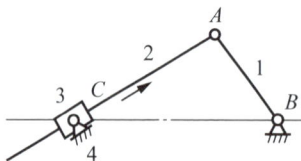

（a）摇块机构运动简图　　　　（b）自动货车翻斗机构

**图 2-3-15　摇块机构应用**

**3.　导杆机构**

若将图 2-3-14 所示的曲柄滑块机构的对杆作为机架，则曲柄滑块机构就演化为导杆机构，连架杆对滑块的运动起导向作用，称为导杆，它包括转动导杆机构和摆动导杆机构两种形式。如图 2-3-16 所示，导杆均能绕机架做整周转动，称为转动导杆机构。如图 2-3-17 所示，导杆（构件 AD）只能在某一角度内摆动，称为摆动导杆机构。导杆机构具有很好的传力性能，常用于牛头刨床、插床等机器中。

图 2-3-16　转动导杆机构

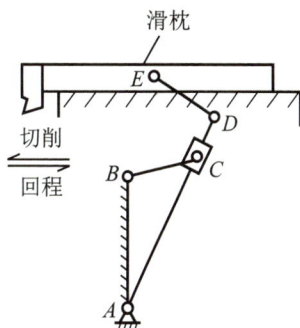

图 2-3-17　摆动导杆机构

4. 定块机构

若将图 2-3-14 所示曲柄滑块机构的滑块作为机架，则曲柄滑块机构就演化为如图 2-3-18 所示的定块机构。这种机构常用于抽油泵和手摇抽水唧筒，如图 2-3-19 所示。

图 2-3-18　定块机构

图 2-3-19　手摇抽水唧筒

思考与练习

一、填空题

1. 平面连杆机构是由一些刚性构件通过_____连接而组成的，是同一平面或相互平行的平面内运动的机构。

2. 连杆与机架的长度_____、曲柄长度_____、曲柄转向_____的曲柄机构称为平行曲柄机构；连杆与机架的长度_____、两曲柄长度_____、曲柄转向_____的双曲柄机构称为反向双曲柄机构。

3. 在铰链四杆机构中，固定不动的构件称为_____，与机架直接连接的构件称为_____，不与机架直接连接的构件称为_____，能绕固定机架做整周旋转运动的构件称为_____，绕固定轴做一定角度摆动的构件称为_____。

4. 两连架杆中，一杆为_____，一杆为_____的铰链四杆机构称为曲柄摇杆机构，两连架杆均为_____的铰链四杆机构称为双曲柄机构。两连架杆均为_____的铰链四杆机构称为双摇杆机构。

## 二、判断题

1. 平面连杆机构的构件间是用低副相互连接而成的。（　　　）

2. 平面连杆机构不能够实现一些较为复杂的平面运动。（　　　）

3. 曲柄摇杆机构中的曲柄和连杆都属于连架杆。（　　　）

## 三、选择题

1. 与机架连接且能做整周旋转运动的构件称为＿＿＿＿＿。

A. 曲柄　　　　　　B. 摇杆　　　　　　C. 连杆　　　　　　D. 机架

2. 人骑自行车时，踏板、小腿、大腿及车架组成＿＿＿＿＿机构。

A. 曲柄摇杆　　　　　　　　　B. 平行双曲柄

C. 反向平行双曲柄　　　　　　D. 双摇杆

3. 曲柄滑块机构都是由＿＿＿＿＿通过一定途径演化而来的。

A. 曲柄摇杆机构　　B. 双曲柄机构　　C. 双摇杆机构　　D. 活动构件

## 四、简答题

1. 铰链四杆机构由哪几部分组成？

2. 连架杆和连杆的区别是什么？

3. 摇杆和曲柄的区别是什么？

4. 说出汽车雨刮器的工作过程。

5. 转向机构为什么用双摇杆机构？

6. 完成表 2-3-1。

表 2-3-1

| 铰链四杆机构类型 | 机构简图 | 实例 |
|---|---|---|
|  |  |  |
|  |  |  |
|  |  |  |

## Mᴵssɪᴏɴ4 任务4　平面连杆机构的特性分析

### 任务描述

通过本任务的学习，让学生学会根据四杆机构中有曲柄的条件，判别平面四杆机构的基本类型，掌握机构中急回特性，学会克服和利用死点的方法。在今后的实践操作中，合理利用死点位置。

### 任务目标

1. 知道铰链四杆机构的判别。
2. 掌握铰链四杆机构的特性。

### 相关知识

铰链四杆机构三种基本类型的主要区别在于机构中是否有曲柄和存在几个曲柄。机构是否有曲柄存在，与机构中各构件的相对长度和最短杆所处的位置有关。

## 一、铰链四杆机构类型判别

铰链四杆机构中曲柄存在的具体条件如下。

①连架杆与机架中，必有一个是最短杆。

②最短杆与最长杆长度之和必小于或等于其他两杆长度之和。

根据曲柄存在的条件，按机架取法的不同则有以下三种基本类型。

①取最短杆的相邻杆为机架，则机构为曲柄摇杆机构，如图 2-4-1 所示。

②取最短杆为机架，则机构为双曲柄机构，如图 2-4-2 所示。

③取最短杆的对边杆为机架，则机构为双摇杆机构，如图 2-4-3 所示。

若最短杆与最长杆长度之和大于其他两杆长度之和，则无论取何杆件作机架均为双摇杆机构。

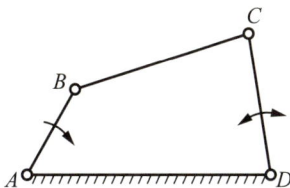

图 2-4-1　曲柄摇杆机构　　　图 2-4-2　双曲柄机构　　　图 2-4-3　双摇杆机构

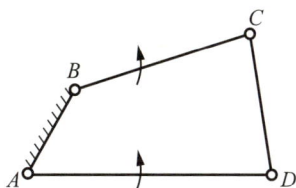

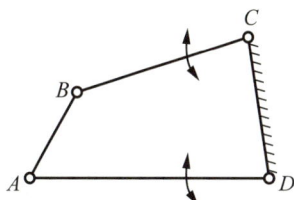

**例题**　如图 2-4-4 所示，若 $a=250$ mm，$b=600$ mm，$c=400$ mm，$d=550$ mm，取杆 $a$ 为机架时可得什么机构；取杆 $b$ 为机架时可得什么机构；取杆 $c$ 为机架可得什么机构？

解：$a+b=850$ mm，$c+d=950$ mm。

因为最短杆与最长杆长度之和必小于或等于其他两杆长度之和，可确定机构类型：

当取最短杆 $a$ 为机架时，机构为双曲柄机构；

当取最短杆的相邻杆 $b$ 为机架时，可得到曲柄摇杆机构；

当取最短杆的对边杆 $c$ 为机架时，则可得到双摇杆机构。

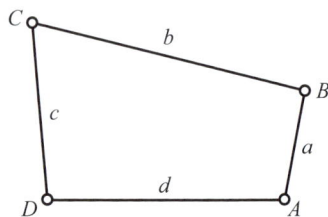

图 2-4-4　四杆机构

## 二、平面四杆机构的基本特性

### 1. 急回特性

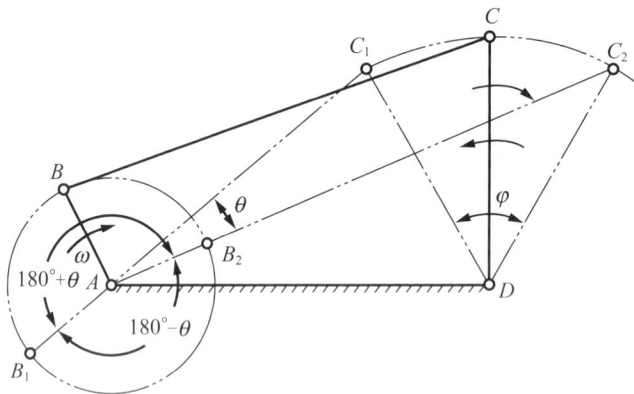

如图 2-4-5 所示的曲柄摇杆机构，在主动曲柄 $AB$ 等速转动一周的过程中，曲柄 $AB$ 两次与连杆 $BC$ 共线，此时从动摇杆 $CD$ 分别位于两极限位置 $C_1D$ 和 $C_2D$，处于两极限位置时，曲柄相应的两个位置所夹的锐角称为极位夹角，用 $\theta$ 表示。

急回特性

图 2-4-5　曲柄摇杆机构

当曲柄由 $AB_1$ 顺时针转到 $AB_2$ 位置时，转过的角度为 $180°+\theta$，摇杆由 $C_1D$ 摆至 $C_2D$，所需时间为 $t_1$，$C$ 点的平均速度为 $v_1$。当曲柄顺时针从 $AB_2$ 转到 $AB_1$ 位置时，转过的角度为 $180°-\theta$，摇杆由 $C_2D$ 摆至 $C_1D$，所需时间为 $t_2$，$C$ 点的平均速度为 $v_2$。由于曲柄等速转动，$180°+\theta$ 大于 $180°-\theta$，所以 $t_1$ 大于 $t_2$，因为摇杆 $CD$ 来回摆动的行程相同，均为 $C_1C_2$，所以 $v_2$ 大于 $v_1$。这说明曲柄摇杆机构具有急回特性。

连杆机构急回特性的相对程度用行程速度系数 $K$ 来表示，即

$$K=\frac{v_2}{v_1}=\frac{\overset{\frown}{C_1C_2}/t_2}{\overset{\frown}{C_1C_2}/t_1}=\frac{t_1}{t_2}=\frac{180°+\theta}{180°-\theta}$$

上式整理后可得

$$\theta = 180° \frac{K-1}{K+1}$$

$K$ 值的大小表示机构急回特性的明显程度。$K$ 值越大，急回特性越明显，$K$ 值大小与极位夹角 $\theta$ 有关，当 $\theta=0$ 时，$K=1$，说明机构无急回特性；当 $\theta>0$ 时，说明机构有急回特性。

曲柄摇杆机构摇杆的急回运动特性有利于提高某些机械的工作效率。机械在工作中往往具有工作行程和空回行程两个行程，为了提高效率，利用急回运动特性来缩短机械空回行程的时间，如牛头刨床、往复式运输机械等。

### 2. 死点位置

在如图 2-4-5 所示的曲柄摇杆机构中，设摇杆 $CD$ 为主动件，曲柄 $AB$ 为从动件，则当机构处于图示的两个极限位置之一时，连杆和曲柄在一条直线上。这时主动件 $CD$ 通过连杆作用于从动件 $AB$ 上的力恰好通过其回转中心，此力对 $A$ 点不产生力矩，所以将不能使构件 $AB$ 转动而出现"死点"现象。机构的这种位置称为死点。由此可见，四杆机构中是否存在死点位置，决定于从动件是否与连杆共线。

死点位置

为了使机构能顺利地通过死点，继续正常运转，常采用以下方法。

①通常利用构件的惯性作用，使机构越过死点位置而连续运动，如图 2-4-6 所示，缝纫机就是借助带轮的惯性通过死点位置的；如图 2-4-7 所示，发动机的曲轴在运动过程中，是依靠安装在曲轴上具有较大质量的飞轮的惯性，使机构在连杆与曲柄共线时能通过死点位置，确保曲轴的连续工作。

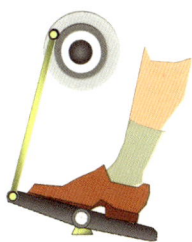

图 2-4-6　缝纫机踏板机构

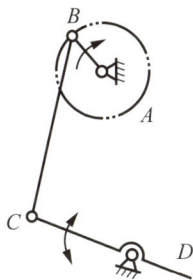

曲轴　飞轮

图 2-4-7　四缸发动机曲轴机构图

②可以采用机构错位排列的办法，在汽车多缸发动机中，可采用死点位置互相错开的几个曲柄滑块机构共同控制一个从动曲柄。如图 2-4-8 所示，四缸发动机，各缸互相错开 180° 来完成连续运动。

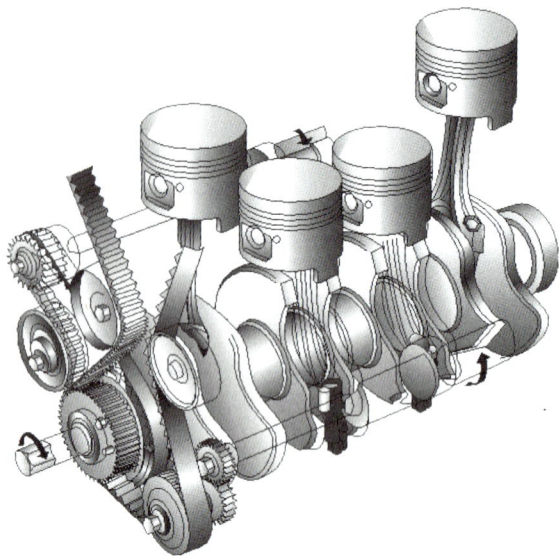

图 2-4-8　四缸发动机曲轴结构图

③增设辅助机构，如图 2-4-9 所示，火车车轮传动机构采用构件 $BFC$，使得构件通过死点位置。

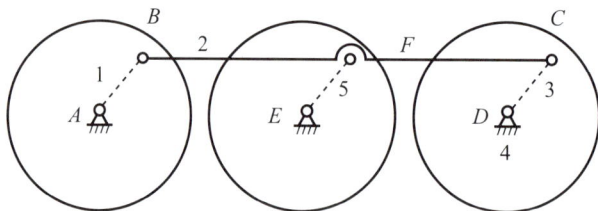

图 2-4-9　火车轮传动机构图

死点位置有其不利的一面，但有时也利用死点位置提高机构的工作可靠性，如飞机起落架、钻床工件夹紧装置等。

## 思考与练习

**一、填空题**

铰链四杆机构是指构件间相连的运动副均为＿＿＿＿＿的平面连杆机构，根据连架杆运动形式的不同，铰链四杆机构分为＿＿＿＿＿、＿＿＿＿＿、＿＿＿＿＿三种基本类型。

**二、判断题**

1. 铰链四杆机构中，以最短杆的对杆为机架，即为双曲柄机构。（　　　）

2. 铰链四杆机构中，以最短杆为连架杆，即为双摇杆机构。（　　　）

**三、选择题**

1. 在双曲柄机构中，最短的构件是＿＿＿＿＿。

A. 曲柄　　　　　　B. 摇杆　　　　　　C. 连杆　　　　　　D. 机架

2. 下列关于通过死点位置的描述中，错误的是_____。

A. 利用从动件自重或者添加飞轮　　　B. 增设辅助机构

C. 机构错列　　　　　　　　　　　　D. 在主动件上加大驱动力

**四、简答题**

1. 简述平面机构的急回特性。

2. 什么叫死点？它在什么情况下发生？如何避免？

3. 参照下列两孔中心距的尺寸装配铰链四杆机构：$a = 350$ mm，$b = 550$ mm，$c = 200$ mm，$d = 700$ mm。（见图 2-4-10）

　　(1) 当选择 $d$ 杆为机架时，是什么机构？

　　(2) 当选择哪个杆作为机架时，此机构为双摇杆机构？

　　(3) 当选择 $b$ 杆为机架时，是什么机构？

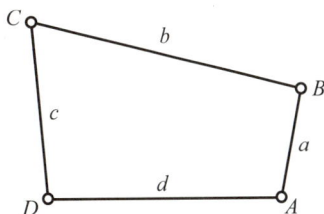

图 2-4-10

---

## M任务 5　凸轮机构的认知

### 任务描述

通过本任务可以让学生知道凸轮机构的基本知识与特性，掌握凸轮机构的工作原理；了解凸轮机构工作过程中参数及从动件的运动规律，从而更好的理解汽车发动机中的配气机构，为后续课程打下基础。

### 任务目标

1. 知道凸轮机构的类型和特点。

2. 掌握凸轮机构的主要参数。

3. 认识凸轮机构在汽车中的应用。

4. 了解凸轮机构的工作过程及从动件的运动规律。

### 相关知识

某些自动化和半自动化机械中，要求将主动件简单的连续运动，转变为从动件按工作要求变化的往复运动或摆动，采用凸轮机构来实现最为简便。凸轮机构是机械中广泛应用的一种高副机构，它能够实现预定的往复运动。

## 一、凸轮机构的组成与特点

### 1. 凸轮机构的组成

凸轮机构由凸轮、从动件和机架三部分组成，如图 2-5-1 所示，凸轮是具有特定曲线或曲面轮廓形状的构件，从动杆依靠自重与凸轮保持紧密接触，当凸轮运动时，从动件实现上下运动。如图 2-5-2 所示，内燃机的配气机构，当凸轮等速回转时，通过连续转动的凸轮的轮廓，迫使从动件(气阀杆)上下移动，从而按预定时间打开或关闭气门(关闭时依靠弹簧的弹力作用)，保证气门开启或关闭的时间和开度，使燃料混合物进入气缸或使废气排出。其中弹簧的作用是使气阀组件紧贴凸轮的轮廓曲面。凸轮的轮廓曲线形状决定了气阀杆开启的时间、速度的变化规律。

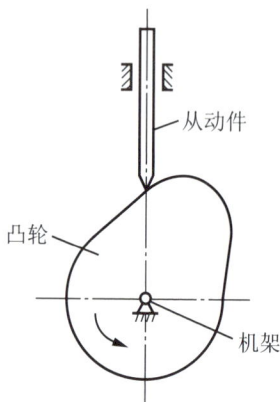

图 2-5-1  凸轮机构组成

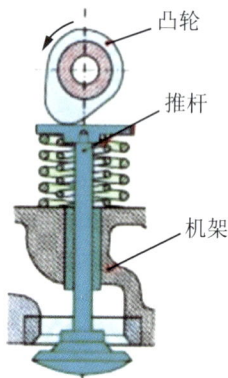

图 2-5-2  内燃机的配气机构

凸轮机构几乎可以实现从动件的无限多种运动规律，可以把凸轮的转动变换为从动件的移动或摆动。

### 2. 凸轮机构的特点

凸轮机构的优点是机构结构简单、工作可靠、设计方便，只要设计合理的凸轮轮廓曲线形状，就可以使从动件获得任意预定的运动规律。凸轮机构可以高速起动，动作准确可靠。

凸轮机构的缺点是它属于高副接触，接触应力很大，容易磨损，所以它只能适用于传力不大的场合。

## 二、凸轮机构的分类

### 1. 按凸轮的形状不同分类

(1)盘形凸轮

盘形凸轮是凸轮的最基本形式。它是半径变化并绕其轴线旋转的盘形零件，如图 2-5-1 所示。

(2)移动凸轮

移动凸轮可视为回转中心趋近于无穷远的盘形凸轮，它相对机架做直线往复移动，如图 2-5-3 所示。

（3）柱体凸轮

柱体凸轮可以被认为是将移动凸轮卷成圆柱体演化而成的，其中在端面上作出曲线轮廓，形成端面凸轮，如图 2-5-4（a）所示；或在圆柱面上开有曲线凹槽，形成圆柱凸轮，如图 2-5-4（b）所示。当凸轮转动时从动杆沿接触部位做直线往复运动或摆动。这种凸轮与从动杆的运动不在同一平面内，故是一种空间凸轮，它可以使从动件有较大的运动行程。

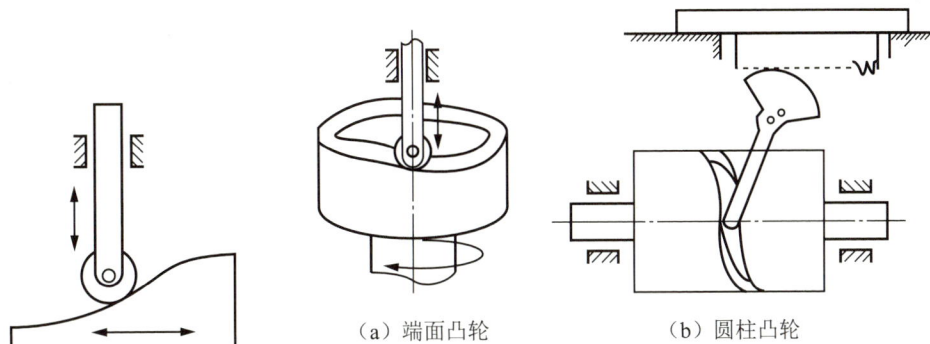

（a）端面凸轮　　　　　　（b）圆柱凸轮

图 2-5-3　移动凸轮　　　　　　　　　图 2-5-4　柱体凸轮

**2.　按从动件的运动形式不同分类**

（1）直动从动件

直动从动件就是从动件在直线位置做往复移动，如图 2-5-1、图 2-5-2 及图 2-5-3 所示。

（2）摆动从动件

摆动从动件就是从动件只做往复摆动，如图 2-5-4（b）所示。

**3.　按从动件端部形状分类**

（1）尖顶从动件

如图 2-5-5（a）所示，尖顶从动件结构简单，从动杆与凸轮为点接触，尖顶能与任何复杂的凸轮轮廓保持接触，实现复杂的运动规律。但因尖顶易磨损，故适宜于传力不大、低速的场合。

（2）平底从动件

如图 2-5-5（b）所示，平底从动件以平底与凸轮轮廓接触，因此受力较平稳。在高速工作时，底面与凸轮间较易形成油膜，从而减少摩擦、磨损，故在高速凸轮机构中应用较多，但是平底从动件不能与轮廓内凹的凸轮相匹配。发动机中的凸轮轴与气门结构间就利用了平底从动件，如图 2-5-6 所示。

（3）滚子从动件

如图 2-5-5（c）所示，这种从动件的端部装有滚子，并以滚子与凸轮轮廓相互接触，由于滚子与凸轮轮廓是线接触，而且是滚动摩擦，磨损较小，可以承受较大载荷，应用普遍。它可用来传递较大的动力，应用广泛，但因其运动规律有一定的局限性，不能用于高速场合。

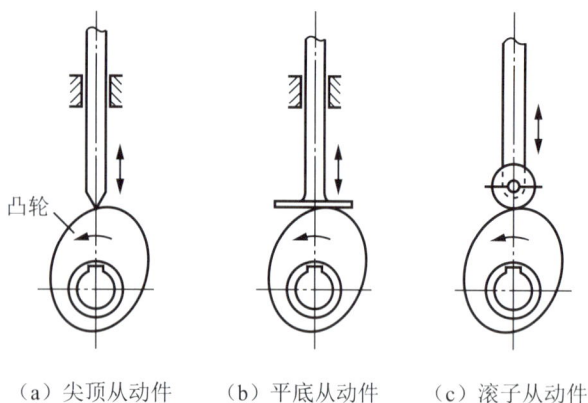

（a）尖顶从动件　　（b）平底从动件　　（c）滚子从动件

图 2-5-5　凸轮机构

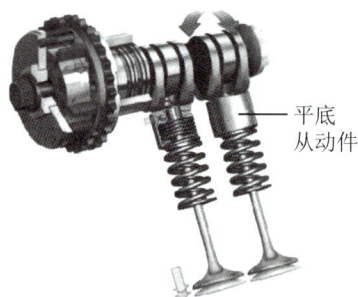

图 2-5-6　发动机凸轮轴与气门结构

## 三、凸轮机构的工作过程

如图 2-5-7 所示的凸轮机构中，主动件为由曲线 $AB$、$BC$ 及圆弧 $CD$、$DA$ 围成的盘形凸轮，以大小为 $\omega$ 的角速度做逆时针转动；从动件为尖顶式从动件，沿着导路做上下往复移动。假设主动件从 $A$ 点位置开始做逆时针回转，从动件的运动规律具体描述如下。

$AB$——上升（推程）：当轮廓 $AB$ 部分与从动件接触时，由于向径逐渐增大，因此从动件将逐渐上升，从动件与 $B$ 点接触时，从动件上升到最高位置，此过程称为推程。

$BC$——远休止：当轮廓 $BC$ 部分与从动件接触时，由于向径不变，因此从动件处于最高位置不动，此过程称为远休止。

$CD$——下降（回程）：当轮廓 $CD$ 部分与从动件接触时，由于向径逐渐减小，因此从动件将逐渐下降，从动件与 $D$ 点接触时，从动件下降到最低位置，此过程称为回程。

$DA$——近休止：当轮廓 $DA$ 部分与从动件接触时，由于向径不变，因此从动件处于最低位置不动，此过程称为近休止。

凸轮继续回转，从动件将重复"推程—远休止—回程—近休止"的运动过程。

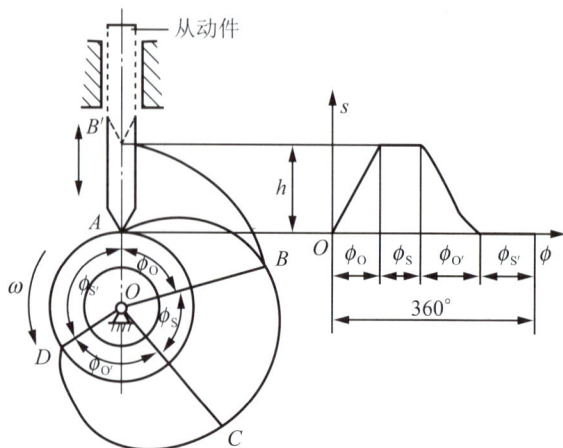

图 2-5-7　凸轮机构的工作过程

## 四、凸轮机构的基本参数

凸轮机构的参数很多，但对整个机构传力性能有重要影响的主要参数为凸轮的压力角、基圆半径等。

### 1. 压力角

凸轮机构某参考点从动件上受力点的速度方向与所受作用力方向之间所夹的锐角，称为压力角 $\alpha$，如图 2-5-8 所示。

如图 2-5-8 所示，从动件所受的力 $F$ 将分别沿着从动件运动方向和垂直于从动件运动方向分解为 $F_1$ 和 $F_2$，则 $F_1 = F\cos\alpha$，$F_2 = F\sin\alpha$，其中 $F_1$ 对从动件的运动是有利的，称为有效分力；$F_2$ 对从动件的运动是不利的，称为有害分力。$\alpha$ 越小，$F_1$ 越大，对传动越有利；$\alpha$ 越大，$F_1$ 越小，对传动越不利。当 $\alpha$ 增大到一定数值时，有害分力所产生的摩擦力会大于有效分力，从动件将会发生自锁（或卡死）现象。

图 2-5-8　凸轮机构的主要参数

因此，为了保证凸轮机构正常工作，并具有一定的传动效率，必须对压力角加以限制。对于直动从动件而言，最大压力角不超过 30°；对于摆动从动件而言，最大压力角不超过 45°。

### 2. 基圆半径 $r_b$

基圆是以凸轮的回转中心为圆心，以最小的理论轮廓曲线的曲率半径为半径所作的圆。基圆是设计轮廓曲线的基础。如图 2-5-8 所示的圆 $ABCA$，$r_b$ 即为基圆半径。

基圆半径的大小直接影响着从动件的运动。在从动件行程一定的条件下，基圆半径的大小与凸轮压力角的大小成反比。因此，压力角越小，基圆半径越大，对传动越有利，但基圆半径过大，机构较笨重；压力角越大，基圆半径越小，对传动越不利。

## 五、从动件的运动规律

如图 2-5-7 所示的位移线图反映了从动件的运动规律，分析可知从动件因凸轮轮廓形状的不同，可得到任意的运动规律。常见的有等速运动规律、等加速等减速运动规律、简谐运动规律等。目前用得最多的为等速运动规律和等加速等减速运动规律。

为便于了解各种运动规律的位移、速度及加速度对时间的关系变化，常将凸轮机构的工作过程绘制成位移曲线、速度曲线及加速度曲线加以分析。图 2-5-9 及图 2-5-10 中纵坐标代表从动件的位移，横坐标代表凸轮的转角。

（1）等速运动

①等速运动规律。

凸轮做等速回转时，从动件在上升或下降时的速度为一常数的运动规律称为等速运动规律。

②等速运动规律。

等速运动规律的位移曲线为一斜直线，速度曲线为平行于水平轴的直线，加速度则为零，如图 2-5-9 所示。

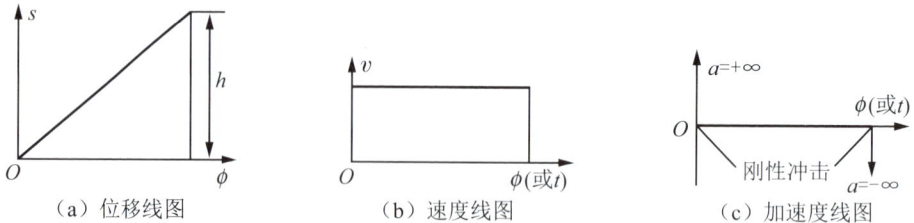

（a）位移线图        （b）速度线图        （c）加速度线图

图 2-5-9  等速运动曲线

③等速运动工作特点。

从动件在行程的开始和到达最高位置点时，由于运动方向产生剧变，其瞬间加速度为无穷大，致使从动件产生陡震或冲击，这种冲击称为刚性冲击。因此，等速运动规律适用于低速场合。

（2）等加速等减速运动

①等加速等减速运动规律。

当凸轮做等速回转时，将从动件的行程分为两段，前半段等加速上升，后半段等减速上升，且前后两段的加速度的绝对值相等的运动规律称为等加速等减速运动规律。

②等加速等减速运动规律。

等加速等减速运动规律的位移曲线为抛物线，速度曲线为斜直线，加速度曲线为平行于水平轴的直线，如图 2-5-10 所示。

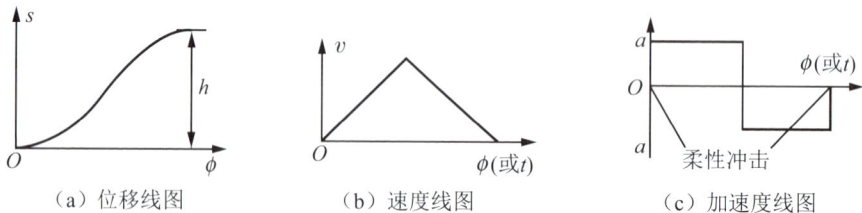

（a）位移线图        （b）速度线图        （c）加速度线图

图 2-5-10  等加速等减速运动曲线

③等加速等减速运动工作特点。

从动件做等加速等减速运动时，整个行程上升速度由零开始逐渐增大，而后逐渐减小到零，连续变化而不存在突变，加速度 $a$ 只发生有限的突变，凸轮机构在运动中仅在某些特殊点处出现柔性冲击。因此，这种运动规律只适用于中速、从动件质量不大及轻载的场合。

## 六、凸轮的材料

凸轮工作时，往往承受冲击载荷，表面磨损严重，因此，要求表面硬度高，心部有较好的韧性。多数凸轮采用碳钢制造，有些操纵机构的凸轮由塑料制成。在低速($n\leqslant$ 100 r/min)、轻载的场合，凸轮采用 40、45 钢调质；在中速(100 r/min$<n<$200 r/min)、中载的场合，采用 40Cr 表面淬火或 20Cr 钢渗碳淬火；在高速($n\geqslant$200 r/min)、重载的场合，采用 40Cr 高频感应加热淬火。

## 思考与练习

**一、填空题**

1. 凸轮机构由_____、_____、_____三个基本构件组成，是使从动件产生某种特定运动的_____机构。

2. 根据凸轮形状的不同，凸轮机构可分为_____凸轮、_____凸轮、_____凸轮等；根据从动件的末端形状不同，有_____从动件、_____从动件、_____从动件。

3. 尖顶从动件凸轮机构的凸轮与从动件之间为_____接触，它能准确地实现_____规律，但尖顶易_____，故适用于_____场合。

4. 平底从动件凸轮机构从动件的底面与凸轮间易于形成油膜，利于_____，摩擦阻力_____，_____用于高速传动。

5. 以凸轮的回转中心为圆心，以凸轮的_____轮廓曲线的_____为半径所做的圆称为基圆。

6. 凸轮做等速回转时，从动件在上升或下降时的速度_____的运动规律称为等速运动规律。等速运动规律的位移曲线为_____。

7. 等加速等减速运动规律为：从动件在行程 $h$ 中，前半行程 $h/2$ 段_____，后半行程 $h/2$ 段_____，且加速度的绝对值相等。

**二、判断题**

1. 凸轮机构能将主动件的旋转运动转化为从动件的直线往复运动。(　　)

2. 各种凸轮机构都可以高速起动，且动作准确可靠。(　　)

3. 移动凸轮机构能将凸轮的移动转换为从动件的往复运动。(　　)

4. 由于盘形凸轮制造方便，所以最适用于较大行程的传动。(　　)

**三、选择题**

1. 下列关于凸轮机构的描述中，正确的是_____。

A. 凸轮机构是高副机构

B. 不能用于对从动件的运动规律要求严格的场合

C. 不能高速起动

D. 从动件只能移动

2. _____能准确地实现任意的运动规律。

A. 平底从动件　　　B. 尖顶从动件　　　C. 滚子从动件　　　D. 曲面从动件

3. 摩擦阻力小，承载能力较大，但不宜用于高速传动的是_____。

A. 平底从动件　　　B. 尖顶从动件　　　C. 滚子从动件　　　D. 曲面从动件

4. 从动杆底面与凸轮之间润滑较好，并常用于高速传动的是_____。

A. 滚子从动件　　　B. 平底从动件　　　C. 尖底从动件　　　D. 曲面从动件

5. 凸轮机构从动件的运动规律是由_____决定的。

A. 凸轮转速　　　　B. 凸轮轮廓形状　　C. 凸轮基圆半径

6. 下列关于等速运动规律特点的描述中，正确的是_____。

A. 位移曲线为一斜直线

B. 在某些特殊点处出现柔性冲击

C. 适用于低速、从动件质量小或轻载的场合

D. 适用于中速、从动件质量不大及轻载的场合

## 四、简答题

1. 凸轮机构由哪几部分组成？

2. 凸轮机构的优缺点有哪些？

3. 完成表 2-5-1。

表 2-5-1

| 凸轮的分类依据 | 分类结果 |
|---|---|
| 按凸轮形状分 | |
| 按从动件运动形式分 | |
| 按从动件端部形状分 | |

4. 根据图 2-5-11 所示的单缸发动机的凸轮机构，回答下列问题。

①按凸轮的形状分类，内燃机配气机构中的凸轮是什么凸轮？

②按从动件的运动形式分类，内燃机配气机构中的从动件(气阀门)做什么运动？

③按从动件端部形状分类，发动机配气机构中的从动件(气阀门)采用了什么从动件？

④简述发动机配气机构的工作原理。

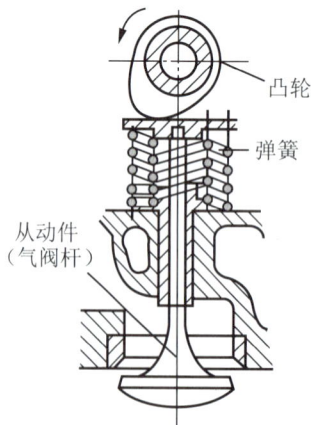

图 2-5-11　内燃机的配气机构　　　　图 2-5-12

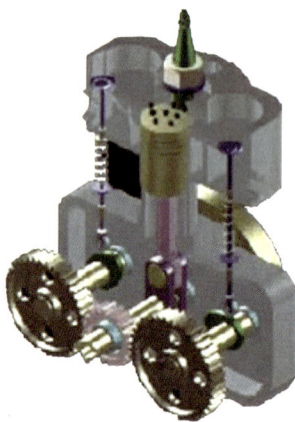

## 五、综合分析题

1. 根据图 2-5-12，简述其中的三种机构。

2. 根据图 2-5-12，分析各机构中各构件的运动情况，试绘制机构运动简图。

### M 任务 6 棘轮机构的认知

#### 任务描述

通过本任务可以让学生知道汽车上不仅有平面连杆机构、凸轮机构，还有其他间歇机构，如汽车停在斜坡上不会下滑，是因为驻车制动器在起作用。驻车制动器的锁止装置是采用的间歇机构之一棘轮机构，只有这些机构共同正常工作，才能使汽车正常工作。

#### 任务目标

1. 掌握棘轮机构的组成。
2. 了解棘轮机构在汽车中的应用。

#### 相关知识

将主动件的均匀转动转换为时转时停的周期性运动的机构，称为间歇运动机构，例如，汽车中驻车制动器的锁止装置、电影放映机的送片运动等都有间歇运动机构。

间歇机构类型很多，这里只介绍棘轮机构。

## 一、棘轮机构

### 1. 棘轮机构的组成

如图 2-6-1 所示，该机构由棘轮、棘爪和摇杆等组成。当摇杆向左摆动时，装在摇杆上的棘爪嵌入棘轮的齿槽内，推动棘轮朝逆时针方向转过一角度；当摇杆向右摆动时，棘爪便在棘轮的齿背上滑回原位，棘轮静止不动。为了使棘轮的静止可靠和防止棘轮的反转，在机架上安装止回棘爪。这样，当曲柄做连续回转时，棘轮只能做单向的间歇运动。

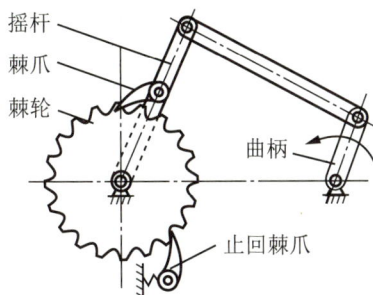

图 2-6-1　棘轮机构组成　　　　图 2-6-2　棘轮机构提起重物

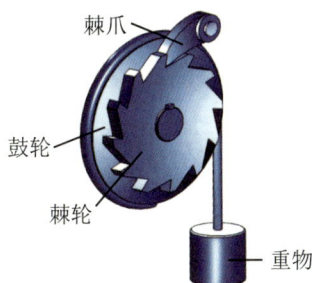

棘轮机构中棘爪常是主动件，棘轮是从动件。如图 2-6-2 所示，起重设备中常应用这种机构，图示当转动的鼓轮带动物件上升到所需的高度位置时，鼓轮就停止转动，棘爪依靠弹簧嵌入棘轮的轮齿凹槽中，这样就可以防止鼓轮在任意位置停留时产生的逆转，保证起重工作安全可靠。

2. 棘轮机构的特点

棘轮机构具有结构简单、运动可靠、制造方便，并且棘轮的转角可以根据需要进行调节等优点。而棘轮每次运作与停止的时间之比，可以通过选择适当的驱动机构来改变，比较灵活。但棘轮传动工作时，棘轮和棘爪间有噪声、冲击，轮齿易磨损，高速时尤其严重，因此，它一般用于低速、轻载的间歇传动。

## 二、汽车上的棘轮机构

一般驻车制动系统的机械传动装置组成如图 2-6-3 所示。驻车制动系统与行车制动系统共用后轮制动器。

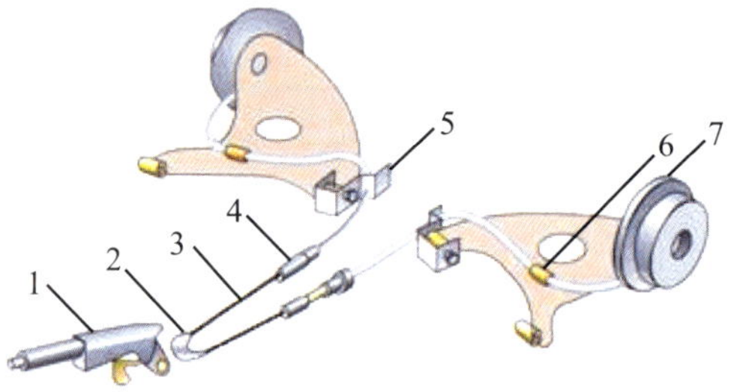

图 2-6-3　驻车制动系统的机械传动装置
1. 操纵杆　2. 平衡杠杆　3. 拉绳　4. 拉绳调整接头
5. 拉绳支架　6. 拉绳固定架　7. 制动器

进行驻车制动时，驾驶员将驻车制动操纵杆向上扳起，通过平衡杠杆将驻车制动操纵拉绳拉紧，促动两后轮制动器制动。其中制动锁止机构为棘轮机构，由于棘爪的单向作用，棘爪与棘爪齿板啮合后，操纵杆不能反转，故整个驻车制动系统能可靠地被锁定在制动位置。

解除制动时，须先将操纵杆扳起少许，再压下操纵杆端头的压杆按钮，通过棘爪压杆使棘爪离开棘爪齿板，然后将操纵杆向下推到解除制动位置。此时拉绳放松，驻车制动解除。随后，应放松操纵杆端按钮，使棘爪得以将整个驻车制动系统锁在解除制动位置。

### 思考与练习

简答题

1. 常见的间歇运动机构包括哪两种？
2. 棘轮机构是怎样实现间歇运动的？

# 实验　汽车铰链四杆机构制作

## 实验介绍

制作铰链四杆机构，观察铰链四杆机构曲柄存在的条件，判别铰链四杆机构类型。

## 实验目的

1. 能说出四杆机构的组成与基本类型。

2. 知道四杆机构的基本性质。

3. 观察铰链四杆机构的运动特点，总结其基本性质。

4. 鼓励学生积极参与教学活动，使学生获得成功的体验，建立和增强学生学习专业知识的信心。

5. 引导学生学会观察、发现机构中存在的问题，相互合作及创新。

## 实验准备

硬纸板、小刀、钢直尺、冲孔器、M3 螺钉螺母、磨砂纸。

## 实验步骤

**一、准备工作**

教师指导学生课前准备好实验所用的实验器材。

**二、实验操作**

1. 制作铰链四杆机构的步骤如下。

（1）落料（图 1）

1）制作材料一般选用宽度为 20～30mm 的硬纸板。

2）用小刀裁出长度不等的四根硬纸板条，操作过程中须注意安全。

（2）冲孔（图 2）

1）冲孔前做好标记点，孔与端边应留有一定的距离。

2）注意操作安全，纸板底部有悬空或废旧物品垫着，避免损伤桌面或其他物品。

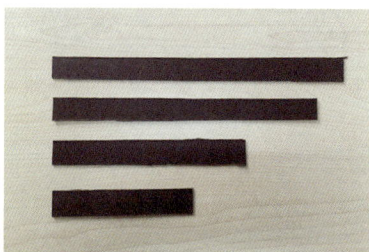

图 1　落料

图 2　冲孔

（3）去毛边（图 3）

利用磨砂纸去除硬纸板条各边及孔周围的毛边。

（4）连接（图 4）

1）利用螺栓、螺母或铁（铜）丝连接各硬纸板条，注意固定不可过于紧密，各连接处应能自由转动。

2）如遇最长杆长度大于或等于其余三杆长度之和的情况，则应适当缩短最长杆的长度。

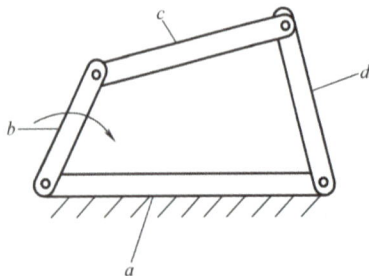

图 3　去毛边

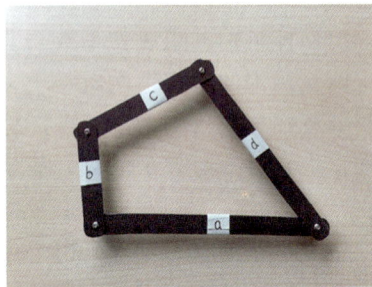

图 4　连接

2. 铰链四杆机构的工作特性

试一试、想一想

（1）a 为机架　此时的机构如图 5 所示。

1）a 为机架，转动 b，观察 b、d 的运动方式。

2）通过交流得出 b、d 可能出现的运动方式，思考为什么会出现不同的运动方式。

3）图示四杆长度关系为 $b<d<c<a$。

（2）b 为机架　此时的机构如图 6 所示。

1）b 为机架，转动 c，观察 a、c 的运动方式。

2）通过交流得出 a、c 可能出现的运动方式，思考为什么会出现这一情况。

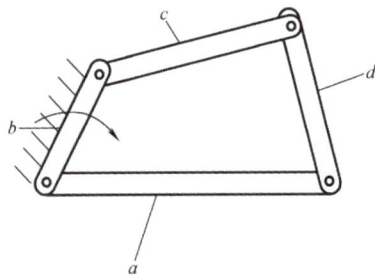

图 5　四杆机构　　　　　　　图 6　四杆机构

（3）c 为机架　此时的机构如图 7 所示。

1）c 为机架，转动 d，观察 b、d 的运动方式。

2）通过交流得出 a、c 可能出现的运动方式，思考为什么会出现这一情况。

（4）$d$ 为机架  此时的机构如图 8 所示。

1）$d$ 为机架，转动 $c$，观察 $a$、$c$ 的运动方式。

2）通过交流得出 $a$、$c$ 可能出现的运动方式，思考为什么会出现这一情况。

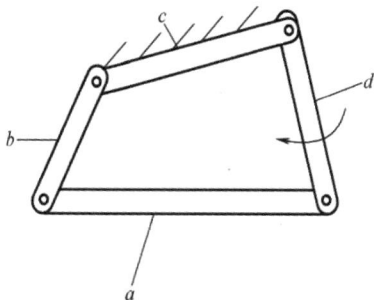

图 7  四杆机构          图 8  四杆机构

3. 铰链四杆机构中曲柄存在的条件

通过上述观察与分析可知，是否存在曲柄是铰链四杆机构的重要特征，而连杆成为曲柄必须满足以下两个条件：

（1）最短杆与最长杆的长度之和小于或等于其余两杆的长度之和（图 9）。

（2）连架杆与机架中必有一个是最短杆，如图 10 所示，铰链四杆的长度关系为 $b < d < c < a$（必须将 $a$、$b$ 或 $c$ 作为机架）。

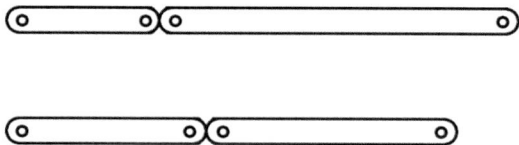

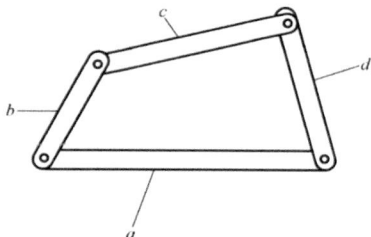

图 9  四杆机构          图 10  四杆机构

4. 铰链四杆机构三种基本类型的判别方法

根据曲柄存在的条件，可以推导出铰链四杆机构的三种基本类型及其判别方法。

（1）最短杆与最长杆的长度之和小于或等于其余两杆的长度之和（图 11），则

1）取最短杆为连架杆时，构成曲柄摇杆机构。

2）取最短杆为机架时，构成双曲柄机构。

3）取最短杆为连杆时，构成双摇杆机构。

图 11  四杆机构

（2）若铰链四杆机构中最短杆与最长杆的长度之和大于其余两杆的长度之和，则无曲柄存在，只能构成双摇杆机构。

### 三、实验注意

1. 冲孔操作前须经教师指导，确认安全正确后，方可操作。

2. 小组要积极讨论，总结交流。

### 四、实验报告

实验结束后留出部分时间，分小组交流讨论，分享各自的学习成果，共同进步。填写实验表及评价表。

**实验报告**

| 实验名称 | | | | |
|---|---|---|---|---|
| 班级 | | 姓名 | | |
| 地点 | | 日期 | | |
| 实验表 | | | | |
| 工量具 | 作业内容 | 作业要求 | 检查结果 | 测量值 |
| | 一、制作铰链四杆机构<br>1. 落料 | | □正常<br>□不正常 | — |
| | 2. 冲孔 | | □正常<br>□不正常 | — |
| | 3. 去毛边 | | □正常<br>□不正常 | — |
| | 4. 连接 | | □正常<br>□不正常 | — |
| | 二、铰链四杆机构的工作特性<br>1. 最短杆的邻杆1为机架 | | □正常<br>□不正常 | — |
| | 2. 最短杆为机架 | | □正常<br>□不正常 | — |
| | 3. 最短杆的邻杆2为机架 | | □正常<br>□不正常 | — |
| | 4. 最短杆的对杆为机架 | | □正常<br>□不正常 | — |
| | 三、实训设备、工具、材料、场地等的整理 | | □正常<br>□不正常 | |

续表

| 评价表 | | | |
|---|---|---|---|
| 项目 | 评价指标 | 自评 | 互评 |
| 实验工作 | 制作铰链四杆机构及作业要求 | □合　格<br>□不合格 | □合　格<br>□不合格 |
| | 按作业要求完成作业内容 | □合　格<br>□不合格 | □合　格<br>□不合格 |
| | 作业单填写完整 | □合　格<br>□不合格 | □合　格<br>□不合格 |
| 职业素养 | 工作服整洁、没有装饰品或硬质件 | □合　格<br>□不合格 | □合　格<br>□不合格 |
| | 正确查阅维修资料和学习材料 | □合　格<br>□不合格 | □合　格<br>□不合格 |
| | 合作默契，交流顺畅 | □合　格<br>□不合格 | □合　格<br>□不合格 |
| 个人反思 | | 完成任务的安全、质量、时间和5S要求，是否达到最佳程度，请提出个人改进建议 | |
| 教师评价 | 教师签字<br>日　期 | 成绩 | |
| | | □合　格　□不合格 | |

## 工匠巡礼

郑志明，集车、钳、刨、铣等技能于一身的全能型工匠。

他身怀绝技，手工锉削平面可将零件尺寸误差控制在 0.003 毫米以内、手工画线钻孔的位置误差控制在 0.05 毫米以内，全国一流。他自学机器人编程等前沿技术，成为自动化技术方面的"土专家"，带领团队自主研制完成工艺装备 900 多项。

从职高毕业的钳工学徒，到技术精湛的大国工匠，再到在党的二十大代表团讨论会上向习近平总书记汇报，今年 45 岁的他是大家口中令人敬佩的汽车"智"匠"郑师傅"。

图 12

# 汽车典型零部件

　　汽车结构中各个旋转部位的运动与传动过程都离不开轴和轴承，所以轴和轴承是汽车不可缺少的重要零件。通过相应的任务学习，能够使我们认识汽车用轴和轴承的类型、结构，懂得轴和轴承的作用和工作原理，并且熟悉一些安装在轴上的常用零件，了解轴类零件的定位方法。

　　一台完整的机器由动力部分、传动部分、执行部分和控制部分组成，而联轴器和离合器就是把这四部分连接起来的重要装置。为了减缓机械运动部件的转速或使其停止回转，我们常用制动器来实现这一目的。在汽车构造中，联轴器、离合器和制动器是保障汽车正常工作必不可少的重要装置。通过本项目的学习，使学生了解联轴器、离合器和制动器的作用、类型及结构特点等相关知识。

　　由于轴系结构涉及的问题多、实践性强、灵活性大，在本项目之后设计了相关实验。本次实验提供的器材为各种轴、轴上零件及游标卡尺等。通过实验，学生首先掌握游标卡尺的使用、增强学生对轴系零部件结构的感性认识、帮助学生深入理解轴上零件的固定方法，达到提高设计能力和工程实践能力的目的，通过实践与反思培养学生规范细致的职业素养。

## M任务 MISSION 1 　轴类零件的认知

### 任务描述

　　轴在生产中使用非常广泛，尤其在汽车上使用更为广泛。为了传递运动和动力，保证工作的精度和使用可靠，汽车上的很多轴上零件必须可靠地安装在轴上，不允许零件与轴间产生相对运动。因此，轴上零件必须有可靠的轴向和周向定位，本任务就是解决汽车中轴上零件的布置、定位等问题。

### 任务目标

1. 知道轴的分类、结构形式及其常用材料。
2. 懂得轴和轴上零件的固定方法。
3. 了解各类轴在汽车中的应用。

相关知识

轴的功用是支撑回转零件(如齿轮、车轮、带轮),实现回转运动并传递动力。轴承的功用是支撑轴及轴上零件,使其保持一定的旋转精度,减少转轴与支承之间的摩擦与磨损。

# 一、轴的分类和用途

**1. 按轴线形状分**

根据轴线形状的不同,轴可分为曲轴、挠性轴和直轴三类。汽车用轴主要是曲轴和直轴。

(1)曲轴

曲轴的功用是将回转运动转变为直线往复运动,或将直线往复运动转变为回转运动,它是往复式机械中的专用零件,如图 3-1-1 所示。汽车发动机中的曲轴就是将活塞的往复直线运动转变为回转运动。

(2)挠性轴

挠性轴一般用于连接不在同一轴线或不在同一方向且存在相对运动的两轴,以传递旋转运动和扭矩,如连接车速里程表的转轴等。挠性轴如图 3-1-2 所示。

图 3-1-1　曲轴

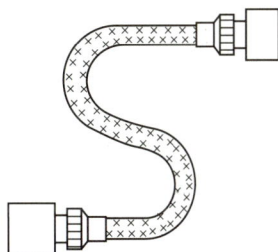

图 3-1-2　挠性轴

(3)直轴

直轴按外形不同可分为光轴(见图 3-1-3)、阶梯轴(见图 3-1-4)及一些特殊用途的轴(如花键轴、齿轮轴、蜗杆轴、凸轮轴及传动轴等)。光轴形状简单,加工方便,但轴上零件不易定位和装配。阶梯轴各截面直径不等,便于零件的固定,应用广泛。

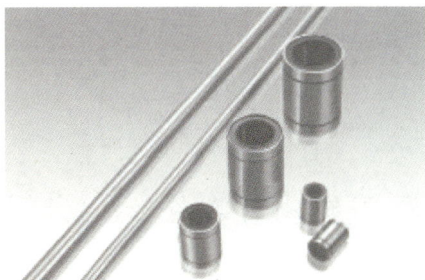

图 3-1-3　光轴

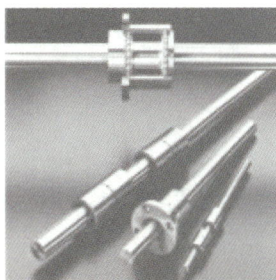

图 3-1-4　阶梯轴

直轴一般都是实心的，只有当机器结构要求在轴内装设其他零件、减轻轴的质量或输送液体等特别要求时，才会将轴制成空心，如活塞的销轴、自动变速器的输出轴、汽车的传动轴、发动机的摇臂轴等。如图 3-1-5 所示为汽车传动花键空心轴。

图 3-1-5　汽车传动花键空心轴

**2.　按载荷性质分**

根据所受载荷不同，轴可分为心轴、转轴和传动轴三类。

（1）心轴

心轴工作时用来支承回转零件，只承受弯曲作用（弯矩）而不传递动力（转矩）。心轴按其是否转动可分为转动心轴和固定心轴，如图 3-1-6 所示。汽车上的活塞销轴、摇臂轴等都属于这一类。

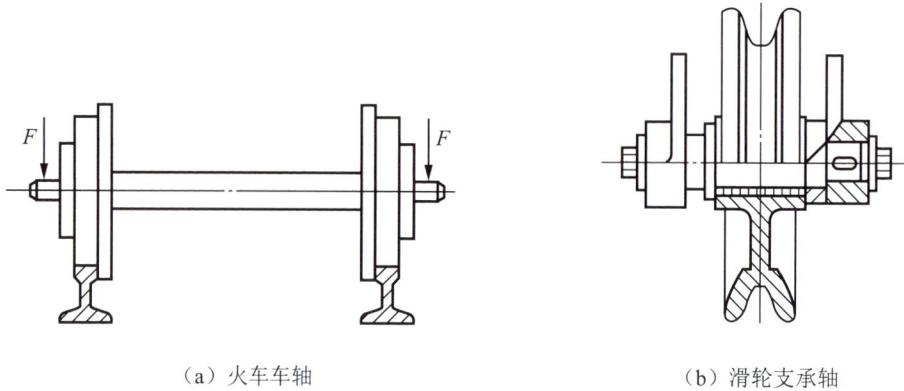

（a）火车车轴　　　　　　　　　　　　（b）滑轮支承轴

图 3-1-6　心轴

（2）转轴

既支承回转零件又传递动力，同时承受弯曲（弯矩）和扭转（转矩）两种作用的轴称为转轴。转轴是机械中最常用的轴，如汽车减速器中的各承载轴和半轴，如图 3-1-7 所示。

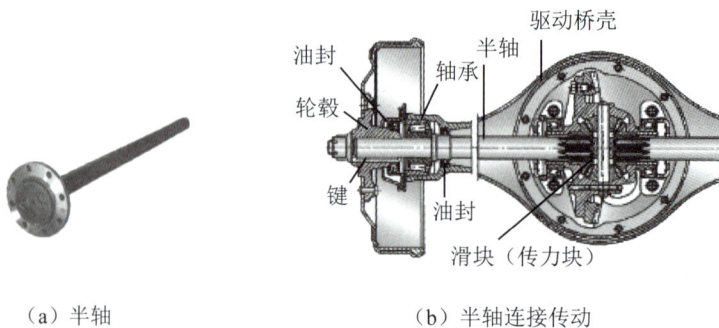

（a）半轴　　　　　　　　　　　　（b）半轴连接传动

图 3-1-7　半轴

（3）传动轴

工作时用来传递动力（转矩），只承受扭转作用而不受弯曲（弯矩）作用或弯曲（弯矩）作用很小的轴称为传动轴，如图 3-1-8 所示为汽车传动轴（由自重所引起的弯曲作用很小，所以弯曲作用可忽略不计）。

图 3-1-8　汽车传动轴

传动轴

## 二、轴的结构与材料

### 1. 轴的结构

轴的结构设计的任务就是在满足强度、刚度和振动稳定性的基础上，根据轴上零件的定位要求及轴的加工、装配工艺性要求，合理地确定轴的结构形状和全部尺寸。

在考虑轴的结构时，应满足三个方面的要求：安装在轴上的零件要固定可靠；轴的结构应便于加工和尽量减少应力集中；轴上的零件要便于安装和拆卸。

### 2. 轴的组成

轴主要由轴头、轴颈、轴身三部分组成。安装轮毂的轴段叫轴头，轴上被支承的轴段叫轴颈，连接轴颈和轴头的轴段叫轴身。如图 3 1 9 所示为减速器轴的组成。

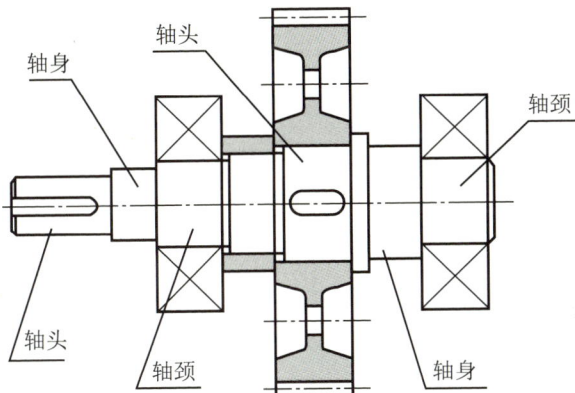

图 3-1-9　减速器轴的组成

3. **零件在轴上的定位**

（1）轴上零件的轴向固定

轴上零件轴向固定的目的是保证零件在轴上有确定的轴向位置，防止零件轴向移动，并能承受轴向力。常用的方法有利用轴肩、轴环、圆锥面，以及轴端挡圈、轴套、圆螺母、弹性挡圈等零件进行轴向固定。

①用轴肩和轴环固定。

阶梯轴的截面变化部位称为轴肩或轴环，如图 3-1-10 所示。用轴肩和轴环轴向固定轴上零件，具有结构简单、定位可靠以及能够承受较大的轴向力等优点，是一种最常用的固定方法，常用于齿轮、带轮、轴承和联轴器等传动零件的轴向固定。为保证零件与定位面靠紧，轴上过渡圆角半径 $r$ 应小于倒角高度 $C$ 或零件圆角半径 $R$。

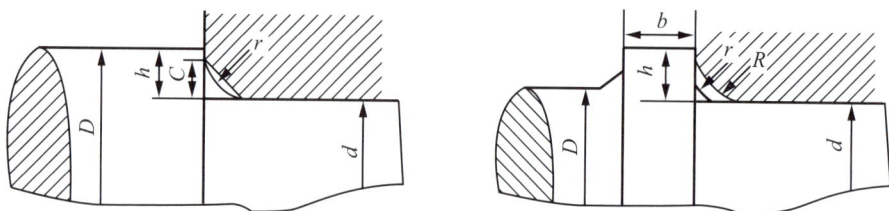

图 3-1-10  轴肩或轴环固定

②用轴端挡圈和圆锥面固定。

当零件位于轴端时，可利用轴端挡圈或圆锥面加挡圈进行轴向固定。如图 3-1-11 所示为用轴端挡圈定位，为防止轴端挡圈松动，轴径小时只需用一个螺栓锁紧，轴径大时则需用两个或两个以上螺栓锁紧。无轴肩和轴环的轴端，可采用圆锥面加挡圈进行轴向固定，如图 3-1-12 所示。

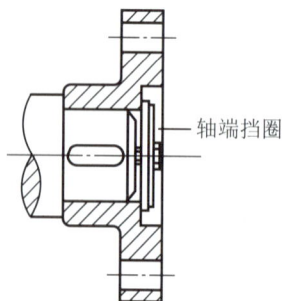

图 3-1-11  轴端挡圈固定

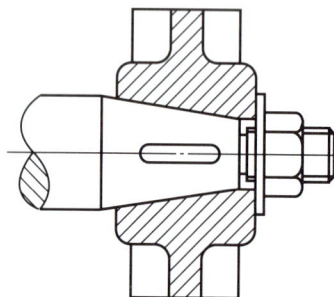

图 3-1-12  圆锥面加挡圈固定

③用圆螺母固定。

当无法采用轴套固定或轴套太长时，可采用圆螺母做轴向固定。这种方法通常用在轴的中部或端部，具有装拆方便、固定可靠、能承受较大的轴向力等优点。为防止圆螺母松脱，常采用双螺母或一个螺母加止退垫圈来防松，如图 3-1-13 所示。

（a）圆螺母加止退垫圈固定　　　　　　（b）双螺母固定

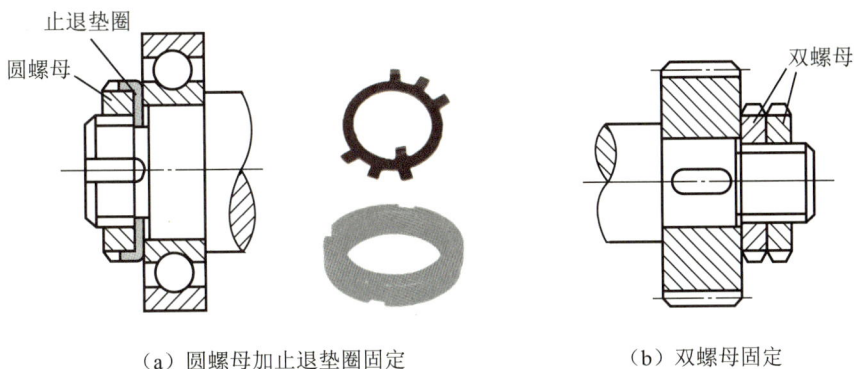

图 3-1-13　圆螺母固定

④用轴套固定。

轴套又称套筒或隔套，用其轴向固定零件时，主要依靠已确定位置的零件来做轴向定位，如图 3-1-14 所示，适用于相邻两零件间距较小的场合，以免增加结构尺寸和重量。轴的转速不高时宜采用这种方式。轴套固定的结构简单，装拆方便，可避免在轴上开槽、切制螺纹、钻孔而削弱轴的强度。

⑤用弹性挡圈固定。

如图 3-1-15 所示为利用弹性挡圈做轴向固定。弹性挡圈的结构简单、紧凑、拆装方便，但能承受的轴向力较小，而且要求切槽尺寸保持一定的精度，以免出现弹性挡圈与被固定零件间存在间隙或弹性挡圈不能装入切槽从而导致碰撞或齿轮不能啮合的现象。

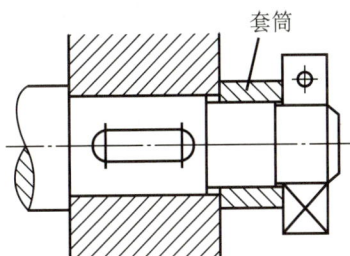

图 3-1-14　轴套固定

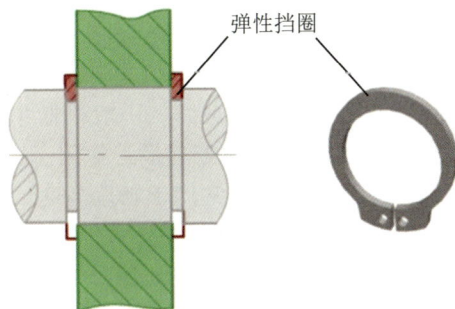

图 3-1-15　弹性挡圈固定

（2）轴上零件的周向固定

轴上零件周向固定的目的是为了传递转矩及防止零件与轴产生相对转动，常采用键、销和过盈配合等方法来实现。

①用键固定。

采用键连接作为轴上零件周向固定的应用最为广泛，通常有平键、半圆键、花键和楔键，如图 3-1-16 所示为平键连接做周向固定。

图 3-1-16　平键连接做周向固定

②用过盈配合固定。

过盈配合做周向固定主要用于免拆卸的轴与轮毂的连接。由于包容件轮毂的配合尺寸（孔径）小于被包容件轴的配合尺寸（轴颈直径），装配后在两者之间产生较大压力，通过此压力所产生的摩擦力来传递转矩。这种连接结构简单，对轴的削弱小，对中性好，能承受较大的载荷并有较好的抗冲击性能。因其承载能力与抗冲击能力取决于过盈量的大小和配合处的表面质量，所以配合表面的加工精度要求较高，表面粗糙度值也较小。

③其他固定方法。

在传递的载荷很小时，可以用紧定螺钉（见图 3-1-17）或销（见图 3-1-18）做周向固定。这两种方法均兼有轴向固定的作用。

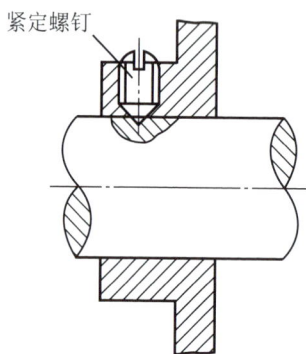

紧定螺钉

图 3-1-17　紧定螺钉固定　　　　　图 3-1-18　销固定

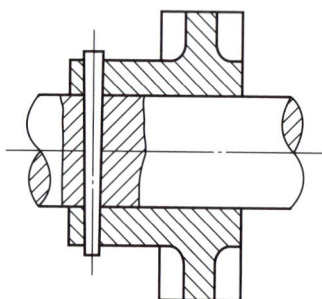

**4. 轴的常用材料**

轴的常用材料主要有碳钢、合金钢、球墨铸铁和高强度铸铁。

碳钢有足够高的强度，对应力集中敏感性较低，便于进行各种热处理及机械加工，价格低、供应充足，故应用最广。一般机器中的轴可用 30、40、45、50 等牌号的优质中碳钢制造，以 45# 钢经调质处理最为常用。

合金钢机械性能更高，常用于制造高速、重载情况下运转的轴，或受力大却尺寸小、重量轻的轴。常用的合金钢有 12CrNi2、12CrNi3、20Cr、40Cr、38SiMnMo 等。

通过进行各种热处理、化学处理及表面强化处理，可以提高碳钢或合金钢制造的轴的强度及耐磨性。

球墨铸铁和高强度铸铁的机械强度比碳钢低，但因铸造工艺性好，易于得到较复杂的外形，吸振性、耐磨性好，对应力集中敏感性低，价格便宜，故应用日趋增多。特别是我国研制成功的稀土镁球墨铸铁，冲击韧性好，同时具有耐磨、吸振和对应力集中敏感性低等优点，故广泛用于制造汽车、拖拉机的重要轴类零件，如曲轴等。

**思考与练习**

**一、填空题**

1. 轴的功用是_____回转零件，实现_____并传递_____。

2. 心轴用来支承回转零件，只受_____作用而不传递_____。转轴是既支承转动零件又传递动力，同时承受_____和_____两种作用。传动轴只传送动力，只受_____作用而不受_____作用。

3. 轴上零件轴向固定的目的是为了保证零件在轴上有_____，防止零件轴向移动，并能承受_____。

4. 周向固定的目的是为了保证零件传递_____和防止零件与轴产生_____。使用时，大多数是采用_____或_____等固定形式。

5. 按照轴线形状的不同，可将轴分为_____、_____和_____三大类。

## 二、判断题

1. 根据轴所受载荷的不同，可将轴分为曲轴、直轴和挠性轴三类。（　　　）

2. 轴在实际应用中都是固定的，如支承滑轮的轴。（　　　）

3. 转轴用来支承转动的零件，只受弯曲作用而不传递动力。（　　　）

4. 按照外形的不同，曲轴可分为光轴和阶梯轴两种。（　　　）

5. 轴颈是与轴承配合的轴段，轴头是轴两端的头部。（　　　）

## 三、选择题

1. 下列各轴中，_____是转轴。

A. 自行车前轮轴　　　　　　　　　B. 减速器中的齿轮轴

C. 汽车的传动轴　　　　　　　　　D. 铁路车辆的轴

2. 自行车的前车轴属于_____。

A. 心轴　　　　　B. 转轴　　　　　C. 传动轴　　　　　D. 曲轴

3. 车床的主轴属于_____。

A. 心轴　　　　　B. 转轴　　　　　C. 传动轴　　　　　D. 凸轮轴

4. 曲轴、直轴和挠性轴的区别在于_____。

A. 轴线形状的不同　　　　　　　　B. 承载情况不同

C. 直径变化　　　　　　　　　　　D. 外形不一样

5. 既支承回转零件又传递动力的轴是_____。

A. 心轴　　　　　B. 传动轴　　　　　C. 转轴　　　　　D. 回转轴

## 四、简答题

1. 曲轴在发动机中起什么作用？

2. 轴根据轴线形式分为几类？

3. 汽车传动轴为什么做成空心的？

4. 轴由哪几部分组成？

5. 轴的轴向定位有哪些方法？

6. 轴的周向定位有哪些方法？

7. 选用轴的材料应该考虑哪些因素？

## Mission 任务 2　轴承的认知

### 任务描述

通过本任务可以使学生认识滚动轴承的分类、结构，并能正确识读代号；了解滚动轴承的选用方法，会查询滚动轴承尺寸系列代号；了解汽车上滑动轴承组成，常用润滑形式、维护要求。

### 任务目标

1. 了解轴承的种类和用途。
2. 认识轴承的结构特点。
3. 了解轴承的润滑方法。
4. 了解轴承在汽车中的应用场合。

### 相关知识

机器中转动的轴通常是用轴承来支撑的，轴承性能的好坏直接影响机器的性能，所以，轴承是机器的重要组成部分。机械传动中，用来支持、引导并限制传动轴在一定位置运动的机械零件称为轴承。按照轴承与轴工作表面间摩擦性质的不同，轴承可分为滚动轴承和滑动轴承两大类。

## 一、滚动轴承

#### 1. 滚动轴承的组成

滚动轴承一般由内圈、外圈、滚动体和保持架四部分组成，如图 3-2-1 所示。外圈（固定件）是轴承的外环圈，装在机座的轴承孔内，固定不动。内圈（旋转件）是轴承的内环圈，装在轴颈上与轴一起转动。滚动体是固定件与旋转件间的媒质。当内、外圈之间相对旋转时，滚动体沿着滚道滚动。

图 3-2-1　滚动轴承的结构

常见的滚动体有圆球、圆柱滚子、圆锥滚子、球面滚子、滚针等，如图 3-2-2 所示。保持架将滚动体在滚道上等距离地隔离，使其不发生相互接触，减少摩擦及损失。

#### 2. 滚动轴承的类型

滚动轴承根据滚动体的不同可分为滚珠轴承和滚子

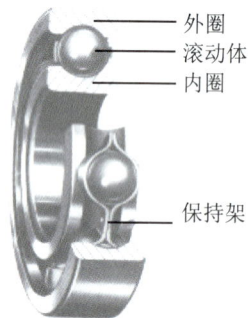

图 3-2-2　几种常见滚动体

轴承两大类。按照滚动轴承所能承受的主要负荷方向，滚动轴承又可分为向心轴承（承受径向载荷）、推力轴承（承受轴向载荷）、向心推力轴承（能同时承受径向载荷和轴向载荷）。使用最多的是深沟球轴承，在汽车变速器和发电机等设备中常选用该轴承，如图 3-2-3 所示。其他常见的滚动轴承见表 2-2-1。

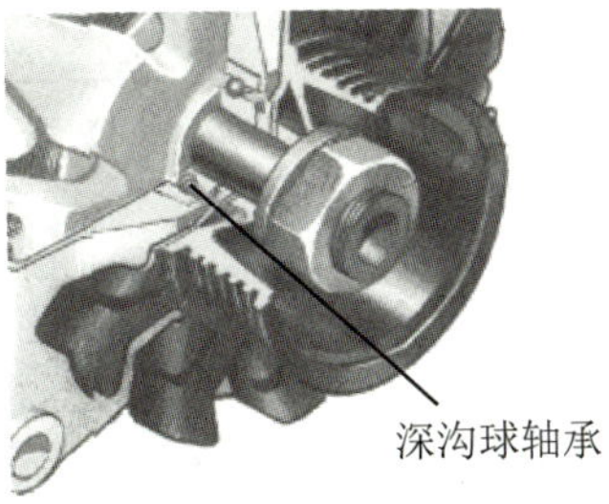

深沟球轴承

**图 3-2-3　深沟球轴承在汽车发电机中的应用**

表 3-2-1　常用滚动轴承的类型及特性

| 名称 | | 图例 | 简图 | 特　性 |
|---|---|---|---|---|
| 滚珠轴承 | 双列深沟球轴承 |  | 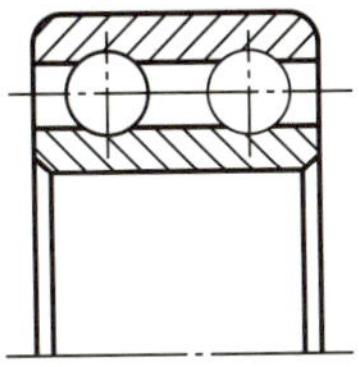 | 比深沟球轴承的承载能力大，主要承受径向载荷，也能承受一定的双向轴向载荷 |
| | 角接触球轴承 |  | 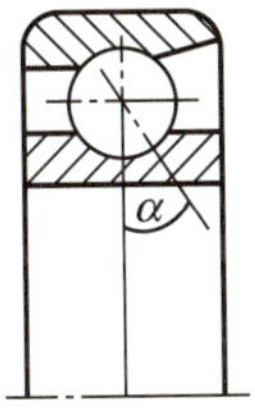 | 不但有较高的径向负载能力，也可承受单向的轴向推力，如要使轴承承受双向的推力，将两个相同的轴承相向或相背安装即可，如汽车轮轴上的轴承。<br>　　这种轴承连接滚珠与内、外圈间的接触点的法线相对于径向的夹角，称为接触角，有 15°、25°、40°等，角度越大，能承受的推力载荷也越大 |
| | 推力球轴承 |  | 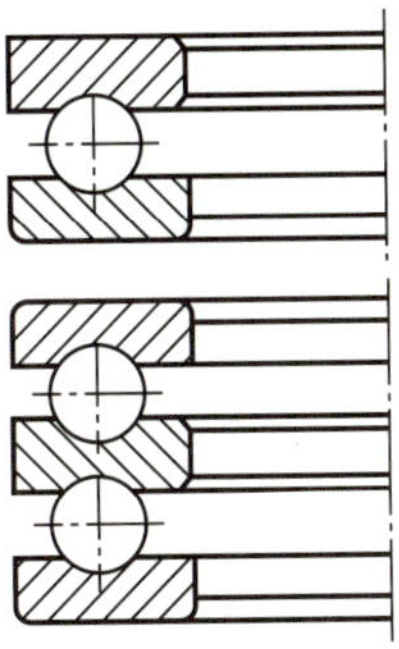 | 主要承受轴向推力，一般由固定圈、回转圈、滚动体及保持架四个零件组成，主要有单向推力球轴承和双向推力球轴承两种 |
| | 调心球轴承 |  | 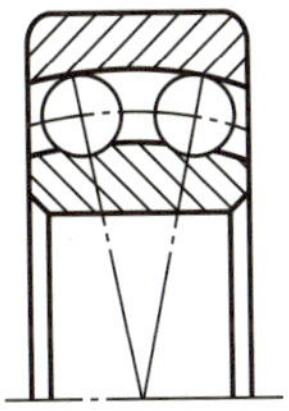 | 外圈的内层做成圆弧形，能使轴承在微小角度偏差内自动对正中心，这种轴承主要承受径向负载，适用于弯曲刚度小的轴及支承座孔不能严格对中的部件中 |

续表

| 名称 | | 图例 | 简图 | 特　性 |
|---|---|---|---|---|
| 滚子轴承 | 圆柱滚子轴承 | | | 又称直滚子轴承，滚子为等直径的圆柱体，各圆柱的中心线与主轴中心线平行，这种轴承可承受径向量负载，且适合高速回转，当滚子的长度是其直径的6倍或6倍以上时，则称为"滚针轴承" |
| | 圆锥滚子轴承 | | | 各滚子中心线以某一角度与主轴中心线交于一点。<br>这种轴承能承受较大的径向载荷和轴向载荷。内外圈可分离，故轴承游隙可在安装时调整。通常成对使用，对称安装 |
| | 调心滚子轴承 | | | 外圈内侧刻有球面形凹槽，与球面形滚子配合，在重负载下能自动补偿对正心中，故又称为球面滚子轴承。<br>这种轴承承载能力比调心球轴承大，主要承受径向载荷，也能承受少量的双向轴向载荷，适用于弯曲刚度小的轴 |
| | 推力圆柱滚子轴承 | | | 滚子为圆柱形或圆锥形，其中心钱与轴中心线垂直，这种轴承只能承受单向轴向载荷，承载能力比推力球轴承大得多，不允许有轴线偏移，适用于轴向载荷大而不需调心的场合 |
| | 推力调心滚子轴承 | | | 推力调心滚子轴承用于承受轴向载荷为主的轴径向联合载荷，但径向载荷不得超过轴向载荷的55％，适用于重载和要求调心性能好的场合 |

3. 滚动轴承的代号

滚动轴承的代号一般印制在轴承的端面上，由基本代号、前置代号和后置代号三部分组成，排列顺序如下：

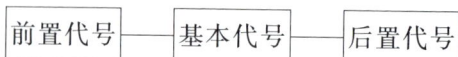

前置代号 —— 基本代号 —— 后置代号

基本代号表示滚动轴承的基本类型、结构及尺寸，是滚动轴承代号的基础。基本代号由轴承类型代号、尺寸系列代号和内径代号构成（滚针轴承除外），其排列顺序如下：

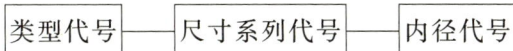

$$\boxed{类型代号} \text{——} \boxed{尺寸系列代号} \text{——} \boxed{内径代号}$$

①类型代号。

轴承类型代号用阿拉伯数字或大写拉丁字母表示，其含义见表 3-2-2。

表 3-2-2　滚动轴承类型代号（摘自 GB/T 272—1993）

| 轴承类型 | 代　号 | 轴承类型 | 代　号 |
|---|---|---|---|
| 双列角接触球轴承 | 0 | 深沟球轴承 | 6 |
| 调心球轴承 | 1 | 角接触球轴承 | 7 |
| 调心滚子轴承和推力调心滚子轴承 | 2 | 推力圆柱滚子轴承 | 8 |
| 圆锥滚子轴承 | 3 | 圆柱滚子轴承 | N |
| 双列深沟球轴承 | 4 | 外球面球轴承 | U |
| 推力球轴承 | 5 | 四点接触球轴承 | QJ |

②尺寸系列代号。

轴承尺寸系列代号由轴承的宽（高）度系列代号和直径系列代号组合而成。组合排列时，宽（高）度系列在前，直径系列在后，向心轴承和推力轴承尺寸系列代号见表 3-2-3。

表 3-2-3　向心轴承和推力轴承尺寸系列代号

| 直径系列 | 向心轴承 | | | | | | | | 推力轴承 | | | |
|---|---|---|---|---|---|---|---|---|---|---|---|---|
| | 宽度系列代号 | | | | | | | | 高度系列代号 | | | |
| | 8 | 0 | 1 | 2 | 3 | 4 | 5 | 6 | 7 | 9 | 1 | 2 |
| 代号 | 尺寸系列代号 | | | | | | | | | | | |
| 7 | — | — | 17 | — | 37 | — | — | — | — | — | — | — |
| 8 | — | 08 | 18 | 28 | 38 | 48 | 58 | 68 | — | — | — | — |
| 9 | — | 09 | 19 | 29 | 39 | 49 | 59 | 69 | — | — | — | — |
| 0 | — | 00 | 10 | 20 | 30 | 40 | 50 | 60 | 70 | 90 | 10 | — |
| 1 | — | 01 | 11 | 21 | 31 | 41 | 51 | 61 | 71 | 91 | 11 | — |
| 2 | 82 | 02 | 12 | 22 | 32 | 42 | 52 | 62 | 72 | 92 | 12 | 22 |
| 3 | 83 | 03 | 13 | 23 | 33 | — | — | — | 73 | 93 | 13 | 23 |
| 4 | — | 04 | — | 24 | — | — | — | — | 74 | 94 | 14 | 24 |
| 5 | — | — | — | — | — | — | — | — | — | 95 | — | — |

③内径代号。

内径代号表示轴承的公称内径，一般用两位数字表示，表示方法见表 3-2-4。

表 3-2-4　滚动轴承内径代号

| 轴承公称内径 | 内径代号 | 示例 |
|---|---|---|
| 0.6~10（非整数） | 用公称内径毫米数直接表示，在其与尺寸系列代号之间用"/"分开 | 深沟球轴承 618/2.5 $d = 2.5 \text{ mm}$ |

续表

| 轴承公称内径 | | 内径代号 | 示例 |
|---|---|---|---|
| 1～9（整数） | | 用公称内径毫米数直接表示，对深沟及角接触球轴承 7、8、9 直径系列，内径与尺寸系列代号之间用"/"分开 | 深沟球轴承 618/5<br>$d=5$ mm |
| 10～17 | 10 | 00 | 深沟球轴承 6200<br>$d=10$ mm |
| | 12 | 01 | |
| | 15 | 02 | |
| | 17 | 03 | |
| 20～480<br>（22、28、32 除外） | | 公称内径除以 5 的商数，商数为一位时在商数的左边加"0"，如 08 | 调心滚子轴承 23208<br>$d=40$ mm |
| 大于和等于 500，以及22、28、32 | | 用公称内径毫米数值直接表示，与尺寸系列代号之间用"/"分开 | 调心滚子轴承 230/500　$d=500$ mm<br>深沟球轴承 62/22　$d=22$ mm |

　　滚动轴承基本代号由轴承类型代号、尺寸系列代号、内径代号按顺序构成，具体表示方法举例如下。

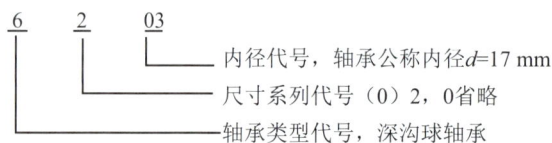

$$6\quad 2\quad 03$$

- 内径代号，轴承公称内径$d=17$ mm
- 尺寸系列代号（0）2，0省略
- 轴承类型代号，深沟球轴承

**4. 滚动轴承的装卸**

　　进行滚动轴承结构组合时必须考虑装卸问题，不正确的安装或拆卸会降低轴承的使用寿命。

　　（1）常见的装配方法

　　装配小型轴承时，可使用手锤与简单的辅助套筒，如图 3-2-4 所示。

　　装配中小型轴承时，可用各种轴承液压机，如图 3-2-5 所示。安装时，液压机在内圈上施加压力，将轴承压套到轴颈上。

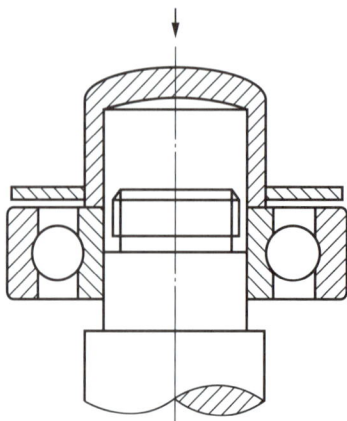

图 3-2-4　用手锤和套筒安装

图 3-2-5　轴承液压机

装配大型轴承时，常采用温差法装配。轴承放入热油中加热后，将轴承套入轴颈，加热温度一般为 80～100℃，不允许超过 120℃。

（2）常见的拆卸方法

拆卸配合较松的小型轴承时，可用手锤和铜棒从背面沿轴承内圈四周将轴承轻轻敲出。

用压力法拆卸轴承使用较多的是用拉杆拆卸器（俗称"拉马"），它是靠 2～3 个拉爪钩住轴承内圈拆卸轴承，如图 3-2-6 所示。为此，应在内圈轴承肩上留出足够的高度，若高度不够，可在轴肩上开槽，以便放入拉爪。

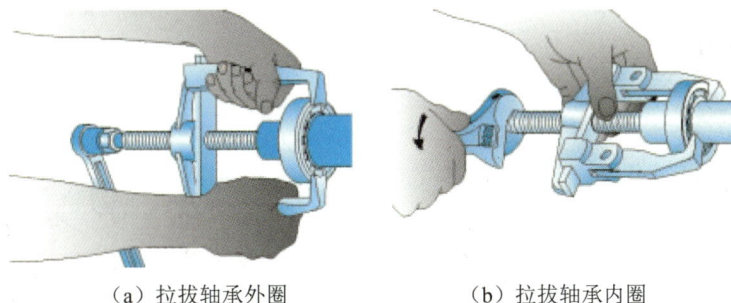

（a）拉拔轴承外圈　　　　　（b）拉拔轴承内圈

**图 3-2-6　用拉杆拆卸器拆卸**

## 二、滑动轴承

只发生滑动摩擦的轴承称为滑动轴承。根据所受载荷的方向不同，滑动轴承分为径向滑动轴承（只承受径向载荷）、止推滑动轴承（只承受轴向载荷）和径向止推滑动轴承（既承受径向载荷、又承受轴向载荷）三类。

### 1. 滑动轴承的组成及特点

以一种常见的整体式滑动轴承为例，如图 3-2-7 所示，它由滑动轴承座、轴瓦或轴套组成，装有轴瓦或轴套的壳体称为滑动轴承座，它用螺栓和机架联接。轴承座孔内压入用于润滑的轴瓦（或轴套），轴被轴承支承的部分称为轴颈，与轴颈相配的圆筒形整体零件称为轴套，与轴颈相配的对开式零件称为轴瓦。

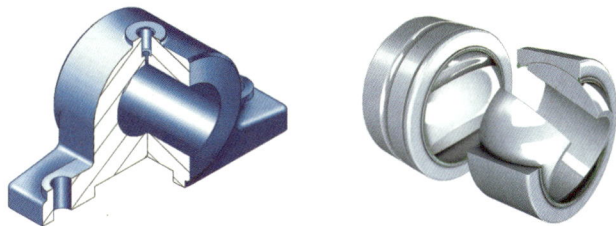

**图 3-2-7　滑动轴承**

滑动轴承因具有承压面积大、工作平稳、无噪声及拆装方便等优点，得到广泛应用。制造滑动轴承的轴瓦及其内衬的合金称为滑动轴承合金，简称轴承合金。

2. 滑动轴承在汽车中的应用

如图 3-2-8 所示为滑动轴承在汽车发动机中的应用，曲轴在连杆轴瓦中和曲轴主轴承轴瓦中运转，轴瓦不仅要受到强烈的摩擦，而且还要承受轴颈传递的周期性载荷。为了减少轴的磨损，保证其正常工作，轴瓦须具有合适的硬度、足够的强度以及耐磨性、足够的塑性和韧性等。

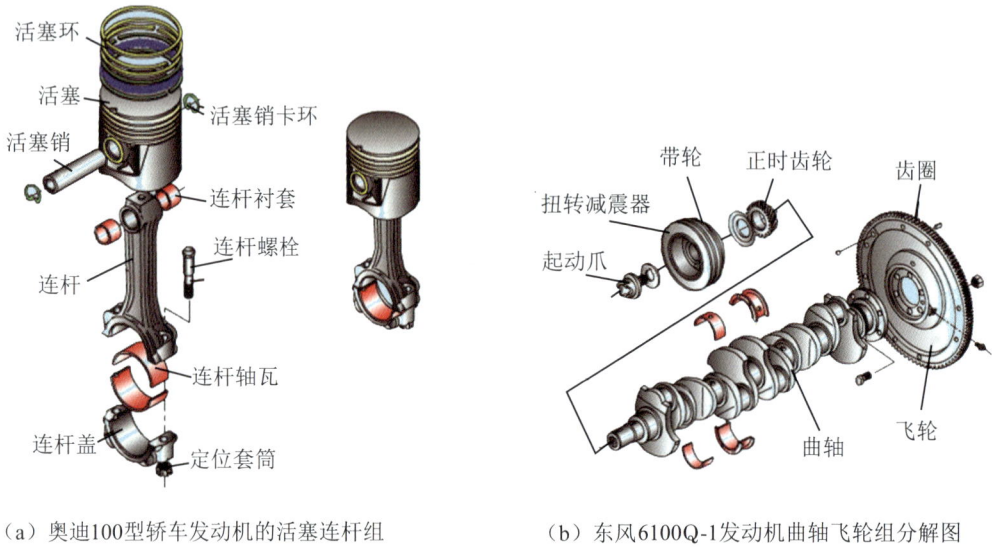

（a）奥迪100型轿车发动机的活塞连杆组　　（b）东风6100Q-1发动机曲轴飞轮组分解图

图 3-2-8　滑动轴承在汽车中的应用

3. 滑动轴承的润滑、安装与维护

（1）滑动轴承的润滑

滑动轴承润滑的目的是为了减少工作表面间的摩擦和磨损，同时起冷却、散热、防锈蚀及减振的作用，润滑剂分为润滑油、润滑脂、固体润滑剂三种。滑动轴承的润滑方式可分为间歇供油和连续供油两类，常见的润滑方式见表 3-2-5。

表 3-2-5　常用的润滑方式及装置

续表

| 芯捻或线纱润滑 | 油环润滑 | 压力循环润滑 |
|---|---|---|
| 连续供油 | | |

（2）滑动轴承的安装与维护

①滑动轴承安装要保证轴颈在轴承孔中转动灵活、准确、平稳。

②轴瓦与轴承孔要修刮贴实，轴瓦剖分面要高出 0.05～0.1 mm，以便压紧。整体式轴瓦压入时要注意防止偏斜，并用紧定螺钉固定。

③注意油路畅通，油路与油槽接通。

④注意清洁，修刮调试过程凡是出现油污机件，每次修刮后都要清洗涂油。

⑤轴承使用过程要经常检查润滑、发热（一般在 60℃ 以下为正常）、振动问题，旧的轴瓦要及时更换。

### 4. 常用滑动轴承轴瓦材料

用作轴瓦材料的金属材料有锡基、铅基、铜基及铝基轴承合金等。锡基轴承合金常用的牌号有 ZSnSb8Cu4、ZSnSb11Cu6 等。铅基轴承合金常用的牌号有 ZPbSb10Sn6、ZPbSb15Sn10 等。近代发展起来的高锡铝基轴承合金是一种新型轴承合金。

用作含油轴承轴瓦的材料有木材、成长铸铁、铸铜合金、粉末冶金减摩材料和与润滑油有亲和特性的聚合物，如酚醛树脂。

轴瓦用非金属材料有工程塑料、碳石墨、陶瓷、木材和橡胶等。

## 思考与练习

### 一、填空题

1. 轴承是用来_____、_____并限制传动轴在一定位置运动的机械零件。

2. 常见的滚动体有_____、_____、_____、_____、_____。

3. 轴承代号由_____、_____和_____构成。

4. 基本代号由_____、_____、_____构成。

5. 根据所受载荷方向的不同，滑动轴承可分为_____、_____和_____三类。

**二、判断题**

1. 滑动轴承工作时，轴套与轴一同运转。（　　　）

2. 由于滑动摩擦大，发热严重，滑动轴承工作时必须润滑。（　　　）

3. 径向轴承的负载方向与轴中心线平行。（　　　）

4. 推力球轴承用于高速运转的场合。（　　　）

5. 滚动轴承内圈用来与轴承座装配，外圈用来与轴颈装配。（　　　）

**三、选择题**

1. 重要的高速重载的机械中润滑轴承的方法可采用＿＿＿＿＿＿。

A. 线纱润滑　　　　　B. 油环润滑　　　　　C. 浸油润滑　　　　　D. 压力润滑

2. 滚动轴承的保持架多用低碳钢冲压制成，也有用＿＿＿＿＿＿等制成实体式的。

A. 铸铁　　　　　B. 中碳钢　　　　　C. 合金钢　　　　　D. 黄铜、塑料

3. 环境清洁度要求高，真空或高温中，宜采用＿＿＿＿＿＿润滑剂。

A. 润滑油　　　　　B. 润滑脂　　　　　C. 固体润滑剂　　　　　D. 无需使用

4. 下列不是整体式滑动轴承的特点的是＿＿＿＿＿＿。

A. 拆装不方便　　　　　　　　　　B. 间隙不可调整

C. 分为上、下两部分　　　　　　　D. 价格便宜

5. 当同时承受径向载荷和轴向载荷时，可选用＿＿＿＿＿＿滚动轴承。

A. 3 型　　　　　B. 5 型　　　　　C. 6 型　　　　　D. N 型

**四、简答题**

1. 说出滚动轴承 6209、30314 的含义。

2. 滚动轴承是如何实现润滑的？

3. 简述滚动轴承在汽车相关部位的应用。

4. 滑动轴承有几类？常用的滑动轴承轴瓦材料有哪些？

## M<sub>ISSION</sub>任务3　联轴器的认知

### 任务描述

联轴器在汽车上应用很广泛，如十字轴式刚性万向节又称普通万向节，是目前汽车传动系统中应用最广的。本任务介绍汽车常用联轴器的结构、原理、功能等。

### 任务目标

1. 知道联轴器的种类和结构。

2. 了解联轴器的特点及用途。

### 相关知识

联轴器，如图 3-3-1 所示是用来连接不同机构中的两轴（主动轴和从动轴），使之共同

旋转以传递扭矩的机械零件。在高速、重载的动力传动中，有些联轴器还有缓冲、减振和提高轴系动态性能的作用。组成联轴器的两个半联轴器分别与主动轴和从动轴连接。在机器运转过程中，不能将两轴或轴与回转件拆分，只能在机器停止运转后才可拆卸，将二者分开。

图 3-3-1　联轴器

## 一、联轴器的类型

联轴器种类繁多，按照被连接两轴的相对位置和位置的变动情况，可将其分为固定式联轴器和可移式联轴器两大类。

### 1. 固定式联轴器

固定式联轴器结构简单、价格便宜、传递转矩大，但不具有补偿被连接两轴轴线相对偏移的能力，也不具有缓冲、减震的性能，因此只能用于被连接体两轴线准确对中的场合。

（1）凸缘联轴器

固定式联轴器中应用最广泛的是凸缘联轴器，如图 3-3-2 所示。凸缘联轴器是把两个带有凸缘的半联轴器分别用键和轴连接，再用螺栓把两个半联轴器连接成一体，以传递转矩和运动。为使被连接两轴同心，凸缘联轴器可做成如图 3-3-2(a) 所示的凹槽配合并带有防护边的结构，或做成如图 3-3-2(b) 所示的没有防护边而共同使用一个剖分环配合的结构。凸缘联轴器的制造材料可用灰铸铁或碳钢，在重载或圆周速度大于 30 m/s 时，可选用铸钢或锻钢。

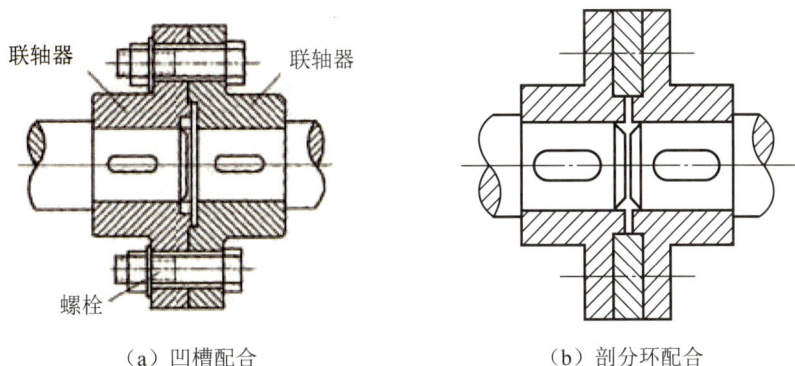

（a）凹槽配合　　　　　　　　　　　（b）剖分环配合

图 3-3-2　凸缘联轴器

（2）套筒联轴器

套筒联轴器利用套筒及连接零件(键或销)将两轴连接起来，如图 3-3-3 所示。套筒与转轴间可用销或紧定螺钉锁紧固定。

套筒联轴器结构简单、径向尺寸小、容易制造，但因其装卸时需做轴向移动而造成使用不便。套筒联轴器适用于低速、轻载、无冲击载荷、两轴严格对中的场合。当轴径 $d \leqslant 80\ mm$ 时，套筒用 35♯ 钢或 45♯ 钢制造；当轴径 $d > 80\ mm$ 时，套筒可用铸铁制造。

套筒联轴器目前尚未标准化。

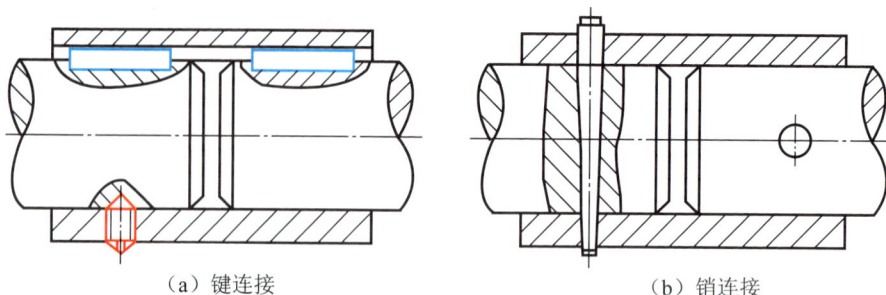

（a）键连接 　　　　　　　　　（b）销连接

图 3-3-3　套筒联轴器

**2.** **可移式联轴器**

可移式联轴器适用于两轴间存在一定的角度偏差、中心线偏差或轴向移动的场合，可移式联轴器可以吸收振动，能够补偿两轴间存在的相对位移。

（1）刚性可移式联轴器

①十字滑块联轴器。

滑块联轴器是由两个端面开有凹槽的套筒及一个两端面具有互相垂直凸榫（滑块）的中间盘组成的。中间盘两端的凸榫分别嵌入左右套筒的凹槽中，将两轴连成一个整体，如图 3-3-4 所示。滑块联轴器适用于低速、轴的刚度较大、无剧烈冲击的场合。可选用 45♯ 钢制造滑块联轴器，其工作表面需要进行热处理，以提高硬度。对材料要求较低的滑块联轴器也可选用 Q275 钢制造。

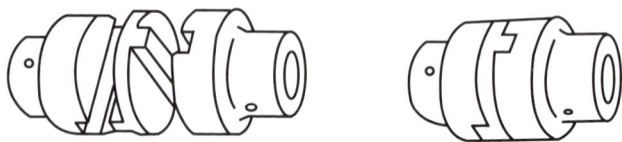

图 3-3-4　滑块联轴器中滑块的分解与组合

②万向联轴器。

万向联轴器又称虎克联轴器或铰链联轴器。如图 3-3-5 所示，由两个叉形端部的万向接头和一个十字轴组成的万向联轴器，称为十字轴式万向联轴器。十字轴式万向联轴器，主要用于两轴中心线交于一点，且两轴具有较大角位移的传动场合。两轴轴线间的夹角 $a$ 的偏移度可达 $35° \sim 45°$。两轴存在角位移时，主、从动轴的瞬时角速度是不相等的。角位移越大，从动轴角速度变化越大，会产生不利于传动的附加动载荷，影响传动的平稳性。为了消除这种现象，万向联轴器常成对使用。

制造联轴器零件的材料通常为 40Cr 或 40CrNi，其中小尺寸的零件也可用轴承钢制造。这些零件在淬火后硬度可达到 $58 \sim 64\ HRC$。

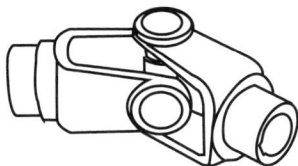

图 3-3-5　十字轴式万向联轴器实物图

图 3-3-6　十字轴式万向联轴器结构原理

③齿轮联轴器。

齿轮联轴器由两个具有外齿的半联轴器和两个具有内齿的套筒组成，且内外齿数相等。两个半联轴器分别与轴用键连接，两个内齿套筒套在半联轴器外齿上，用螺栓将两个套筒连接在一起，如图 3-3-7 所示。外齿的齿顶部分制成球面形状，两半联轴器的端面要留有较大间隙，使啮合后具有适当的间隙，当两轴传动中产生轴向、径向和偏角等位移时，可以得到补偿。齿轮联轴器结构复杂、质量大、制造成本高，但因其转速高，能传递很大的转矩并能补偿较大的综合位移，因此被广泛应用在重型机械的传动装置中。制造齿轮联轴器的材料一般为 45♯钢。

图 3-3-7　齿轮联轴器

（2）弹性可移式联轴器

利用弹性元件的弹性变形来补偿两轴间的相对位移，并能缓冲、吸振的可移式联轴器称为弹性可移式联轴器。

①弹性套柱销联轴器。

如图 3-3-8 所示为弹性套柱销联轴器，其结构与凸缘联轴器相似，但两个半联轴器不是用螺栓连接，而是用装有多个橡胶圈或皮革圈的柱销将两个半联轴器连接起来。柱销的下端以圆锥面和螺母与半联轴器凸缘上的锥形销孔形成固定配合，另一端带有弹性套装在另一半联轴器凸缘上的柱销孔中，其中弹性套外表带有梯形槽可以增加弹性变形量，从而具有补偿两轴间产生的相对位移、冲击及振动。弹性套柱销联轴器通常应用于传递小转矩、高转速、起动频繁以及回转方向经常改变的机械设备中。

图 3-3-8　弹性套柱销联轴器

②弹性柱销联轴器。

如图 3-3-9 所示，弹性柱销联轴器将若干非金属材料制成的柱销置于两半联轴器的凸缘孔中，从而实现两半联轴器的连接。常用的柱销材料为尼龙，也可使用其他具有弹性的非金属材料，如酚醛、榆木、胡桃木等。弹性柱销联轴器可允许较大的轴向窜动，但其对径向位移和偏角位移的补偿量不大。弹性柱销联轴器具有结构简单、制造容易和维护方便等优点，多用于轻载场合。

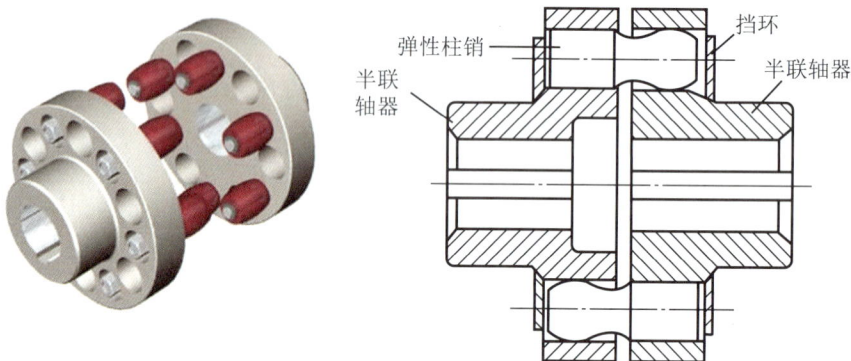

图 3-3-9　弹性柱销联轴器

## 二、联轴器在汽车中的应用

在汽车中，常用的联轴器是十字轴式万向联轴器。在转向系统中，由于方向盘与转向器的连接中两轴的中心线不能重合，因此通常采用双万向联轴器。汽车中的变速器与驱动桥之间也存在着很大的交叉角度，因此其传动轴上通常使用三个万向联轴器。汽车联轴器如图 3-3-10 所示。

图 3-3-10　汽车联轴器

### 🎵 思考与练习

**一、填空题**

1. 固定式联轴器在构造上不允许有_____偏差或旋转的变形，仅适用于_____且_____的两轴连接。

2. 凸缘联轴器的结构_____、成本_____、传递转矩_____，使用时两轴必须_____，为最常用的一种刚性联轴器。

3. 套筒联轴器主要是利用_____连接两轴，仅适用于传递转矩_____的场合。

4. 可移动式联轴器能适应两轴间有少量的_____偏差、_____偏差或移动，甚至能吸收振动。

5. 滑块联轴器适用于速度_____、轴的刚度_____、冲击_____的场合。

**二、判断题**

1. 凸缘联轴器的结构简单、成本低、传递转矩大，适用于两轴对中性好、工作平稳的一般传动。（  ）

2. 套筒联轴器若需要传递较大的动力，可改由键来实现套筒键的连接。（  ）

3. 各种可移式联轴器都能补偿两轴偏差，并能吸收振动。（  ）

4. 万向联轴器常用于汽车传动轴上，常成对使用。（  ）

5. 两轴具有较大的角度时，常采用万向联轴器。（  ）

**三、选择题**

1. 下列关于凸缘联轴器的描述中，错误的是_____。

A. 构造简单、成本低              B. 传递转矩小

C. 两轴对中性要求高              D. 不能补偿两轴间的偏移

2. 对两轴间偏移具有较大补偿能力的是_____。

A. 凸缘联轴器      B. 套筒联轴器      C. 齿轮联轴器      D. 弹性柱销联轴器

3. 两轴的轴心线的夹角达 40°时，应当采用_____。

A. 凸缘联轴器      B. 齿轮联轴器      C. 弹性柱销联轴器      D. 万向联轴器

4. 下列关于齿轮联轴器的描述中，错误的是_____。

A. 传递转矩大              B. 可补偿综合位移

C. 外廓尺寸紧凑              D. 成本低

5. 下列关于滑块联轴器的描述中，错误的是_____。

A. 适用于低速场合

B. 具备缓冲吸振能力

C. 要求两轴的刚度较大

D. 滑块的两面各具有互相垂直的径向突出长方条

**四、简答题**

1. 联轴器的作用是什么？联轴器有哪些类型？

2. 在传动系统中万向联轴器为什么经常成对使用？

## M任务4 ᴍɪssɪᴏɴ 离合器的认知

### 任务描述

汽车离合器是起到分离与闭合作用的一种汽车配件，起到使发动机与车轮传动装置离合的作用，当驾驶员踩下离合器的时候，发动机的传动装置与车轮断开，发动机的动力就不会传到车轮上驱动汽车；当驾驶员松开离合器，发动机的传动装置就会与车轮连上，动力就传到车轮上，使汽车运行。本任务重点介绍离合器的相关知识以及在汽车上常用的离合器结构。

1. 知道离合器的功用和种类。
2. 掌握汽车上常用离合器的结构。

离合器(如图 3-4-1 所示)是主、从动部分在同轴线上传递动力或运动时，具有接合或分离功能的装置。离合器与联轴器的相同之处是都可以用来连接两轴，不同的是离合器可根据工作需要，在机器运转过程中随时将两轴接合或分离。用离合器可控制机器传动系统的断、续，能轻易地完成变速、换向等动作。

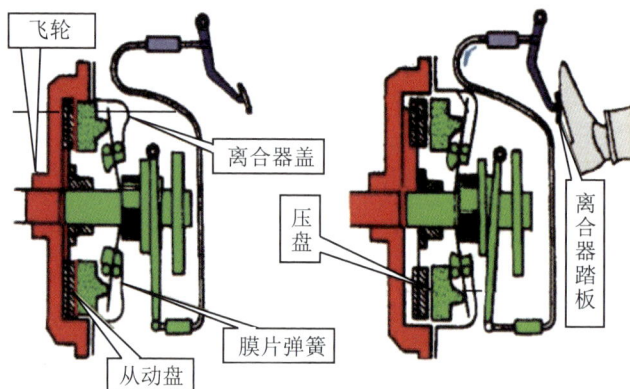

图 3-4-1　离合器

制造离合器的材料要具有足够的强度、良好的韧性、较高的硬度和耐磨性，抗胶合能力要强，且易于加工，同时还要具有耐高温、导热性好、热变形性小、耐油等特性。常用的制造材料有碳钢、合金钢、铸铁、有色金属等。

## 一、离合器的功用

汽车离合器安装在发动机与变速器之间，其功用为：

1. 使发动机与变速器之间能逐渐接合，从而保证汽车起步平稳。
2. 暂时切断发动机与变速器之间的联系，以便于换挡和减少换挡时的冲击力。
3. 当汽车紧急制动时能起分离作用，防止变速器等传动系统过载，起到一定的保护作用。

## 二、离合器的类型

目前汽车上广泛采用摩擦式离合器，即离合器主、从动件之间靠摩擦作用传递扭矩。摩擦式离合器分类见表 3-4-1。

表 3-4-1　摩擦式离合器分类

| 类别 | 名称 |
|---|---|
| 按从动盘的数目不同分 | 单片离合器 |
|  | 双片离合器 |
|  | 多片离合器 |
| 按弹簧的类型和布置形式不同分 | 弹簧离合器 |
|  | 中央弹簧离合器 |
|  | 斜置弹簧离合器 |
|  | 膜片弹簧离合器 |
| 按操纵机构的不同分 | 机械式 |
|  | 液压式 |
|  | 助力式 |
|  | 电控式 |

## 三、离合器的组成

离合器由主动部分、从动部分、压紧装置、分离机构和操纵机构五部分组成。如图 3-4-2 所示。

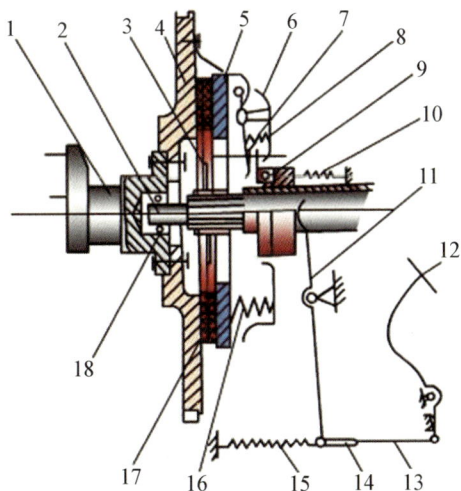

图 3-4-2　离合器的组成

1. 曲轴　2. 从动轴　3、17. 从动盘　4. 飞轮　5. 压盘　6. 离合器盖
7. 分离杠杆　8. 弹簧 9. 分离轴承　10、15. 复位弹簧　11. 分离叉
12. 踏板　13. 拉杆　14. 拉杆调节叉　16. 压紧弹簧　18. 轴承

摩擦式离合器种类很多，其组成和工作原理基本相同，膜片弹簧式离合器目前在各种类型的汽车上都广泛应用，其构造如图 3-4-3 所示。

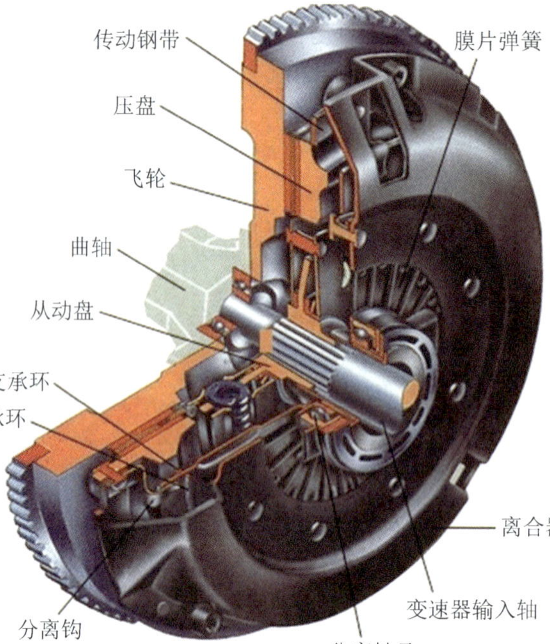

传动钢带

膜片弹簧

压盘

飞轮

曲轴

从动盘

前支承环

后支承环

离合器盖

变速器输入轴

分离钩

分离轴承

图 3-4-3　膜片弹簧式离合器的构造

1. 主动部分

离合器盖是用低碳钢冲压制成的，为了保证离合器与飞轮同心，离合器盖通过定位销定位，固装在飞轮上。为了散热，离合器盖的侧面制有通风口，当离合器旋转时，热空气就由此抽出，以加强通风。

压盘的平面和飞轮的平面一起组成了主动件的摩擦面，该平面要平整并经磨光。压盘承受很大的机械负荷和热负荷，为防止使用中变形，常用强度和刚度都较大且耐磨性和耐热性都比较好的高强度铸铁制成。压盘的驱动是通过压盘和离合器盖之间周向均布的四组传动片来传递扭矩的。传动片用弹簧钢片制成，每组两片，其一端用铆钉铆在离合器盖上，另一端则用螺钉与压盘相连接。在离合器分离和接合过程中，依靠弹簧片的弯曲变形，使压盘前后移动。正常工作时，离合器盖通过传动片拉动压盘旋转。这种驱动方式没有传动间隙，没有驱动部位的磨损问题，使维修工作量小，传动效率高，且无冲击噪声及压盘定心性能变坏等问题。但传动片的反向承载能力较差，汽车反拖时，易折断传动片。

2. 从动部分

从动部分的主要部件是从动盘，从动盘一般都带有扭转减振器。发动机传到传动系的转速和转矩是周期性变化的，使传动系产生扭转振动，这将使传动系的零部件受到交变性冲击载荷，使寿命缩短、零件损坏。采用扭转减振器可以有效地防止传动系的扭转振动。带有扭转减振器的从动盘如图 3-4-4 所示。

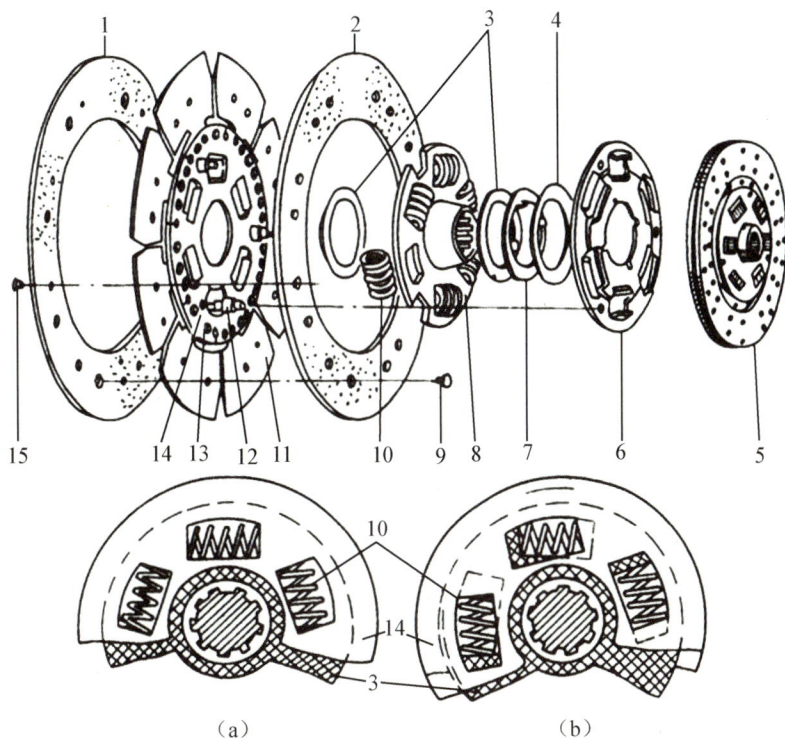

**图 3-4-4　带有扭转减振器的从动盘**

1、2. 摩擦衬片　3. 摩擦垫圈　4. 碟形垫圈　5. 装合后的从动盘总成　6. 减振器盘
7. 摩擦板　8. 从动盘毂　9、13、15. 铆钉　10. 减振弹簧　11. 波浪形弹簧钢片
12. 止动销　14. 从动盘钢片

从动盘由从动盘钢片（本体）、摩擦片、从动盘毂和扭转减振器组成。从动盘钢片外圆周铆接有波浪形弹簧钢片，摩擦衬片分别铆接在弹簧钢片上，从动盘钢片与减振器盘铆接在一起，这两者之间夹有摩擦垫圈和从动盘毂。从动盘毂、从动盘钢片和减振器盘上都有 6 个圆周均布的窗孔，减振弹簧装在窗孔中。这种结构使衬片与钢片在从动盘自由状态时有一定间隙。

当从动盘受到转矩时，转矩从摩擦衬片传到从动盘钢片，再经减振弹簧传给从动盘毂，此时弹簧将被压缩。因为有弹性环节的作用，所以传动系受的转动冲击可以在此得到缓和。传动系中的扭转振动会使从动盘毂相对于从动盘本体和减振器盘来回转动，靠夹在它们之间的减振弹簧消耗扭转振动的能量，将扭转振动衰减下来。

**3. 压紧装置与分离机构**

压紧装置与分离机构由膜片弹簧、支承环、压盘、传动片及支承铆钉等组成，如图 3-4-4 所示。膜片弹簧形状像一个碟子，它是在一个具有锥形面的钢圆盘上，开有许多径向切口，形成一排有弹性的杠杆。在切口的根部都钻有孔，以防止应力集中。

膜片弹簧式离合器的主要特点是用一个膜片弹簧代替传统的螺旋弹簧和分离杠杆。

开有径向槽的碟形膜片弹簧，既起压紧机构的作用，又起分离杠杆的作用。这样，可使离合器的结构大为简化，缩短了离合器的轴向尺寸。并且由于膜片弹簧和压盘是环形接触，故可保证压盘上的压力均匀，接合平顺。由于膜片弹簧本身的特性，当摩擦衬片磨损变薄时，弹簧压力下降小，传动可靠性高，不易打滑以及维持离合器在分离状态时所需的力量较小，操纵轻便。

**4. 操纵机构**

离合器的操纵机构是驾驶员用以使离合器分离、又使之柔和接合的一套机构，它起始于离合器踏板，终止于分离杠杆。按照分离离合器时所需操纵能源的不同，离合器操纵机构分为人力式和助力式。人力式又可以分为机械式和液压式；助力式又可以分为气压助力式和弹簧助力式。人力式操纵机构是以驾驶员作用在踏板上的力作为唯一的操纵能源，助力式操纵机构除了驾驶员的力以外，还以其他形式的能源作为操纵力源。

本部分主要介绍在汽车中应用的机械式、液压式、助力式和电控式操纵机构。

机械式操纵机构有杆系传动和绳索传动两种形式。见表 3-4-2。

表 3-4-2

| 机构名称 | 机构图片 | 机构特点 |
|---|---|---|
| 机械式操纵机构（杆系） | | 杆系传动机构，其结构简单，工作可靠，广泛应用于各型汽车上，但杆系传动中杆件间收接多，摩擦损失大，车架或车身变形以及发动机位移时会影响其正常工作。 |
| 机械式操纵机构（绳索） | | 可消除杆系传动机构的些缺点，并能采用便于驾驶员操纵的吊挂式踏板。但绳索寿命较短，拉伸刚度较小，故只适用于轻型、微型汽车和轿车。 |

| 机构名称 | 机构图片 | 机构特点 |
|---|---|---|
| 液压式操纵机构 | <br>1. 储液罐　2. 弹簧　3. 主缸活塞回位弹簧　4. 阀杆　5. 后弹簧座　6. 皮圈　7. 主缸活塞　8. 阀门　9. 前弹簧座　10. 放气阀　11. 皮圈　12. 活塞　13. 推杆　14. 调整螺母　15. 踏板　16. 偏心调整螺钉　17. 推杆 | 摩擦阻力小，布置方便，其工作作不受车身、车架变形及发动机位移的影响，适合远距离操纵和吊挂式踏板的结构，在中小型汽车上得到广泛应用。 |

为了降低踏板力，改善驾驶员的操作条件。常用各种助力器，其中用得较多的有弹簧助力式和气压助力式两种。见表 3-4-3。

表 3-4-3

| 机构名称 | 机构图片 | 机构特点 |
|---|---|---|
| 弹簧助力式操纵机构 | <br>1. 踏板力　2. 踏板　3. 助力弹簧　4. 短臂　5. 总泵　6. 飞轮　7. 分离叉　8. 支柱销　9. 分离轴承　10. 轴套　11. 分泵 | 结构简单，没有借助其他外力的帮助故其助力效果有限（一般只能增加原踏板力的 20％～30％），所以只是在小型汽车上采用。 |

续表

| 机构名称 | 机构图片 | 机构特点 |
|---|---|---|
| 气压助力式操纵机构 | 　1. 踏板　2. 主缸推杆　3. 储油筒　4. 离合器主缸　5. 前钢管　6. 前软管　7. 后钢管　8. 后软管　9. 助力器　10. 排气螺钉　11. 储气筒　12. 助力器推杆　13. 分离叉　14. 离合器总成 | 　在中型和重型货车上，离合器压紧弹簧的压紧力很大，为了减小所需踏板力，可在机械和液压式操纵机构中采用各种助力装置。气压助力器设在液压操纵机构中，与气压制动系及其他气动设备共用一套压缩空气源。 |

通常电控式操纵机构用在机械电动机式自动离合器和液压式自动离合器两种自动离合器上。

机械电动机式自动离合器的电子控制单元（ECU）汇集加速踏板、发动机转速传感器、车速传感器等信号，经处理后发送指令驱动伺服电动机，通过拉杆等机械形式驱使离合器动作。液压式自动离合器则是由 ECU 发送信号驱动电动液压系统，通过液压操纵离合器动作。

### 思考与练习

**一、填空题**

1. 离合器是主、从部分在同轴线上传递动力或运动是，具有_____或_____功能的装置。

2. 摩擦式离合器所能传递的最大转矩的数值取决于_____、_____、_____及_____等四个因素。

3. 离合器主要有_____、_____、_____及_____四部分组成。

4. 为避免传动系产生共振，缓和冲击，在离合器上装有_____。

5. 制造离合器的材料要_____、_____、_____及_____。

**二、判断题**

1. 离合器的主、从动部分常处于分离状态。（　　　）

2. 为使离合器接合柔和，驾驶员应逐渐放松离合器踏板。（　　　）

3. 离合器的摩擦衬片上粘有油污后，可得到润滑。（　　　）

4. 离合器在紧急制动时，可防止传动系过载。（　　　）

5. 离合器接合和分离时，压紧弹簧都处于压缩状态。（　　　）

### 三、选择题

1. 离合器的主动部分不包括＿＿＿＿＿＿＿＿。

A. 飞轮 　　　　　 B. 离合器盖 　　　　 C. 压盘 　　　　　 D. 摩擦片

2. 离合器的从动盘主要构成不包括＿＿＿＿＿＿＿＿。

A. 从动盘本体 　　 B. 从动盘毂 　　　　 C. 压盘 　　　　　 D. 摩擦片

3. 离合器传递的扭矩与下列哪个因素无关＿＿＿＿＿＿＿＿。

A. 从动盘直径 　　 B. 发动机扭矩 　　　 C. 从动盘数目 　　 D. 摩擦片材料

4. 离合器上安装扭转减振器是为了防止＿＿＿＿＿＿＿＿。

A. 曲轴共振 　　　 B. 传动系共振 　　　 C. 离合器共振 　　 D. 传动轴共振

5. 对离合器的主要要求是＿＿＿＿＿＿＿＿。

A. 结合柔和，分离彻底 　　　　　　 B. 结合彻底，分离柔和

### 四、简答题

1. 离合器的分类有哪些？并简述目前常用的汽车离合器结构。

2. 汽车离合器的作用是什么？

3. 离合器的组成是哪些？

## 任务 5　MISSION 5　制动器的认知

### 任务描述

制动器能让汽车停下来，简单的说，制动器是通过转换能量发挥作用的。工作原理都是通过将机械能转换成热能来降低速度。本任务主要介绍汽车上常用的制动器。

### 任务目标

1. 知道盘式制动器的组成和类型。

2. 知道鼓式制动器的组成和类型。

### 相关知识

制动器（如图 3-5-1、图 3-5-2 所示）是利用摩擦阻力矩降低机器运动部件的转速或使其停止回转的装置。为了减小制动力矩，制动器一般设置在机构中转速较高的轴上。用于制造制动器的材料必须具有足够的强度和刚度，以及较高的耐磨性和耐热性。常用的材料有铸铁、铸钢等。

图 3-5-1　鼓式制动器

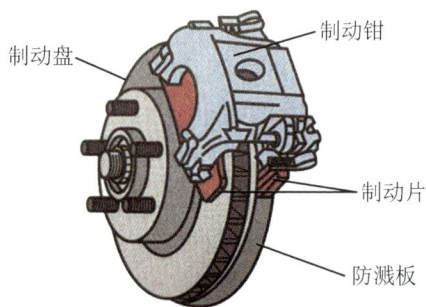

图 3-5-2　盘式制动器

## 一、制动器的类型

制动器的分类方式有很多，目前，各类汽车所用的摩擦制动器可分为盘式制动器和鼓式制动器两大类。

## 二、盘式制动器的组成

盘式制动器可以用于前轮，也可以用于后轮，它主要是由旋转元件（制动盘）、制动片和固定元件（制动钳）等部分组成（如图 3-5-2 所示）。

当施加制动力时，制动踏板上的作用力经助力器助力放大后传递到制动主缸；制动主缸产生高液压压力，并通过制动管和软管传递给盘式制动器中的液压活塞。在液压压力的作用下，液压活塞推动制动片压紧在制动盘上（如图 3-5-3 所示），制动片与制动盘之间的摩擦力迫使制动盘的盘式制动器的转速下降，从而降低车速，最终使车辆停止行驶。当解除制动力时，液压压力下降，活塞回位，制动片与制动盘分离，两者间的摩擦力消失（如图 3-5-4 所示）。

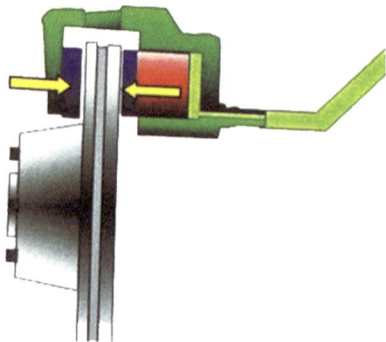

图 3-5-3　施加制动力

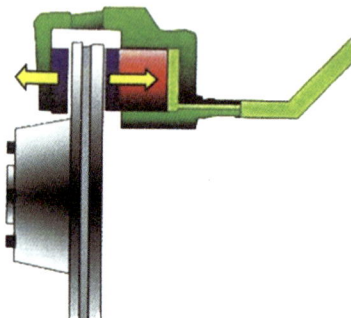

图 3-5-4　释放制动力

## 三、盘式制动器的类型

盘式制动器按制动钳固定在支架上的结构形式可分为：浮钳盘式和定钳盘式，如图 3-5-5、图 3-5-6 所示。

图 3-5-5　浮钳盘式制动器

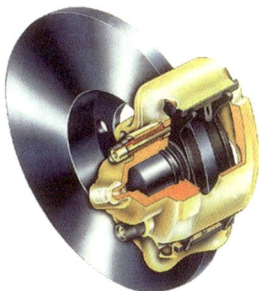

图 3-5-6　定钳盘式制动器

### 1. 定钳式制动器

定钳式制动钳固定在悬挂装置上（如图 3-5-7），钳体在制动过程中保持不动，钳体的两侧分别有活塞，并采用密封圈密封。活塞与制动盘之间装有摩擦片，且制动片与制动钳体之间采用定位销定位。制动时，制动液被压入内外两油缸中，在液压作用下两活塞带动两侧制动块相向移动，压紧制动盘，产生制动力。在活塞移动过程中，矩形橡胶密封圈的刃边在活塞摩擦力的作用下随活塞移动而产生微量的弹性变形。

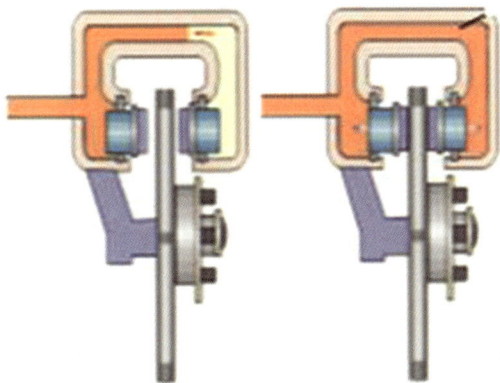

图 3-5-7　定钳式制动器

解除制动时，活塞和制动块依靠矩形橡胶密封圈的弹力回位。由于矩形密封圈的刃边变形量很小，在不制动时，制动块摩擦片与制动盘之间的间隙每边都只有 0.1 mm 左右，以保证解除制动。

### 2. 浮钳盘式制动器

浮钳式制动器制动钳由支架和钳体两部分组成（如图 3-5-8），支架紧固在悬架部件上，钳体通过导向销连接在支架上，并可以沿导向销左右滑动。制动时，活塞在制动液的液压作用下，推动内制动块压向制动盘内端面。同时制动钳上的反力推动制动钳沿定位导向销移动，使外制动块也压靠在制动盘上，产生制动力，于是制动盘两边都被紧紧抱住，使其停止转动，从而实现制动。

前轮制动器的制动间隙由轮缸活塞上的橡胶密封圈变形来实现。当制动时，活塞移动，密封圈变形；制动一结束活塞即在密封圈的弹性作用下回到原位。若制动盘和制动块之间产生了过量间隙，则活塞将相对于密封圈滑移，借此实现适量间隙。

解除制动时，橡胶套所释放出来的弹性力有助于外侧制动块离开制动盘。活塞密封

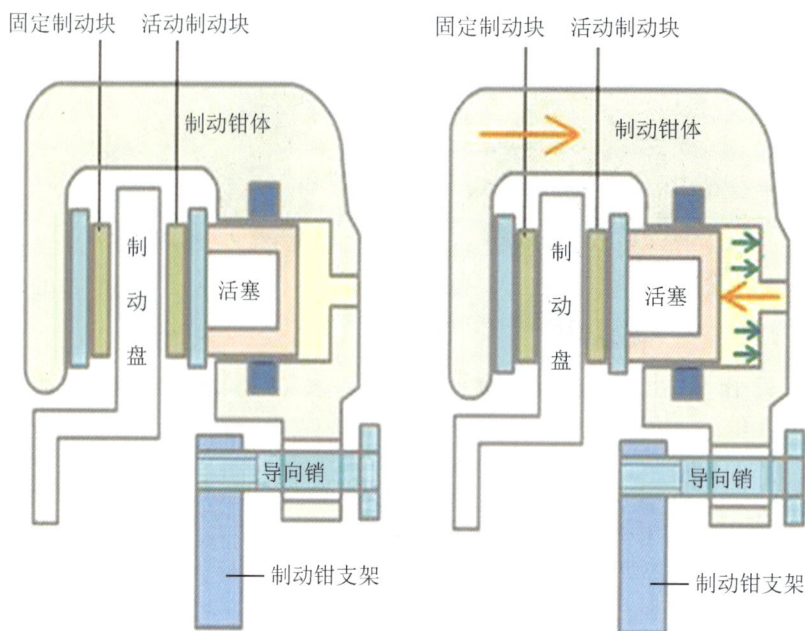

**图 3-5-8　浮钳盘式制动器**

圈在制动时变形，解除制动时就恢复原状，使活塞回位。

## 四、鼓式制动器的组成

鼓式制动器可以应用在前轮，也可以应用在后轮。鼓式制动器相对盘式制动器有更多的组成部件，其基本部件主要包括底板、制动轮缸、回位弹簧、限位弹簧调节器、制动蹄、制动鼓等（如图 3-5-9）。

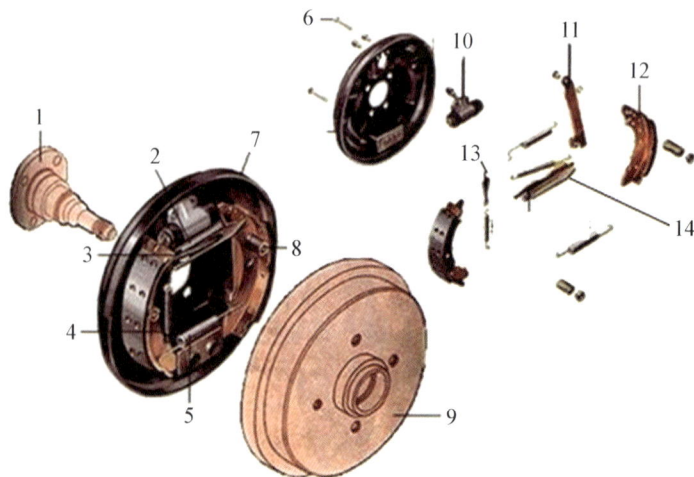

**图 3-5-9　鼓式车轮制动器**

1. 后轮轴　2. 上回位弹簧　3. 驻车制动推杆弹簧　4. 制动间隙调节弹簧　5. 下回位弹簧　6. 限位杆　7. 制动底板　8. 限位杆　9. 制动鼓　10. 制动轮缸　11. 驻车制动杠杆　12. 制动蹄　13. 楔型调节块　14. 驻车制动推杆

简单的鼓式车轮制动器由旋转部分、固定部分、促动装置和间隙调整装置组成。

旋转部分为制动鼓；固定部分是制动底板和制动蹄，制动底板固装在车桥的凸缘盘上，通过支承销与制动蹄相连；促动装置的作用是对制动蹄施加力使其向外张开，常用的促动装置有凸轮或车轮分泵（制动轮缸）；间隙调整装置的作用是保持和调整制动蹄和制动鼓间有正确的相对位置。

## 五、鼓式制动器的类型

### 1. 按促动装置不同分类

鼓式车轮制动器多为内张双蹄式。按促动装置的形式可分为轮缸式、凸轮式和楔块式，如图 3-5-10 所示。

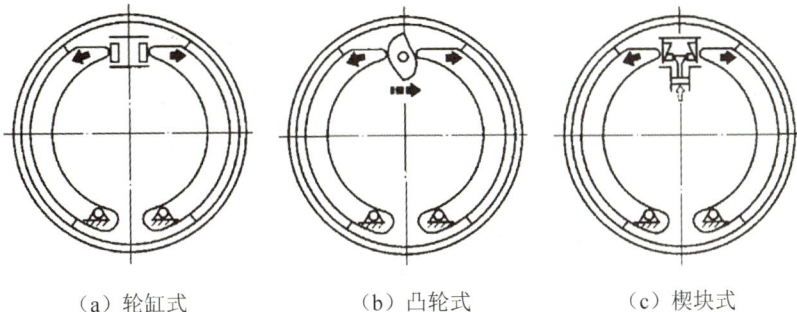

（a）轮缸式        （b）凸轮式        （c）楔块式

图 3-5-10    鼓式制动器的类型

### 2. 按产生制动力矩的不同分类

在制动过程中，如果制动蹄绕支承销转动与制动鼓旋转方向相同，在制动鼓上压得更紧，起到增势的作用，称为"增势蹄"或称"领蹄"；如果制动蹄绕支承销转动与制动鼓旋转方向相反，有使制动蹄离开制动鼓的趋势，起着减势作用，称为"减势蹄"或称"从蹄"。根据制动过程中两制动蹄产生制动力矩的不同，鼓式制动器可分为领从蹄式、双领蹄式、双向双领蹄式、双从蹄式、单向自增力式和双向自增力式等。

（1）领从蹄式制动器

其特点是两个制动蹄各有一个支点，一个蹄在轮缸促动力作用下张开时的旋转方向与制动鼓的旋转方向一致，称为领蹄；另一个蹄张开时的旋转方向与制动鼓的旋转方向相反，称为从蹄（如图 3-5-11）。

（2）双领蹄式制动器

汽车前进时两个制动蹄均为领蹄的制动器称为双领蹄式制动器。双领蹄式制动器的结构特点是，每一制动蹄都用一个单活塞制动轮缸促动，固定元件的结构布置是中心对称式（如图 3-5-12）。

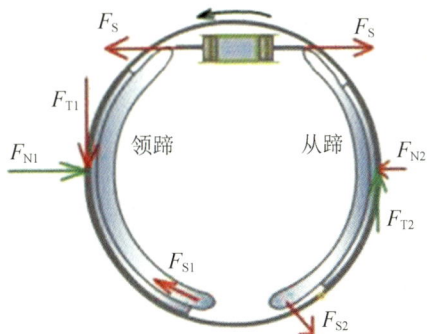

图 3-5-11    领从蹄式制动器

（3）双向双领蹄式制动器

双向双领蹄式制动器使用了两个双活塞轮缸，无论汽车前进还是倒车，都是双领蹄式制动器，故称双向双领蹄式制动器（如图 3-5-13）。

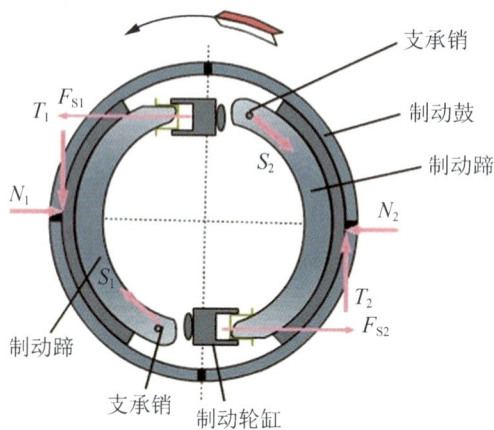

图 3-5-12　双领蹄式制动器

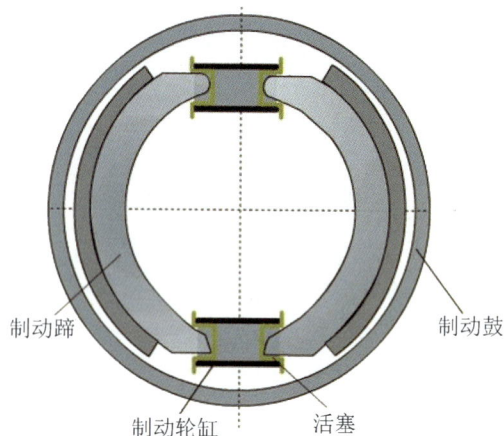

图 3-5-13　双向双领蹄式制动器

（4）双从蹄式制动器

汽车前进时两个制动蹄均为从蹄的制动器为双从蹄式制动器（如图 3-5-14）。

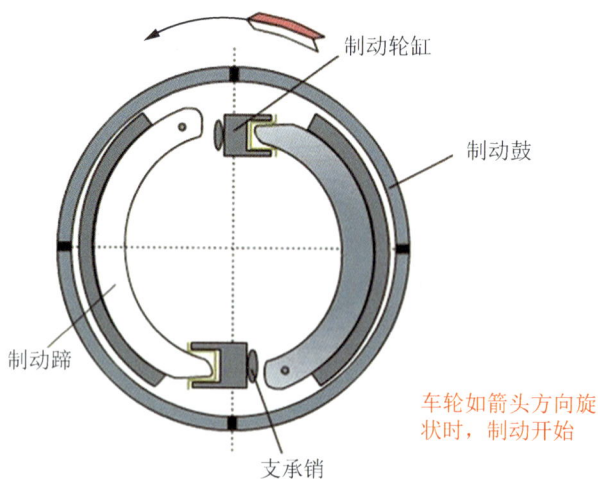

车轮如箭头方向旋状时，制动开始

图 3-5-14　双从蹄式制动器

（5）单向和双向自增力式

单向自增力式制动器的特点是两个制动蹄只有一个单活塞的制动轮缸，第二制动蹄的促动力来自第一制动蹄对顶杆的推力，两个制动蹄在汽车前进时均为领蹄，但倒车时能产生的制动力很小。

双向自增力式制动器的特点是两个制动蹄的上方有一个双活塞制动轮缸，轮缸的上方还有一个制动蹄支承销，两制动蹄的下方用顶杆相连。无论汽车前进还是倒车，都与自增力式制动器相当，故称双向自增力式制动器（如图 3-5-15）。

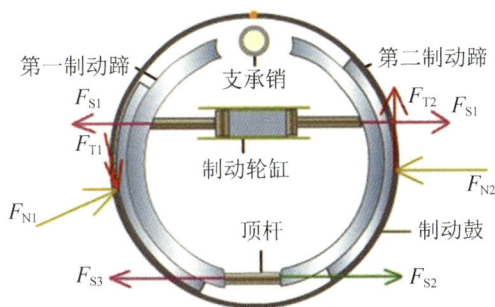

图 3-5-15　双向自增力式制动器

## 思考与练习

### 一、填空题

1. 盘式制动器主要是由＿＿＿＿＿、＿＿＿＿＿、＿＿＿＿＿等部分组成。

2. 浮钳盘式制动器制动钳由＿＿＿＿＿、＿＿＿＿＿两部分组成。

3. 用于制造制动器的材料要有足够的＿＿＿＿＿，还要有较高的＿＿＿＿＿，常用的材料有＿＿＿＿＿等。

4. 盘式制动器按制动钳固定在支架上的结构可分为＿＿＿＿＿，＿＿＿＿＿等。

5. 鼓式制动器由＿＿＿＿＿、＿＿＿＿＿、＿＿＿＿＿、＿＿＿＿＿组成。

### 二、判断题

1. 制动器都是利用接触面的摩擦力来实现制动的。（　　　）

2. 四轮轿车在制动过程中，后轮制动力要比前轮制动力大。（　　　）

3. 制动器的作用是为了使机械减速或停止运动。（　　　）

4. 盘式制动器的要求较高，使用成本低，鼓式制动器的使用成本高。（　　　）

5. 盘式制动器在工作中摩擦的工作面比鼓式制动器工作中摩擦的工作面大。（　　　）

### 三、选择题

1. 下列关于制动器特点的描述中，错误的是＿＿＿＿＿。

A. 利用接触面的摩擦力制动

B. 目的是使机械零件减速或停止运动

C. 制动器是各种运转机械中控制机械零件速度不可缺少的装置

D. 所吸收的能力转变成热的形态而散逸

2. 盘式制动器摩擦副中的旋转元件是＿＿＿＿＿。

A. 制动蹄　　　　　B. 制动盘　　　　　C. 制动鼓　　　　　D. 制动钳

3. 近年来中、高级轿车多采用的是盘式制动器是因为盘式制动＿＿＿＿＿。

A. 散热性好　　　　B. 通风性好　　　　C. 安全性好　　　　D. 制动力大

4. 已停驶的汽车保持原地不动是＿＿＿＿＿起作用。

A. 地面　　　　　　B. 离合器　　　　　C. 制动器　　　　　D. 联轴器

5. 如图所示的制动器是＿＿＿＿＿。

A. 领从蹄式制动器　　　　　　　　　B. 双领蹄式制动器

C. 双向双领蹄式制动器　　　　　　　D. 双从蹄式制动器

制动蹄

制动鼓

制动轮缸　　活塞

## 四、简答题

1. 制动器的作用是什么？

2. 制动器的分类有哪些？

3. 简述盘式制动器的组成及工作原理。

## 工匠巡礼

徐俊昌，杭州市拱墅区城市管理局下属国有企业——杭州宸运环境工程有限公司电焊工。十八年来，徐俊昌的工作岗位换了不少，但从来没有脱离环卫战线。电焊枪是他的"扫把"，垃圾车是他的"马路"。他在脏与臭中苦心钻研，自创"烧电焊"工作法，是大家眼中的技术达人，累计修理环卫作业设备500余台次，为单位节省了数百万经费。除了被评为全国劳动模范以外，徐俊昌还曾连续两届当选杭州市党代表，2017年荣获全国五一劳动奖章，2019年被评为杭州城管系统"行业工匠"。

党的二十大报告中提出，我们要坚持绿水青山就是金山银山的理念，坚持山水林田湖草沙一体化保护和系统治理，全方位、全地域、全过程加强生态环境保护，生态文明制度体系更加健全。因此环境保护既可以通过垃圾的分类回收，也可以通过岗位技术的创新来实现。

# 实验    汽车上常用量具的使用

## 实验介绍

普通游标卡尺和千分尺是测量长度和深度等的常用量具。由于它们操作简单、读数方便，因此在汽车行业中使用比较广泛，广泛使用在测量、加工、装配、检测、测试、调试等工作中。懂得游标卡尺和千分尺在检测中有哪些注意事项，以及如何正确使用它们检测工件是本任务的目标。

## 实验目的

1．掌握汽车维修过程中游标卡尺的正确选用及使用方法。

2．掌握汽车维修过程中千分尺的正确选用及使用方法。

3．知道汽车维修作业中的安全操作规程及注意事项。

4．了解汽车维修中工量具的维护和保养方法。

5．鼓励学生积极参与教学活动，使学生获得成功的体验，建立和增强学生学习专业知识的信心。

6．引导学生学会倾听、主动交流、相互合作、尊重他人，掌握科学的学习方法和养成良好的学习习惯。

## 实验准备

游标卡尺、千分尺、测量工件(根据实际情况选择)。

## 实验步骤

**一、准备工作**

教师指导学生课前准备好实验所用的实验器材。

**二、实验操作**

线性尺寸的常用测量量具有游标卡尺、千分尺、百分表(或千分表)等。根据精度要求不同，选择不同的量具。其中常用游标卡尺的精度为 0.02mm，千分尺的精度为 0.01mm。

### 实验 1    用游标卡尺测量工件

图 1 所示为某一工人加工完成的工件—底板。本任务为选择合适的量具对其进行测量，判断其是否合格。

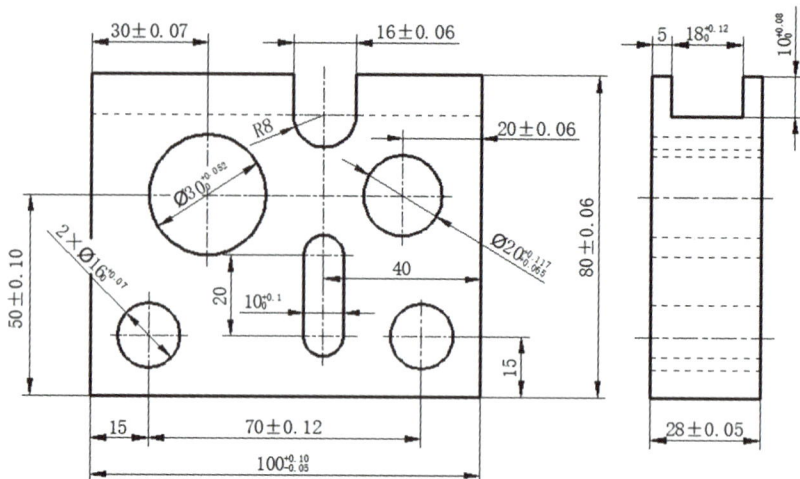

**图1 底板**

**想一想**

加工完成的工件，测量其各个尺寸是否符合图样要求，这是关键环节，不可缺少，而只有测量结果符合图样要求，才能认为该工件能正常使用。

完成本任务，需明确以下几点：

(1)本次检测任务为图样中所示每个尺寸要素，通过测量得出实际尺寸，实际尺寸是否在上下极限尺寸范围内，以判断其是否合格。

(2)我们要根据零件的形状与结构，选择合适的量具。

(3)我们要根据尺寸公差的数值，选择量具的规格。

从图中可以看出尺寸公差都比较大，游标卡尺的测量精度已经能够满足其测量要求。

1. 游标卡尺结构、规格和测量范围

游标卡尺是一种常用量具(见图2)，可以测量工件内外尺寸、深度、孔距、环形壁厚和沟槽等，应用极为广泛。游标卡尺的规格、测量范围、精度，见表1。

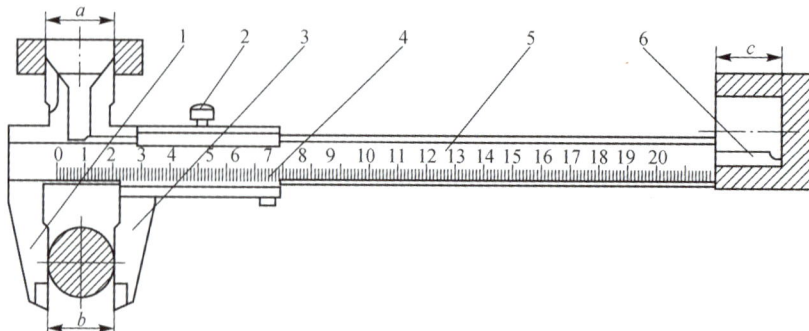

**图2 游标卡尺**

1—尺框  2—固定螺钉  3—量爪  4—游标  5—尺身  6—深度尺
a—测量内表面尺寸  b—测量外表面尺寸  c—测量深度尺寸

表 1 游标卡尺的规格、测量范围、精度

| 游标分度值/mm | 示值总误差/mm | 游标长度/mm | 测量范围/mm |
|---|---|---|---|
| 0.02 | ±0.02 | 49 | 0～70、0～150、0～200、0～ |
| 0.05 | ±0.05 | 19 | 300、0～500、0～1000、0～ |
| 0.10 | ±0.10 | 9 | 2000、0～3000 |

### 2. 读数原理

游标卡尺读数的原理是利用主尺刻线间距与游标刻线间距的间距差实现的。

分度值为 0.02mm 的游标卡尺，尺身 1 格为 1mm，当两测量爪并拢时，尺身上的 49mm 正好对准游标上的 50 格（图 3）。则游标每 1 格的值为 49mm÷50＝0.98mm，尺身与游标每 1 格相差的值为 1mm－0.98mm＝0.02mm。

### 3. 读数方法

(1)读整数。在尺身上读出位于游标零线左边最接近的整数值，图 4 为 12mm。

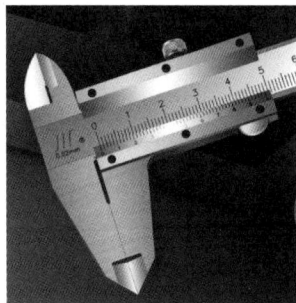

图 3 游标卡尺的刻线原理

(2)读小数。看游标上哪条刻度线与主尺刻线对齐，读出游标上的格数，按每格 0.02mm 读出小数值，小数值＝格数×0.02mm，图 4 中为 40×0.02mm＝0.80mm。

(3)求和。将以上整数和小数相加，即为被测尺寸，即 12mm＋0.80mm＝12.80mm。

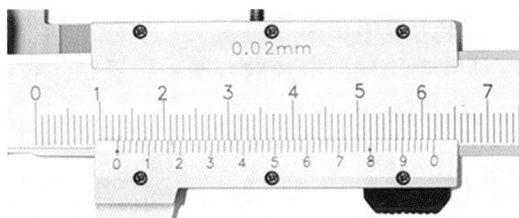

图 4 读数方法

**练一练**

读图 5，练习游标卡尺识读。

(1)游标零线在 9mm、10mm 之间，即读数的整数值为 _____ mm。

(2)游标刻度上 6 后面第一条刻线与主尺上其中一条刻度线对齐，即读数的小数值为 _____ mm。

(3)求和 _____ mm＋ _____ mm＝ _____ mm 为测量结果。

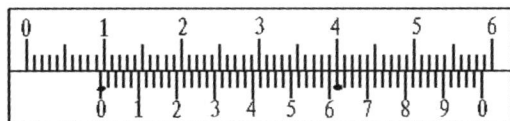

图 5 练一练

4. 实验实施

(1) 测量准备工作

1) 擦净游标卡尺测量爪。

2) 检验游标卡尺，看是否对"0"，如图 6 所示。若零位不能对正时，记下此时的读数值，各测量数据必须减去该读数值才能得到该线性尺寸的测量数值。

3) 活动游标，看卡尺是否灵活。

4) 检查工件是否清洁、去除工件上毛刺，用干净抹布擦去污物，见图 7。

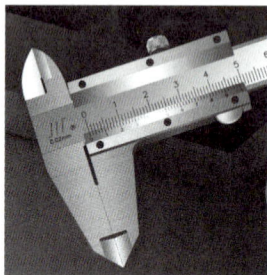

图 6　游标卡尺对"0"

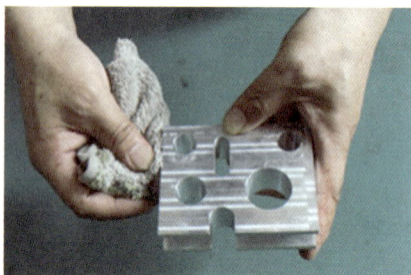

图 7　擦拭工件

(2) 测量工件

1) 测量外尺寸，首先应使外测量爪开口略大于被测尺寸，自由进入工件，以固定测量爪贴住工件，然后移动游标，使活动测量爪与工件另一表面相接触。可以直接读数，也可以拧紧制动螺钉，卡尺离开工件后读数。见图 8 所示。

2) 测量内尺寸，应使游标卡尺测量爪间距略小于被测工件的尺寸，将测量爪沿孔或槽边缘线放入，首先使定量爪与孔或沟槽接触，然后将测量爪在被测工件内表面上稍微移动一下，找出最大尺寸，读出读数。见图 9 所示。

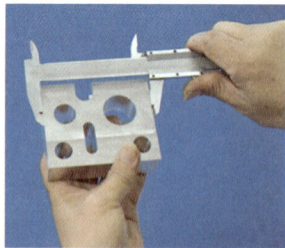

图 8　测量外尺寸

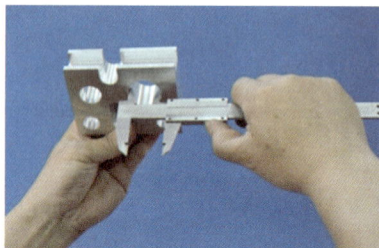

图 9　测量内尺寸

3) 测量两孔的中心距，如图 10 所示。分别量出两孔的内径 $R_1$ 和 $R_2$，然后用内测量爪的刀口形部分量出两孔内表面之间的最小距离 $X$，最后计算两孔的中心距 $O = X + (R_1 + R_2)/2$。

4) 测量深度尺寸，如图 11 所示。卡尺端面与被测工件的顶端平面贴合，同时保持深度尺与该顶端平面垂直，移动游标使深度尺下移与槽底部贴合，读数即为槽的深度。

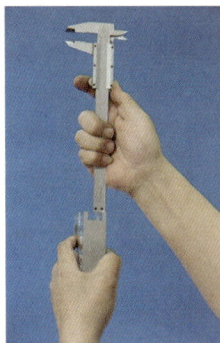

图 10　测量中心距　　　　图 11　测量深度尺寸

（3）测量结束

使用完毕应用干净棉丝擦净卡尺，装入盒内固定位置后放在干燥、无腐蚀物质、无振动和无强磁力的地方保管，见图 12 所示。

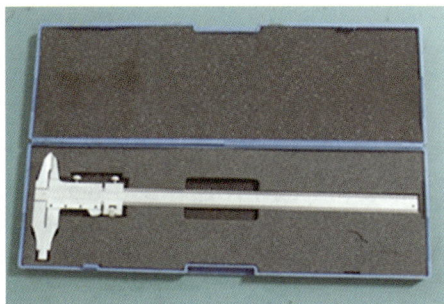

图 12　卡尺保管

（4）根据实际工件完成下列测量，并在表 2 中填写数据。

表 2　游标卡尺测量结果

| 工作项目 | 理论要求 | 实测 | | | 平均值 | 结论 |
| --- | --- | --- | --- | --- | --- | --- |
| | | 1 | 2 | 3 | | |
| 外尺寸 | | | | | | |
| 内尺寸 | | | | | | |
| 中心距 | | | | | | |
| 深度 | | | | | | |

### 实验 2　用千分尺测量外径

图 13 所示为阶梯轴。本任务为测量图 13 所示阶梯轴的径向尺寸，并判断其是否符合要求。

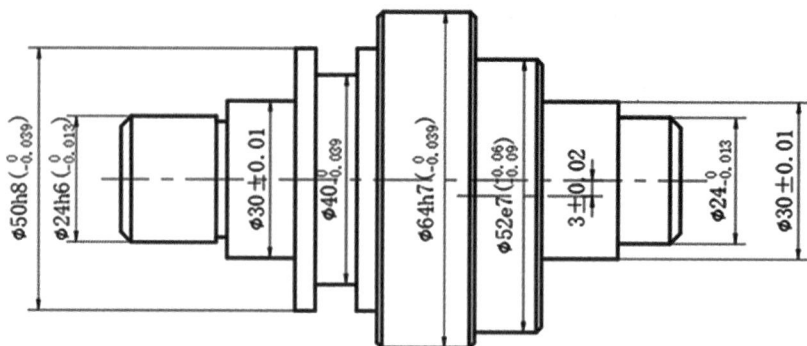

**图 13　阶梯轴**

**想一想**

图 13 所示阶梯轴中有 8 个径向尺寸，完成本任务，同时需了解相关量具的使用规则，需明确以下两点。

(1)图 13 所示尺寸 $\varphi24h6(^{0}_{-0.013})$ 中，h 是基本偏差代号，决定了尺寸两个极限偏差中上极限偏差的大小；6 表示标准公差等级，决定着该零件的尺寸加工精度。

(2)根据本任务工件实际偏差的特点和要求，可以使用千分尺对实际尺寸进行测量。

**1. 千分尺(外径千分尺)结构**

如图 14 所示，千分尺主要由尺架、微分套筒、固定套筒、微调旋钮、测微螺杆、锁紧装置等组成。

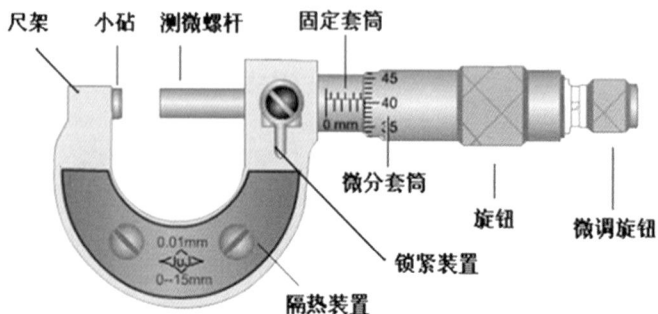

**图 14　千分尺结构**

**2. 读数原理**

(1)固定套筒上的水平线上、下各有一列间距为 1mm 的刻度线，上侧刻度线在下侧两相邻刻度线中间，如图 15 所示。

**图 15　千分尺上的刻度线**

(2)微分套筒上的刻度线是将圆周等分为 50 分的水平线，它是作旋转运动的。

(3)根据螺旋运动原理，当微分套筒旋转一周时，测微螺杆前进或后退一个螺距 0.5mm，即当微分套筒旋转一个分度后，它转过了 1/50 周，这时测微螺杆沿轴线移动了 $1/50×0.5mm=0.01mm$，因此，使用千分尺可以准确读出 0.01mm 的数值。

**3. 读数方法**

(1)先以微分套筒的端面为准线，读出固定套管上刻度线的分度值，如图 16 所示为过整数值 6mm。

(2)再看固定套管下刻度线，如出现刻度线就加半值，即加 0.5mm。

(3)再以固定套管上的水平横线作为读数准线，读出可动刻度上的格数，得出小数部分，小数＝格数×0.01mm。如图 16 所示为 $20×0.01=0.2mm$，再根据格数估计小数点最后一位，为 0.003mm。

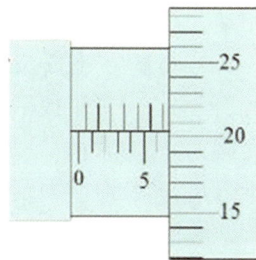

**图 16　千分尺读数方法**

(4)四者相加求和为 $6mm＋0.5mm＋0.2mm＋0.003mm=6.703mm$。

**练一练**

如图 17 所示，固定套筒上刻度线整数部分是 _____ mm，下刻度线出现加 _____ mm。微分套筒上的刻线正好与读数准线对齐，即 _____ mm。

因此，其读数值为 _____ mm＋ _____ mm＋ _____ mm ＝ _____ mm。

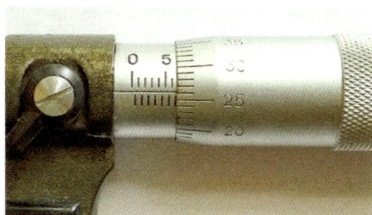

**图 17　练一练**

**4. 实验实施**

(1)测量准备工作

1)检查外观，检查各部位的相互作用。如图 18 所示，用棉丝擦净千分尺各部位表面；旋转微调旋钮，要求其能轻快而灵活地带动微分套筒旋转，测微螺杆移动要平稳，无卡住现象；微分套筒与固定套筒之间无摩擦，锁紧测微螺杆后微调旋钮能发出"咔咔"声。

2）校对"0"位，测量范围 0～25mm 的千分尺直接校对；测量范围大于 25mm 的千分尺用量杆或量块校对，如图 19 所示。

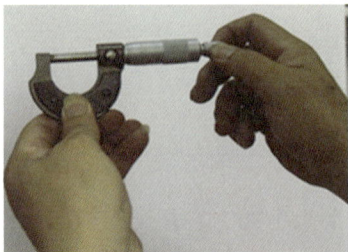

图 18　检查千分尺

图 19　千分尺"0"位校对

擦净两个测量面，旋转微分套筒，两个测量面即将接触时轻转微调旋钮，发出三声"咔咔"声，微分套筒"0"线与固定套筒基线重合，微分套筒端面与固定套筒"0"线右边缘相切，此时"0"位正确。

3）调整"0"位。若出现零位不对齐，则需要调整"0"零位。用专用扳手插入固定套筒的调整孔内（固定套筒"0"线的背面），扳动固定套筒转过一定角度，使千分尺"0"位对准固定套筒基线，如图 20 所示。

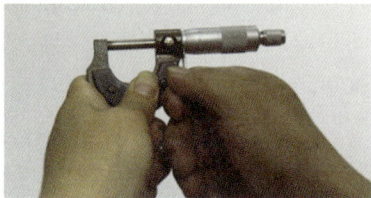

若使用者本人不能调整，应送量具检修部门由专业人员进行调整；也可在读数时加修正值。

图 20　千分尺"0"位调整

（2）测量工件

先转动微分套筒，使测微螺杆断面逐渐接近工件被测表面，再转动微调旋钮，直到发出"咔咔"声，读出测量值。退出时应反转微分套筒，测微螺杆端面离开被测表面后将千分尺推出。不要在工件转动或加工时测量。

（3）测量结束

根据实际工件完成下列测量，并在表 3 中填写数据。

表 3　千分尺测量结果

| 工作项目 | 理论要求 | 实测 | | | 平均值 | 结论 |
|---|---|---|---|---|---|---|
| | | 1 | 2 | 3 | | |
| 外径 1 | | | | | | |
| 外径 2 | | | | | | |
| 外径 3 | | | | | | |

### 三、注意事项

1. 根据实际情况，选择合适的工件进行测量。

2. 测量时，工具、零件轻拿轻放，不能用力过猛。

### 四、实验报告

实验结束后留出部分时间，分小组交流讨论，分享各自的学习成果，共同进步。填写实验表及评价表。

**实验报告**

| 实验名称 | | | | |
|---|---|---|---|---|
| 班级 | | 姓名 | | |
| 地点 | | 日期 | | |
| **实验表** | | | | |
| 工量具 | 作业内容 | 作业要求 | 检查结果 | 测量值 |
| | 一、用游标卡尺测量工件<br>1. 测量准备工作 | | □正　常<br>□不正常 | — |
| | 2. 测量工件（外尺寸） | | □正　常<br>□不正常 | — |
| | 3. 测量工件（内尺寸） | | □正　常<br>□不正常 | — |
| | 4. 测量工件（中心距） | | □正　常<br>□不正常 | — |
| | 5. 测量工件（深度） | | □正　常<br>□不正常 | — |
| | 二、用千分尺测量外径<br>1. 测量准备工作 v | | □正　常<br>□不正常 | — |
| | 2. 测量工件（外径1） | | □正　常<br>□不正常 | — |
| | 3. 测量工件（外径2） | | □正　常<br>□不正常 | — |
| | 4. 测量工件（外径3） | | □正　常<br>□不正常 | — |
| | 三、实训设备、工具、材料、场地等的整理 | | □正　常<br>□不正常 | — |
| **评价表** | | | | |
| 项目 | 评价指标 | | 自评 | 互评 |
| 实验工作 | 认识游标卡尺和千分尺及作业要求 | | □合　格<br>□不合格 | □合　格<br>□不合格 |
| | 按作业要求完成作业内容 | | □合　格<br>□不合格 | □合　格<br>□不合格 |
| | 作业单填写完整 | | □合　格<br>□不合格 | □合　格<br>□不合格 |

续表

| | | | |
|---|---|---|---|
| 职业素养 | 工作服整洁、没有装饰品或硬质件 | □合　格<br>□不合格 | □合　格<br>□不合格 |
| | 正确查阅维修资料和学习材料 | □合　格<br>□不合格 | □合　格<br>□不合格 |
| | 合作默契，交流顺畅 | □合　格<br>□不合格 | □合　格<br>□不合格 |
| 个人反思 | | 完成任务的安全、质量、时间和5S要求，是否达到最佳程度，请提出个人改进建议。 | |
| 教师评价 | 教师签字<br>日　期 | 成绩 | |
| | | □合　格　　□不合格 | |

# 汽车典型联接

项 目 描 述

　　机械是由零件组成的，各零件之间的关系称为联接。按零件是否可拆卸，联接分为可拆卸联接和不可拆卸联接。本项目重点讲解可拆卸联接，如螺纹、键、销联接，其中螺纹联接具有结构简单、装拆方便、联接可靠等优点，在车辆上及工程结构中应用广泛。

## M 任务 1 螺纹联接的认知

### 任务描述

　　汽车发动机的许多部位都要采用螺纹联接，如气门室盖与气缸盖上平面的联接、气缸盖与气缸体的联接、发动机侧盖与机体的联接等。此外，汽车的底盘也应用了大量的螺纹联接。

　　通过本任务的学习可以让学生知道螺纹的分类、结构、应用特点、螺纹标记，会正确识别螺纹的代号含义。便于今后在维修中正确选用合适的工具。

### 任务目标

1. 了解螺纹的类型和结构特点。
2. 知道螺纹标记和代号含义。
3. 知道螺纹联接的主要类型和应用场合。
4. 了解螺栓联接的预紧与防松方法。

### 相关知识

　　螺纹是指在圆柱或圆锥表面上沿着螺旋线所形成的具有相同剖面的连续凸起的实体部分，又称牙。

　　螺纹分为螺纹联接和螺旋传动，两者都是利用螺纹零件进行工作的。螺纹联接是利用螺纹联接件构成的，结构简单，装配、拆卸方便，广泛应用于各种机械设备中。螺旋传动是利用螺纹零件实现把回转运动变为直线运动的传动，要求保证其传动精度、磨损寿命、较高的传动效率。

　　螺纹联接是机械中最常用的一种可拆联接形式，也是汽车中最主要的可拆联接形式之一。螺纹联接把需要相对固定在一起的零件用螺纹联接件装配起来，形成完整的构件系统，如图 4-1-1 所示。

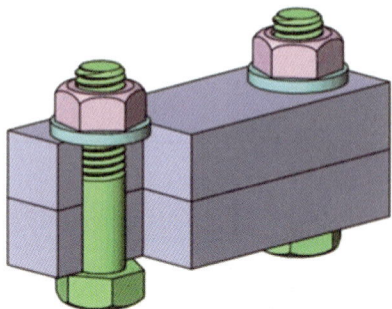

图 4-1-1　螺栓联接

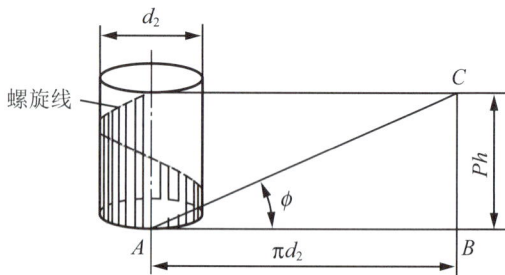

图 4-1-2　螺旋线形成

## 一、螺纹形成

　　将一直角三角形绕到一圆柱体上，并使三角形的底边与圆柱体底面圆周重合，则三角形斜边在圆柱体表面上形成一条螺纹线。若用车刀沿螺旋线切出不同形状的沟槽，便可以得到不同的螺纹牙型，如图 4-1-2 所示。

外螺纹加工

## 二、螺纹的类型

### 1. 按螺纹位置分类

　　外螺纹是指在圆柱或圆锥外表面上所形成的螺纹，如图 4-1-3(a)所示。内螺纹是指在圆柱或圆锥内表面上所形成的螺纹，如图 4-1-3(b)所示。

（a）外螺纹　　（b）内螺纹

图 4-1-3　外螺纹和内螺纹

### 2. 按牙型分类

　　螺纹牙型是指通过轴线剖面上的螺纹轮廓的形状。根据螺纹牙型的不同，螺纹可分为三角形螺纹、矩形螺纹、梯形螺纹、锯齿形螺纹等，如图 4-1-4 所示。

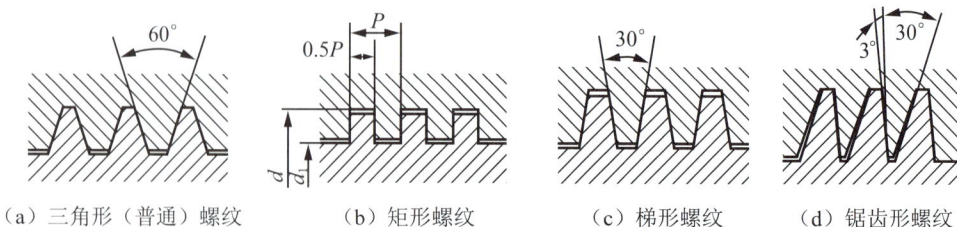

（a）三角形（普通）螺纹　　（b）矩形螺纹　　（c）梯形螺纹　　（d）锯齿形螺纹

图 4-1-4　螺纹牙型

按旋向分类

右旋螺纹是指由轴端方向看，依顺时针方向旋转而向前行进的螺纹，如图 4-1-5 所示。一般情况下，若无特别标示，都是右旋螺纹。左旋螺纹是指由轴端方向看，依逆时针方向旋转而向前行进的螺纹，如图 4-1-6 所示。左旋螺纹只用在较特殊的场合。

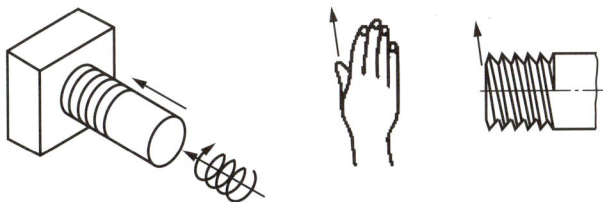

图 4-1-5　右旋螺纹

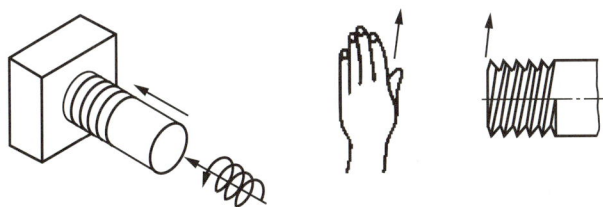

图 4-1-6　左旋螺纹

4. 按线数分类

如图 4-1-7(a)所示，单线螺纹是指由一条螺旋线绕于基柱上所形成的螺纹。如图 4-1-7(b)(c)所示，多线螺纹是指由两条或两条以上螺旋线绕于基柱上所形成的螺纹。

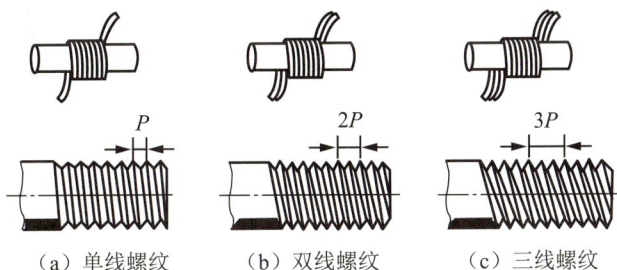

（a）单线螺纹　　　（b）双线螺纹　　　（c）三线螺纹

图 4-1-7　螺纹线数

## 三、螺纹的主要参数

螺纹的主要参数有大径、小径、中径、螺距、导程、牙型角、螺纹升角等。下面以普通螺纹（见图 4-1-8）为例说明螺纹的主要参数，具体见表 4-1-1。

表 4-1-1　螺纹参数介绍

| 螺纹参数 | 参数介绍 | 参数表示 |
|---|---|---|
| 中　径 | 指螺纹牙型上牙厚与牙槽宽相等处的假想圆柱的直径 | $D_2$ 或 $d_2$ |
| 螺　距 | 指相邻两牙在中径线上对应两点间的轴向距离 | $P$ |
| 导　程 | 指同一条螺旋线上的相邻两牙在中径线上对应两点间的轴向距离，螺距与导程的关系：导程＝螺距×螺旋线数 | $P_h$ |
| 牙型角 | 指在螺纹牙型上，相邻两牙侧间的夹角 | $\alpha$ |
| 螺纹升角 | 又称导程角，指在螺纹中径圆柱上，螺旋线的切线与垂直于螺纹轴线的平面的夹角 | $\Phi$ |

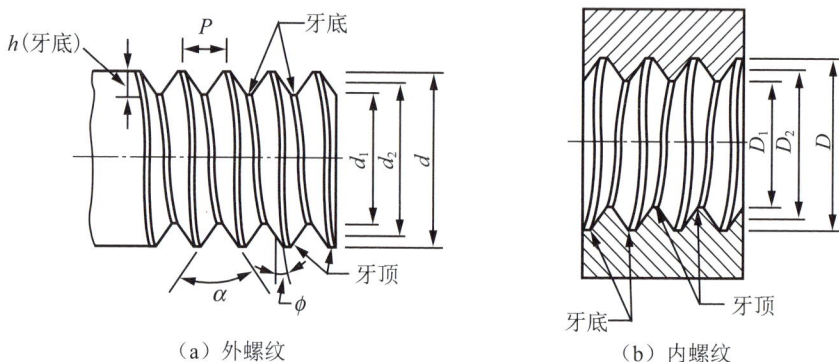

（a）外螺纹　　　　　　　　　（b）内螺纹

图 4-1-8　普通螺纹

## 四、普通螺纹的标注

普通螺纹的完整标注是由螺纹代号、螺纹公差带代号和螺纹旋合长度代号组成的。标注时在螺纹代号、螺纹公差带代号和螺纹旋合长度代号之间用"-"分开。

### 1. 螺纹代号

螺纹代号是由螺纹特征代号和尺寸代号组成。粗牙普通螺纹的螺纹代号用字母 M 与公称直径表示，细牙普通螺纹代号用字母 M 与公称直径乘以螺距表示。当螺纹为左旋时，在螺纹代号之后加"LH"。

例如，M20 表示公称直径为 20 mm 的粗牙普通螺纹；M20×1.5 表示公称直径为 20 mm，螺距为 1.5 mm，旋向为右旋的细牙普通螺纹；M20×1.5LH 表示公称直径为 20 mm，螺距为 1.5 mm，旋向为左旋的细牙普通螺纹。

### 2. 螺纹公差带代号

螺纹公差带代号是由表示其公差等级的数字和表示其公差位置的字母组成。螺纹公差带代号包括中径公差带代号与顶径公差带代号。普通螺纹公差带代号由表示公差等级的数字和表示基本偏差带代号的字母组成，如 6g、6H，其中大写字母用于表示内螺纹，小写字母用于表示外螺纹。如果螺纹的中径公差带与顶径公差带不同，则应依次分别标注，前者表示中径公差带，后者表示顶径公差带。如果中径公差带与顶径公差带相同，则只标注一个代号即可。

例如，M10－5g6g-S 表示公称直径为 10 mm 的右旋粗牙普通外螺纹，其中径公差带代号为 5g，顶径公差带代号为 6g，短旋合长度。

内、外螺纹装配在一起，其公差带代号用斜线分开，左边表示内螺纹公差带代号，右边表示外螺纹公差带代号。如：

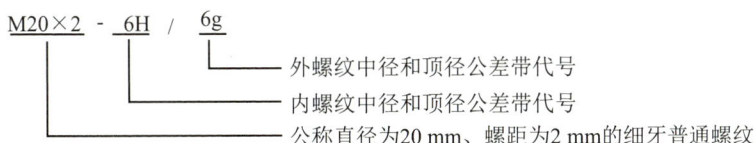

$$M20\times2 \ - \ 6H \ / \ 6g$$

外螺纹中径和顶径公差带代号
内螺纹中径和顶径公差带代号
公称直径为20 mm、螺距为2 mm的细牙普通螺纹

### 3. 螺纹旋合长度代号

螺纹旋合长度是指两个相互配合的螺纹沿螺纹轴线方向相互旋合部分的长度。一般情况下，不标注螺纹旋合长度。必要时在螺纹公差带之后，加注代号 S、L，中间用"-"分开分别称为短旋合长度、长旋合长度，中等旋合长度的代号为 N。

例如，M24×2LH-6H 表示公称直径为 24 mm，螺距为 2 mm 的左旋细牙普通内螺纹，其中径公差带代号和顶径公差带代号均为 6H，中等旋合长度（不标 N）。

M12-7H-L 表示公称直径为 12 mm，中径公差代号和顶径公差带号均为 7H，旋合长度为长旋合长度。

## 五、螺纹联接的类型

螺纹在汽车中主要应用于联接，同时也应用于传动部位。因此，按螺纹的用途可将螺纹分成联接螺纹和传动螺纹两大类。

下文主要介绍联接螺纹。

内、外螺纹相互旋合形成的联接称为螺纹副。联接螺纹的牙型多为三角形，且多用单线螺纹。因为三角形螺纹的摩擦力大、强度高、自锁性好，所以在汽车中应用广泛。

常用的联接螺纹有螺栓联接、双头螺柱联接、螺钉联接等。

（1）螺栓联接

螺栓联接是将螺栓穿过被联接件的孔，然后拧紧螺母，将被联接件联接起来，螺栓联接结构简单、装拆方便，适用于厚度不大且易加工成通孔的零件，损坏后容易更换。如图 4-1-1、图 4-1-9 所示。

（2）双头螺柱联接

双头螺柱联接是用双头螺柱、垫圈、螺母来固定被联接零件的。双头螺柱两端都有螺纹，一端必须全部旋入被联接零件的螺孔内，另一端则穿过其余被联接件的通孔，然后拧紧螺母，将被联接件联接起来。这种联接适用于被联接件之一过厚，或由于结构上的限制不宜用螺栓联接的场合，双头螺柱如图 4-1-10 所示。

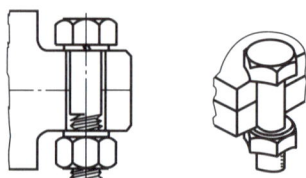

图 4-1-9　螺栓联接

图 4-1-10　双头螺柱

（3）螺钉联接

螺钉的结构与螺栓相似，按其结构形式可分为六角头螺钉、内六角沉头螺钉、开槽浅沉头螺钉、开槽圆头螺钉等，如图 4-1-11。螺钉联接是用于被联接零件之一较厚不宜制作通孔，且不需要经常装拆的场合，因为多次装拆会使螺纹孔磨损。如图 4-1-12 螺钉连接。

六角头螺钉

内六角沉头螺钉

开槽浅沉头螺钉

开槽圆头螺钉

图 4-1-11　各种螺钉

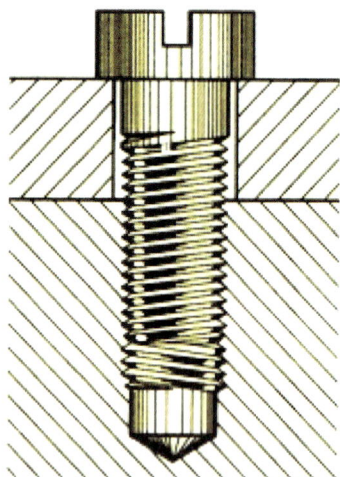

图 4-1-12　螺钉联接

## 六、螺栓联接的预紧与防松

### 1. 螺栓联接的预紧

螺栓联接在装配时要拧紧螺母，使螺栓联接受到预紧力的作用。螺栓联接的预紧增强了联接的可靠性，防止联接在工作载荷作用下松动。对承受横向载荷的螺栓联接，预紧力在被联接件的接合面间产生所需的正压力，使结合面间产生的总摩擦力足以平衡外载荷，由此可知预紧在螺栓联接中起着重要的作用。重要的螺栓联接，装配时应严格控制预紧力，一般采用定力矩扳手或测力矩扳手控制。重要的螺栓联接应尽量不采用小于 M12～M16 的螺栓，以免装配时由于锁紧力过大而被拧断。

2. **螺栓联接的防松**

螺栓联接的防松就是防止螺纹副的相对转动。如果联接是在冲击、振动、变载荷作用下或工作温度变化很大时，螺栓联接则可能松动。联接松脱往往会造成严重事故。因此设计螺栓联接时，应考虑防松措施，常用的防松方法见表 4-1-2。

表 4-1-2　常用的防松方法

| 摩擦力防松 | 弹簧垫圈 | 对顶螺母 | 弹性圆螺母 |
|---|---|---|---|
| | 弹簧垫圈材料为弹簧钢，装配后垫圈被压平，其弹力能使螺纹间保持压紧力和摩擦力 | 利用两螺母的对顶作用使螺栓始终受到附加的拉力和附加的摩擦力。由于多用一个螺母，且工作并不十分可靠，目前较少采用 | 螺纹旋入处嵌入纤维或尼龙弹性圈来增加摩擦力。该弹性圈还有防止液体泄漏的作用 |
| 机械防松 | 槽形螺母和开口销 | 圆螺母及止动垫圈 | 单耳止动垫圈 |
| | 槽形螺母拧紧后，用开口销穿过螺栓尾部小孔和螺母的槽，也可用普通螺母拧紧后再配钻开口销孔 | 使垫圈内舌嵌入螺栓（轴）的槽内，拧紧螺母后将垫圈外舌之一褶嵌于螺母的一个槽内 | 将垫圈褶边以固定螺母和被联接件的相对位置 |
| 其他防松方法 | 冲点法防松（用冲头冲2~3点） | 利用黏接剂防松 | 通常采用厌氧性黏接剂涂于螺纹旋合表面，拧紧螺母后黏接剂能自行固化，防松效果良好 |

## 思考与练习

### 一、填空题

1. 按照用途的不同，螺纹可分为_____螺纹和_____螺纹两大类。

2. 联接螺纹主要有_____螺纹、_____螺纹和_____螺纹三种形式。

3. 传动螺纹主要有_____螺纹、_____螺纹和_____螺纹三种形式。

4. 普通螺纹的牙型角为_____，管螺纹的牙型角为_____，它们截面牙型都为_____形的。

5. 普通螺纹的主要参数有_____、_____、_____、_____、_____。

6. 螺纹导程是指同一条螺旋线上_____两牙_____点间的轴向距离，或者说是配合螺纹旋转一周轴向移动的_____。

7. 螺纹联接的三种基本形式是：_____联接、_____联接、_____联接。

8. 螺纹联接的防松方法有：_____防松、_____防松、_____防松和_____防松等。

### 二、判断题

1. 联接螺纹作为可拆联接件，要求保证联接的自锁性和较高的传动效率。（    ）

2. 采用弹簧垫圈、对顶螺母防松都属于机械防松。（    ）

3. 联接螺纹的螺旋升角大多比较大，因此它具有自锁性。（    ）

4. 联接螺纹在冲击、振动、交变载荷作用下一般不会松脱。（    ）

5. 螺旋传动将直线运动转变为旋转运动，同时传递运动和动力。（    ）

### 三、选择题

1. 联接螺纹的牙型大多为_____。

A. 三角形　　　　　B. 矩形　　　　　C. 梯形　　　　　D. 锯齿形

2. 普通螺纹的公称直径是指螺纹的_____。

A. 小径　　　　　B. 中径　　　　　C. 大径　　　　　D. 螺距

3. 管螺纹的公称直径是指其_____。

A. 小径　　　　　B. 中径　　　　　C. 大径　　　　　D. 管孔内径

4. 汽车发动机气缸体与气缸盖的联接往往采用_____。

A. 螺栓联接　　　B. 螺钉联接　　　C. 双头螺柱联接　　　D. 紧定螺钉联接

5. 双线螺杆在螺母中转动一周轴向移动的距离称为_____。

A. 螺距　　　　　B. 导程　　　　　C. 旋合长度　　　　　D. 配合长度

### 四、简答题

1. 螺纹有哪些分类？

2. 螺纹的旋向如何判断？

3. 什么叫螺距？

4. 在双线螺纹中，螺距和导程的关系是什么？

5. 螺纹的完整标注由哪几部分构成？

6. 汽车发动机气缸盖和气缸体之间的联接采用的是什么联接？

7. 螺旋联接按用途分为哪几类？

8. 完成表 4-1-3 及表 4-1-4。

表 4-1-3

| 螺纹代号 | 螺纹类型 | 大径 | 旋向 | 内(外)螺纹 | 中径公差带 |
|---|---|---|---|---|---|
| M20×2LH-6H | | | | | |
| M18－6g | | | | | |
| Tr40×14(P7)－5g | | | | | |

表 4-1-4

| 联接螺纹 | 适用场合 | 实例 |
|---|---|---|
| 螺栓联接 | | |
| 双头螺柱联接 | | |
| 螺钉联接 | | |

## 任务 2　键联接的认知

### 任务描述

通过本任务可以让学生了解键在汽车中的应用，汽车中键的主要形式有平键、半圆键和花键，它们主要用来联接轴与轴上零件。掌握键及其联接，从而对汽车中零件的联接方式更为了解。

### 任务目标

1. 知道键的类型、结构及联接特点。

2. 认识花键联接的类型、特点。

3. 了解各类键在汽车上的应用。

### 相关知识

## 一、键的作用

键的作用是联接轴和轴上零件（齿轮、带轮、凸轮等），并进行固定和传递转矩，如图 4-2-1 键联接。

键是一种标准零件，键联接是一种可拆联接。

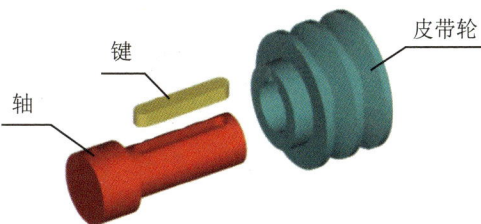

图 4-2-1　键联接

## 二、键的类型

键联接根据键和键槽装配时的松紧程度可分为松键联接和紧键联接两大类。

汽车中常用的键联接以平键联接、半圆键联接、花键联接和楔键联接居多。

### 1. 松键联接

松键是以两侧面为工作面，键的顶面与轴上零件之间留有一定的间隙。松键联接的轴和轴上零件对中性好，汽车中主要是松键联接。但是松键联接不能承受轴向力。常见的松键联接有：平键、半圆键、花键联接。

（1）平键联接

平键是矩形截面的联接键，置于轴和轴上零件的键槽内，靠两侧面传递力和转矩。

平键分为普通平键、导向平键和滑键三种。

①普通平键。

使用普通平键联接时，轴和轮毂都开出键槽，键就放在键槽中。普通平键在联接中应用最为普遍，按端部结构不同分为圆头普通平键（A型）、平头普通平键（B型）和单圆头普通平键（C型），如图4-2-2所示。键的上表面和轮毂上键槽留有间隙。普通平键的两侧面是工作面，工作时，靠键同键槽侧面的挤压来传递扭矩，如图4-2-3所示。普通平键对中性好，装拆方便，适用于高速、高精度和承受变载、冲击的场合，但不能实现轴上零件的轴向定位。轴上键槽的加工方法，对于A型键槽加工采用端铣刀如图4-2-4（a）所示，对于B型键槽加工采用圆盘铣刀如图4-2-4（b）所示。

普通平键的规格采用$b×h×L$标记，$b$为宽度，$h$为高度，$L$为长，单位为毫米。对于A型键，字母可以省略。例如，键18×11×100、键B18×11×100。

图 4-2-2　普通平键 A 型、B 型、C 型

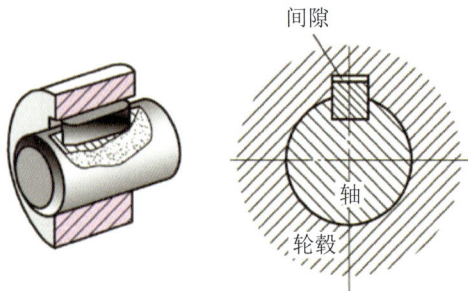

图 4-2-3　普通平键联接示意图

（a）轴上键槽的加工　　　　　　（b）圆盘铣刀加工键槽

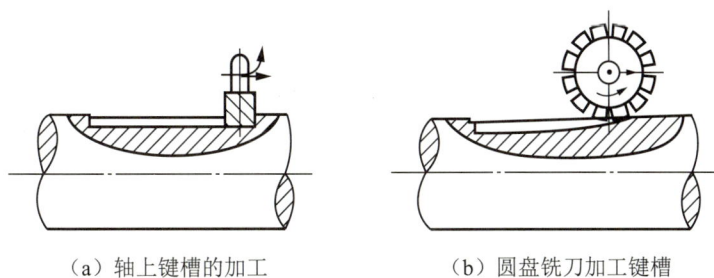

图 4-2-4　轴上键槽的加工

②导向平键。

如图 4-2-5 所示，当轴上零件与轴构成移动副时，采用导向平键。导向平键是加长的普通平键，用螺钉固定在轴上的键槽中，为了便于拆卸，键上有起键螺孔，以便拧入螺钉使键退出键槽。导向平键适用于轴上零件沿轴向移动量不大的场合，如变速箱中的滑移齿轮。如图 4-2-6 所示，为导向平键。

A型

B型

图 4-2-5　导向平键联接

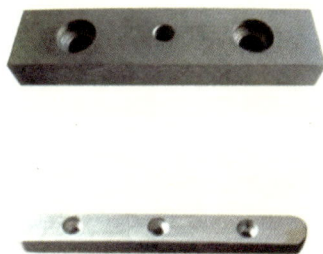

图 4-2-6　导向平键

③滑键。

当轴上零件移动距离较大时，适宜采用滑键，如图 4-2-7 所示。滑键联接将键固定在轮毂上，随轮毂一起沿轴槽移动，适用于零件滑移距离较大的场合。滑键联接如图 4-2-8 所示。

图 4-2-7　滑键

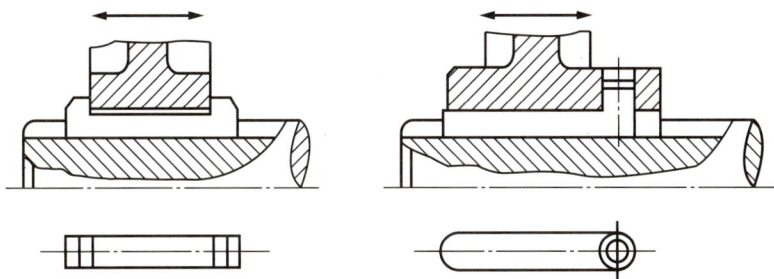

图 4-2-8　滑键联接

（2）半圆键联接

如图 4-2-9（a），半圆键工作时，也是以两个侧面来传递运动和扭矩的，因此半圆键的两侧面是工作面。轴上键槽用铣刀铣出，键在槽中能绕槽底圆弧摆动，以适应轮毂中键槽的斜度。半圆键联接的优点是加工工艺性较好，装配方便，尤其是适用于具有锥度的轴与轮毂的联接。缺点是轴

（a）

（b）

图 4-2-9　半圆键的联接

上键槽较深，对轴的强度削弱较大。故只用于轻载联接或辅助性联接。如图 4-2-9（b）所示汽车中轴端联接的应用。装配半圆键联接时，应先把半圆键放入轴的键槽中。

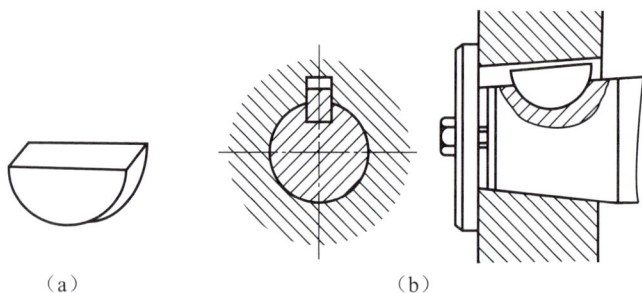

半圆键的规格采用 $b \times h \times D$ 标记，$b$ 为宽度，$h$ 为高度，$D$ 为直径，单位为毫米。例如，半圆键 $6 \times 10 \times 25$。

（3）花键联接

如图 4-2-10 所示，花键是将键与轴制成一体，使轴上的键齿与轮毂上等距分布且齿数相同的键齿相互联接，并传递转矩。如图 4-2-11 所示，在轴上加工出的多个键齿称为外花键，在轮毂孔内加工出的多个键槽称为内花键。

（a）实物图

（b）剖面图

图 4-2-10　花键的联接

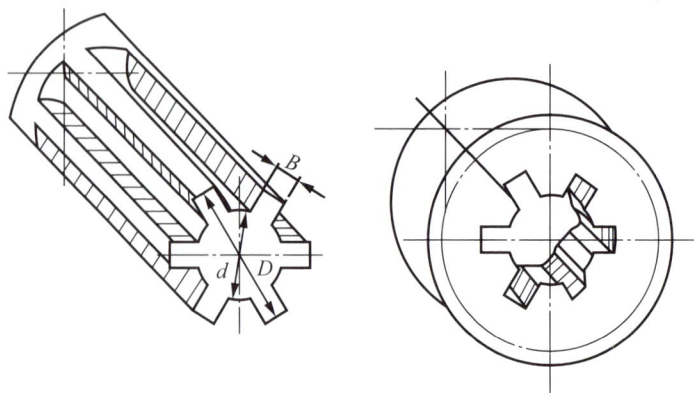

图 4-2-11　内、外花键

花键联接的优点是：多个齿同时承受载荷，接触面大，所以能传递较大的载荷，且轴上零件与轴的对中性以及沿轴向移动的导向性均较好；花键的齿槽较浅，对轴的强度削弱较小，因此花键联接适用于载荷大、定心精度要求高的联接，如汽车的变速器、后桥、传动轴中均应用了花键联接。

花键联接的缺点是：加工工艺较复杂，需用专门的加工设备，生产成本较高。

花键联接根据齿形的不同，可分为矩形花键、渐开线花键和三角形花键，如图 4-2-12 所示，其中矩形花键和渐开线花键都有国际标准。

①矩形花键

如图 4-2-12(a)所示，矩形花键的键齿端面为矩形，常用小径定心，其特点是齿廓形状简单、易加工、承载能力大、定心精度高、导向性好，能用磨削的方法获得较高精度。另外，由于矩形齿的齿槽较浅，应力集中较小，故对轴和轮毂的强度削弱较小。矩形花键在花键联接中应用最广。

②渐开线花键

如图 4-2-12(b)所示，渐开线花键的键齿端面为渐开线，多采用齿形定心。这种花键可用齿轮加工方法切制，工艺性好，加工精度高。与矩形花键相比，渐开线花键齿根较厚，强度高，可用于载荷较大、定心精度要求较高以及尺寸较大的联接。

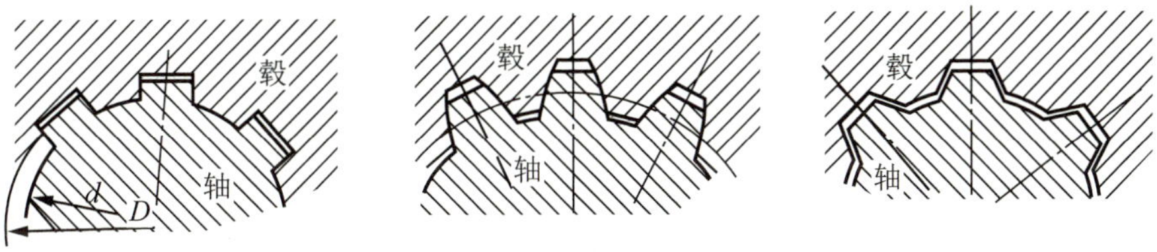

（a）矩形花键　　　　　　（b）渐开线花键　　　　　　（c）三角形花键

图 4-2-12　花键类型

③三角形花键

如图 4-2-12(c)所示，三角形花键的内键齿端面齿形为等腰三角形，外键齿齿廓曲线齿形角为 49°的渐开线。三角形花键齿细小，齿数多，对轴的强度削弱较小，通常用于轻载和薄壁零件联接。

2. 紧键联接

紧键联接有两种形式：楔键联接和切向键联接。紧键联接键的上、下表面都是工作面，上表面及与其相接触的轮毂槽底面均有 1：100 的斜度。键侧与键槽有一定的间隙，装配时将键打入构成紧键联接，由过盈作用传递转矩，并能传递单向轴向力，还可轴向固定零件。

（1）楔键联接

楔键分普通楔键和钩头楔键两种，如图 4-2-13、图 4-2-14 所示。楔键的上表面和下表面为工作面。工作时靠楔键的上下表面与轴、轮毂的挤压力及其在接触面上所产生的摩擦力来传递运动和转矩，如图 4-2-15、图 4-2-16 所示。

图 4-2-13 普通楔键

图 4-2-14 钩头楔键

图 4-2-15 普通楔键联接

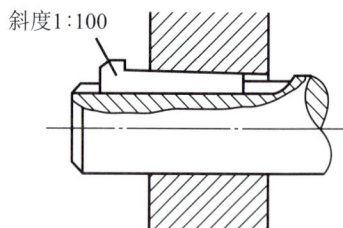

图 4-2-16 钩头楔键联接

楔键与键槽的两个侧面互不接触，为非工作面，楔键能够轴向固定零件和单方向传递轴向力。普通楔键联接常用于精度要求不高、转速较低、承受单向轴向载荷的场合。钩头楔键常用于不能从另一端将键打出的场合，钩头楔键方便拆卸，但由于楔键的使用过程中易引发安全事故，所以应加装防护罩。

（2）切向键联接

切向键由两个单斜度为 1∶100 的楔键，斜面对斜面叠合而成，如图 4-2-17 所示，其切向键的上、下表面为工作面，装配时两个键自轮毂两边打入，工作时它们的上下两个面互相平行，其中一个面在通过轴心的平面上。工作时靠切向键上、下平面与键槽底面的挤压力和轮毂接触面上的摩擦力来传递运动和转矩。

一副切向键只能传递单方向的转矩，当需要传递两个方向的转矩时，应安装两副切向键，并在轴上互成 120°～135° 角分布，如图 4-2-17(c) 所示。切向键的键槽对轴的强度削弱较大，另外，切向键联接还使装在轴上的零件与轴产生偏心，故切向键联接适用于对中性和运动精度要求不高、低速、重载且轴的直径大于 100 mm 的场合。

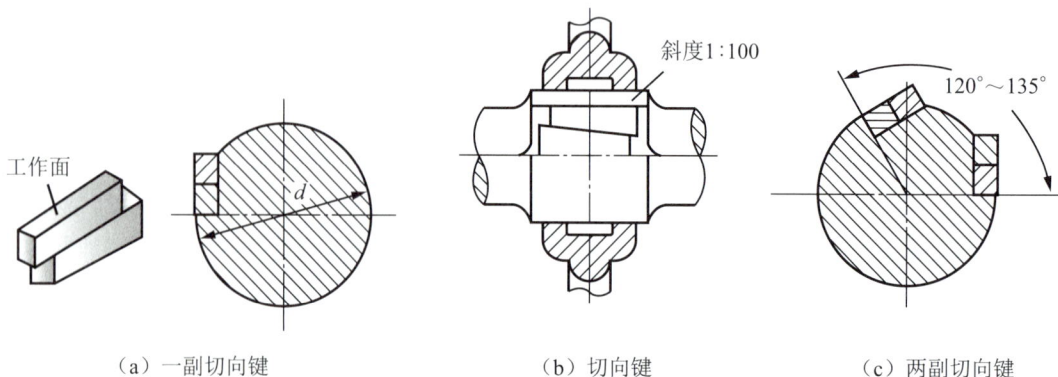

（a）一副切向键 　　　　　　　（b）切向键 　　　　　　　（c）两副切向键

图 4-2-17 切向键

### 思考与练习

**一、选择题**

1. 键联接的主要作用是使轴与轴上零件之间，_____。

A. 沿轴向固定并传递轴向力　　　　B. 沿轴向可相对滑动并有导向作用

C. 沿周向固定并传递扭矩　　　　　D. 安装与拆卸方便

2. 键的长度主要是根据_____来选择。

A. 传递扭矩的大小　　　　　　　　B. 传递功率的大小

C. 轮毂的长度　　　　　　　　　　D. 轴的直径

3. 能构成紧键联接的两种键是_____。

A. 楔键和半圆键　　　　　　　　　B. 平键和切向键

C. 半圆键和切向键　　　　　　　　D. 楔键和切向键

4. 平键标记：键 B20×80(GB 1096—79 中)，20×80 表示_____。

A. 键宽×轴径　　　　B. 键高×轴径　　　　C. 键宽×键长

D. 键高×键长　　　　E. 键宽×键高

5. 应用较广的花键齿形是_____。

A. 矩形与三角形　　　　　　　　　B. 渐开线和三角形

C. 矩形和渐开线　　　　　　　　　D. 矩形、渐开线和三角形

**二、简答题**

1. 周向固定与轴向固定的区别是什么？

2. 松键联接中有哪些键联接类型？

3. 松键联接与紧键联接的工作面是什么？它们各自适用于哪些联接场合？

4. 汽车上有哪些键比较常用？

5. 简述花键的分类及其特点。

## 任务 3　销联接的认知

### 任务描述

销联接是机器中常用的联接方式，汽车上许多部位采用销联接，如发动机活塞与连杆小头之间的活塞销联接，如图 4-3-1 所示，以及汽车转向节主销、汽车车轮轮毂处的开口销、变速器盖定位销等联接。

通过本任务可以让学生了解销的类型及销在汽车中应用形式，销除了做机器中联接零件外，还常用来做机器中的定位和螺纹联接中的防松元件。

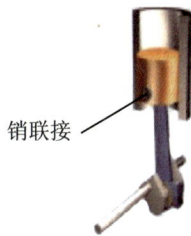

销联接

**图 4-3-1　销联接**

1. 知道销的类型、结构。
2. 掌握销的功用。
3. 了解销在汽车中相关部位的应用。

**相关知识**

## 一、销的作用与特点

销主要用来固定零件之间的相对位置，起定位作用(定位销)，也可用于轴与轮毂或其他零件，传递扭矩(联接销)，还可作为安全装置中的过载剪断元件(安全销)。

## 二、销的类型

### 1. 按形状分类

按形状可将销分为圆柱销、圆锥销、特殊形式销(开口销)，如图4-3-2所示。

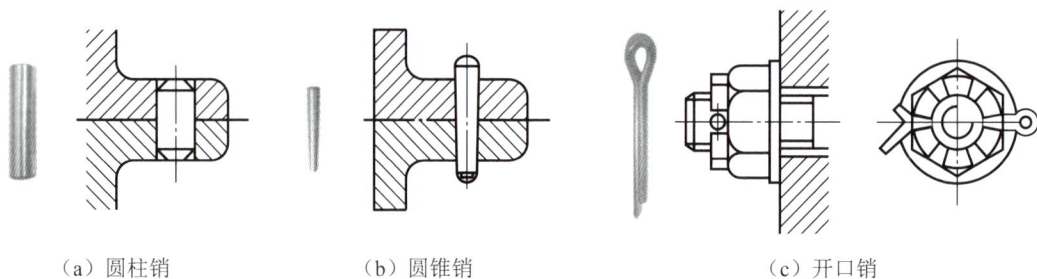

(a)圆柱销　　　　　(b)圆锥销　　　　　(c)开口销

图 4-3-2　销联接

圆柱销可用于联接和定位，利用微小过盈配合固定在铰制孔中，为保证定位精度和联接的紧固性，不宜经常拆卸。

圆锥销主要用于定位，具有1:50的锥度，小端直径为标准值，自锁性能好，定位精度高，安装方便。圆锥销的拆装比圆柱销方便，多次拆装对联接的紧固性及定位精度影响较小，因此圆锥销联接应用广泛。

特殊形式销，如带螺纹锥销(见图4-3-3)，开尾锥销(见图4-3-4)，用于联接防松、装拆方便、工作可靠。

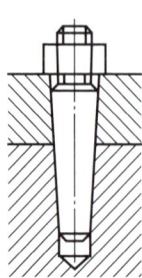

图 4-3-3　带外螺纹锥销　　　　图 4-3-4　开尾锥销

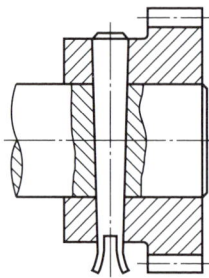

## 2

**按用途分类**

按用途可将销分为定位销、联接销、安全销。定位销用于固定零件间的相对位置，或作为组合加工及装配时的辅助零件。联接销用于轴与毂或其他零件之间的联接。安全销被用作安全装置中的过载剪断零件，图 4-3-5 所示为安全销。

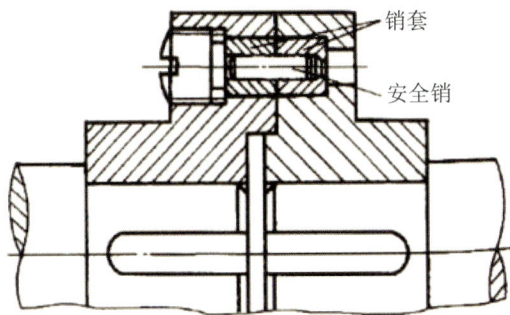

图 4-3-5　安全销

## 三、销的代号

圆柱销代号用直径×长度表示。

例如，圆柱销 12×24，表示圆柱销直径是 12 mm，长度是 24 mm。

圆锥销代号用小端直径×长度表示。

例如，圆锥销 8×50，表示圆柱销小端直径是 8 mm，长度是 50 mm。

## 四、汽车专用销

**1.　汽车发动机活塞销**

活塞销的作用是联接活塞和连杆，传递二者之间的相互作用力。如图 4-3-6 所示，活塞销与其座孔、连杆小头的安装一般采用"全浮式"。所谓"全浮式"即发动机工作时，活塞销在连杆小头及活塞座孔中都能自由转动。装配时活塞销与其座孔间应有一定的紧度，常先将活塞放入 70℃～90℃的水或油中加热，然后在销表面涂上机油，用拇指将销推入，再在活塞的锁环槽中装上两个锁环。如图 4-3-7 所示为连杆总成。

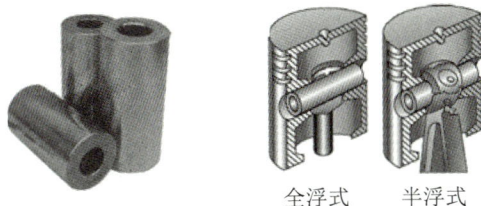

全浮式　　半浮式

图 4-3-6　发动机活塞销

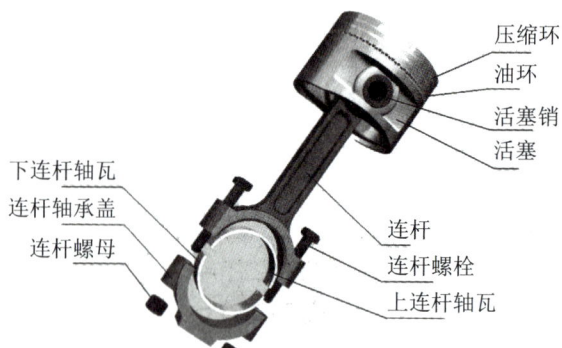

图 4-3-7　连杆总成

**2. 汽车转向节主销**

汽车转向节主销如图 4-3-8 所示，作用是铰接前轴及转向节，使转向节绕着主销摆动，以实现车轮的转向。主销的中部切有凹槽，安装时用主销固定螺栓与它上面的凹槽配合，将主销固定在前轴的拳形孔中。主销与转向节上的销孔是动配合，以便实现转向。

图 4-3-8　汽车转向节主销

**3. 汽车悬架弹簧钢板吊耳销、带孔销**

汽车上起销轴作用的销有不少，有的不一定列入国家标准，如汽车悬架弹簧钢板的吊耳销。当然有的列入国家标准，如起到销钉作用的带孔销，如图 4-3-9 所示，带孔销通常用于两构件铰接处，并用开口销锁定。带孔销拆卸方便，汽车的加速踏板、制动踏板、操纵装置的联接杆的销轴都属于这类销。

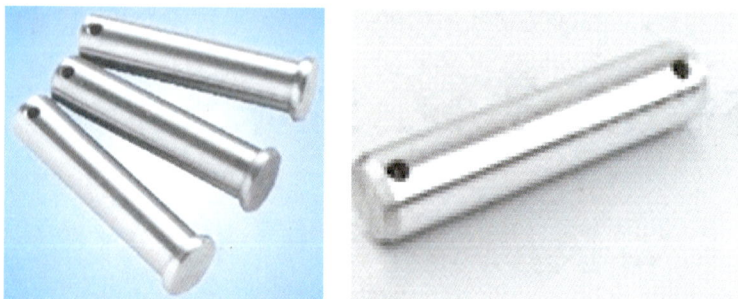

图 4-3-9　带孔销

4. 销轴和开口销联接

销轴和开口销联接如图 4-3-10 所示。销轴一般在机器的密封联接处起定位作用；开口销联接有时与槽形螺母相配合，如图 4-3-11，来防止螺纹联接松动。

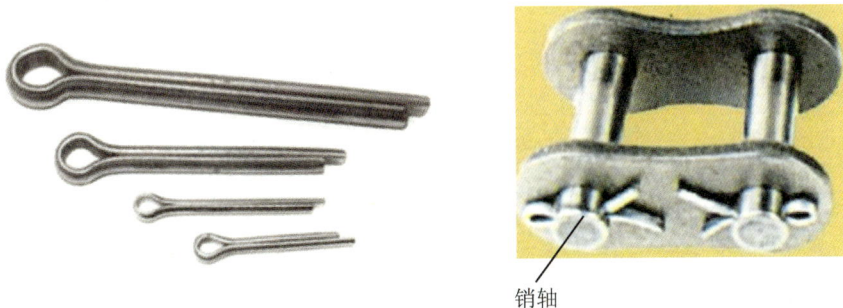

销轴

图 4-3-10　销轴和开口销联接

图 4-3-11　开口销和槽形螺母联接

## 思考与练习

### 一、填空题

1. 销的主要作用为机械零件_____、_____、_____等，防止机械零件脱落。按照形状的不同，一般可分为_____、_____、_____三类。

2. 圆锥销具有_____的锥度，小端直径为标准值，自锁性能好，定位精度高，安装方便，_____对定位精度的影响较小，主要用于_____，也可用作联接销。

3. 开口销使用时，将销穿过机械零件的小孔，并将销端_____，以防脱落。

4. 用于定位的销数目一般不少于_____。

### 二、判断题

1. 圆柱销比圆锥销的定位精度高。（　　　）

2. 销联接属于可拆联接。（　　　）

3. 联接销能传递较小的载荷，使用时不必校核其挤压和剪切强度。（　　　）

### 三、简答题

1. 销联接有哪些类型？

2. 销按形状和用途各分为哪几类？

3. 圆柱销作为定位销有哪些缺点？

4. 汽车专用销有哪些？说出名称、使用场合。

5. 完成表 4-3-1 及表 4-3-2。

表 4-3-1

| 汽车上专用销 | 作用 |
| --- | --- |
| 发动机活塞销 | |
| 转向节主销 | |
| 汽车悬架弹簧钢板吊耳销 | |

表 4-3-2

| 销 | 作用 |
| --- | --- |
| 定位销 | |
| 联接销 | |
| 安全销 | |

6. 指出图 4-3-12 中的销的名称？

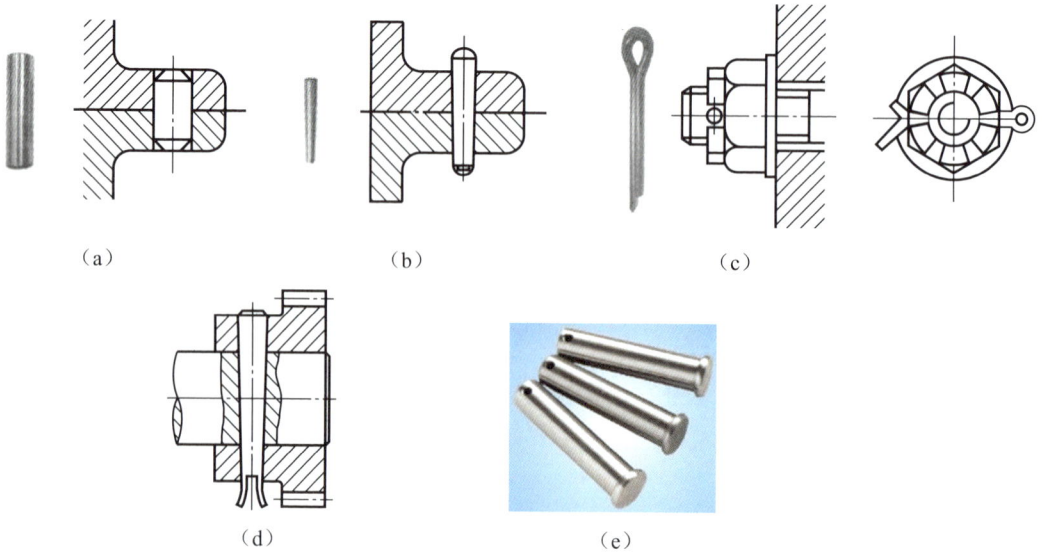

（a）　　　　　　　　（b）　　　　　　　　（c）

（d）　　　　　　　　（e）

图 4-3-12

# 汽车机械传动

## 项 目 描 述

在汽车中，发动机是原动机部分，车轮是执行部分，而从发动机到驱动车轮之间的变速器、差速器等都是传动部分，传动部分主要采用的是机械传动。机械传动装置有带传动、链传动、螺旋传动、摩擦轮传动、齿轮传动、蜗杆传动、轮系传动等。

在本项目之后，让学生完成汽车手动变速器拆装实验。让学生系统地掌握基本的传动总成、各零部件之间的相互传动关系，通过拆装操作等过程，树立学生的产品品质意识，培养实验过程中对问题的发现、理解、解决甚至升华为技术理论的能力，规范学生的专业行为习惯，从而为未来专业发展奠定基础。

## 任务 1 带传动的认知 MISSION

### 任务描述

带传动是机械传动中重要的传动形式之一，它适合两轴中心距较远的传动，是一种具有中间挠性件的传动方式，与应用广泛的齿轮传动相比，它更具有结构简单，成本低等优点。因此，在汽车等机械传动中应用较广，随着工业技术水平的不断提高带传动形式有了多样性，多领域的发展，应用也更广泛。

### 任务目标

1. 了解带传动的主要类型、特点及应用；能正确选用带传动形式。
2. 知道带传动的工作原理。
3. 认识带传动的张紧、安装和维护方法。

### 相关知识

### 一、带传动的组成及分类

带传动一般由主动轮、从动轮、机架以及张紧在主动轮与从动轮上的传动带组成。

工作时依靠带与带轮之间的摩擦或啮合实现运动和传递动力。带传动的主要类型及特点见表 5-1-1。

表 5-1-1　带传动的主要类型及特点

| 分　类 | | 特　点 | 图　例 |
|---|---|---|---|
| 摩擦型带传动 | 平带传动 | 摩擦型带传动的结构简单，传动平稳。在过载状态下带会出现打滑甚至飞离带轮的情况，因此可以避免其他零件的损坏，起到保护设备安全的作用，但这样却不能保证传动比的准确性和操作人员的安全 |  |
| | V带传动 | | |
| | 多楔带传动 | | |
| | 圆带传动 | | |
| 啮合型带传动 | 同步带传动 | 啮合型带传动主要是通过带上的齿与同步带轮上的轮齿之间相互啮合来传递运动和动力。啮合型带传动可以保证传动的准确性，实现传动的同步 |  |

## 二、摩擦型带传动

### 1. 平带传动

如图 5-1-1 所示，平带的横截面为矩形，带的内侧面为工作面。常用的平带有橡胶帆布带、皮革带、棉布带及化纤带等。

（a）平带横截面　　　　　　　　　（b）传动带

图 5-1-1　平带传动

### 2. V带传动

如图 5-1-2 所示，V带的横截面为梯形，带的两侧面为工作面。V带传动是把V带安装在带轮的梯形槽内，V带的两侧面与带轮梯形槽的两侧面紧密接触，从而产生摩擦力来传递运动和动力。在相同条件下，V带传动比平带传动的摩擦力大，且V带传动通常是多根带同时工作，所以与平带传动相比V带传动可以传递更大的功率，也因此，V带传动得到了广泛的应用。

图 5-1-2　V带横截面

汽车中的V带常用于发动机的曲轴与冷却风扇、打气泵之间的传动，这三者之间的距离较大，用V带传动可节约成本，但是需定期检查并调整V带的张紧度。

### 3. 多楔带传动

多楔带是指以平带为基体，内表面排布有等间距纵向梯形楔的环形传动带，其工作面为梯形楔的侧面，楔角为 40°，如图 5-1-3 所示。多楔带兼有平带和 V 带的优点，并且弥补了两种带的不足，多用于结构紧凑的大功率传动中。

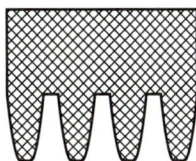

图 5-1-3　多楔带

现代汽车大多使用 V 形多楔带传递动力。其特点是传动功率大，在相同条件下，多楔带比普通 V 带的传动功率高 30%～50%；传动系统结构紧凑，振动小、运转平稳；耐热、耐油，使用过程中伸长率小，使用寿命长。

汽车中多楔带常应用于水泵与曲轴之间的传动，俗称"水泵皮带"。多楔带长时间处在高温的发动机旁高速旋转，易出现高温老化、疲劳断裂的现象，需经常检查、更换。

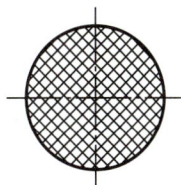

### 4. 圆带传动

圆带常用皮革制成，也可选用绳和锦纶等材料制成，它们的横截面均为圆形，如图 5-1-4 所示。圆带只适用于低速、轻载的传动场合。

图 5-1-4　圆带

## 三、啮合型带传动

如图 5-1-5 所示，啮合型带（同步带）传动不仅具有摩擦型带传动的优点，还具有不打滑、传动比准确等优点。在汽车上广泛用于配气系统的正时机构。因轿车的发动机较小，其凸轮轴与曲轴间相距较远，若采用大型车上的齿轮作为正时机构，则两齿轮的直径会很大，不符合实际情况，所以我们用正时皮带的同步带取代齿轮传动。

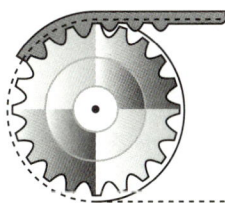

图 5-1-5　啮合型带传动

## 四、普通 V 带及常用汽车 V 带

### 1. 普通 V 带的结构

标准的普通 V 带都会制成没有接头的环形带，其横截面结构与内部构造如图 5-1-6 所示。普通 V 带主要由强力层、拉伸层、压缩层和包布层四部分组成。

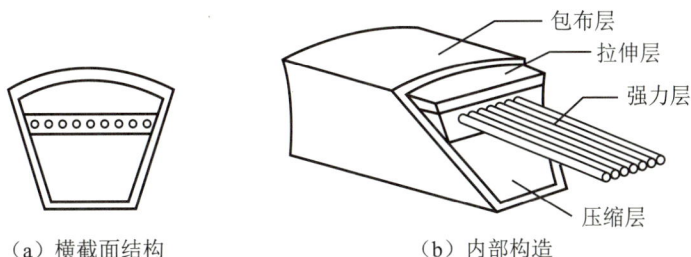

（a）横截面结构　　　　　　（b）内部构造

图 5-1-6　普通 V 带的结构

强力层：承受拉力的主要部分，覆有缓冲材料。

拉伸层：位于强力层上方的胶层，带在弯曲时产生拉伸变形。

压缩层：位于强力层下方的胶层，带在弯曲时产生压缩变形。

包布层：包布是 V 带的保护层，要求耐磨性高，常用带的包布层由橡胶的帆布制成。

如图 5-1-7 所示，强力层是 V 带工作时的主要承载部分，主要有帘布芯和绳芯两种结构。帘布芯结构的 V 带制造较方便，抗拉强度较高，但柔韧性较差，适用于载荷较大的传动。绳芯结构的 V 带柔韧性较好，但抗拉强度较低，适用于带轮直径较小、转速较高，但载荷不大的场合。

（a）帘布芯结构        （b）绳芯结构

**图 5-1-7　V 带帘布芯结构和绳芯结构**

**2. 常用汽车 V 带**

汽车 V 带的结构比普通 V 带复杂，除了强力层、拉伸层、压缩层和包布层之外，还增加了顶布层和骨架层。新型增强结构的汽车 V 带有切边齿形 V 带和切边 V 带，如图 5-1-8 所示。

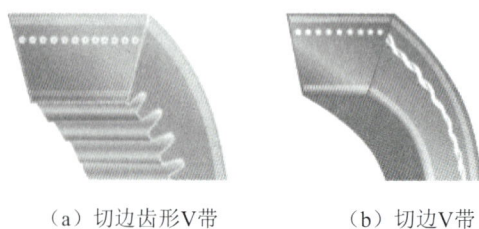

（a）切边齿形V带        （b）切边V带

**图 5-1-8　汽车 V 带**

新型汽车 V 带在带体的橡胶基体上，从上至下依次增加的顶布层和骨架层的特征是：带体的骨架层与带齿之间夹有 1～2 层帘线，帘线与带体的轴线成 90°，在带齿的橡胶基体中夹有 1～2 层尼龙布。与传统普通 V 带的结构相比，新型汽车 V 带的耐冲击性能大，传动时产生的噪声低、耐热性好，使用寿命比普通 V 带长，适用于大功率、功率变化较大及高速运转的汽车发动机中。

### 3. V带的型号

V带（包括普通 V 带和窄 V 带）是标准件，由专业工厂生产。对于普通 V 带，按其界面尺寸的大小，分为 Y、Z、A、B、C、D、E 七种型号，其截面尺寸依次增大。对于窄 V 带，按其界面尺寸的大小，分为 SPZ、SPA、SPB、SPC 四种型号，其截面尺寸依次增大。

我国 V 带的截面尺寸系列见表 5-1-2。

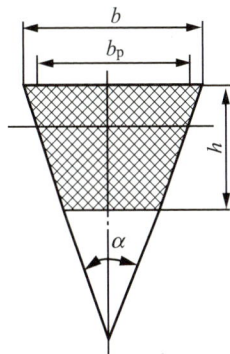

图 5-1-9　汽车 V 带的剖视图

表 5-1-2　V 带的截面尺寸

| V带截面示意图 | | 型号 | 节宽 $b_p$ | 顶宽 $b$ | 高度 $h$ | 楔角 $\alpha$ |
|---|---|---|---|---|---|---|
|  | 普通 V 带 | Y | 5.3 | 6.0 | 4.0 | $\alpha = 40°$ |
| | | Z | 8.5 | 10.0 | 6.0 | |
| | | A | 11.0 | 13.0 | 8.0 | |
| | | B | 14.0 | 17.0 | 11.0 | |
| | | C | 19.0 | 22.0 | 14.0 | |
| | | D | 27.0 | 32.0 | 19.0 | |
| | | E | 32.0 | 38.0 | 25.0 | |
| | 窄 V 带 | SPZ | 8.0 | 10.0 | 8.0 | $\alpha = 40°$ |
| | | SPA | 11.0 | 13.0 | 10.0 | |
| | | SPB | 14.0 | 17.0 | 14.0 | |
| | | SPC | 19.0 | 22.0 | 18.0 | |

### 4. V带的标记

V 带的标记是用户识别和选用带的依据。V 带的标记内容和顺序依次为型号、基准长度公称值、标准号。如"A-1600 GB/T 11544—1997"表示 A 型普通 V 带，该 V 带的基准长度为 1600 mm；"SPA-1400 GB/T 11544—1997"表示 SPA 型窄 V 带，该 V 带的基准长度为 1400 mm。通常带的标记和制造时间以及生产厂名都会压印在带的顶面（外表面）上。

## 思考与练习

**一、填空题**

1. 带传动按工作原理可分为_____、_____。

2. 圆带横截面为_____，只适用于速度_____、载荷_____的传动场合。

3. 普通 V 带按截面尺寸由大到小分为_____等型号。

4. 带传动主要由_____、_____和张紧在两带轮上的_____组成，带与带轮之间的_____或_____来传递运动或动力。

5. 强力层是 V 带工作时的主要_____部分，主要有_____结构和_____结构。

**二、判断题**

1. 带传动都是通过摩擦力传递运动和动力的。（　　）

2. 带传动过载时会打滑，起到安全保护的作用。（　　）

3. 带传动常用于大功率的传动。（　　）

4. 带传动不适用于高温、有易燃易爆物质的场合。（　　）

5. 强力层是 V 带承受拉力的主要部分。（　　）

**三、选择题**

1. 下列不是 V 带传动特点的是_____。

A. 传动平稳且无噪声 　　　　　　　　B. 能保证恒定的传动比

C. 适用于两轴中心距较大的场合 　　　D. 过载时打滑，可防止损坏零件

2. 下列属于啮合型带传动的是_____。

A. 平带传动 　　　　　　　　　　　　B. V 带传动

C. 圆带传动 　　　　　　　　　　　　D. 同步带传动

3. 下列传动带中，传动能力最大的是_____。

A. 平带传动 　　　　　　　　　　　　B. V 带传动

C. 圆带传动 　　　　　　　　　　　　D. 同步带传动

4. 一般来说，带传动的打滑多发生在_____。

A. 大带轮 　　　　　　　　　　　　　B. 小带轮

C. 不确定 　　　　　　　　　　　　　D. 大小带轮同时

5. 相同条件下，V 带和平带相比，承载能力_____。

A. 一样强 　　　　B. 平带强 　　　　C. V 带强 　　　　D. 都不强

**四、简答题**

1. 带传动的主要类型及特点有哪些？

2. 为什么汽车发动机的传动系统中的正时机构会选用啮合型带传动？

3. 汽车 V 带有哪些特点？汽车发动机的传动系统通常选用哪几种传动带？

## Mission 任务 2　链传动的认知

### 任务描述

　　链传动在现代工业中应用较广，自行车、摩托车、汽车等常见交通工具中都有链传动，它和带传动类似，也属于具有中间挠性件的传动方式，同时它又有带传动所不具有的优点。通过学习本任务，使学生更加熟悉链传动的特点。

### 任务目标

1. 知道链传动的组成、工作原理与分类。
2. 懂得各种传动链的结构特点。
3. 知道传动链的失效形式，懂得链传动的润滑形式和张紧方式。
4. 掌握链传动在汽车中的应用形式。

### 相关知识

## 一、链传动的组成及工作原理

链传动由链条、主动链轮和从动链轮组成，如图 5-2-1 所示。链条是由金属制成的环节，以钢销及连接板连接而成的具有挠性的条状物。当链条绕接于链轮上时，与链轮的轮齿相互啮合，从而实现动力的传递。链传动具有齿轮传动的特性，广泛用于起重、搬运、动力传递等工作上及日常生活中，当两轴距离较远且两轴间的转速比需绝对精确时，用链传动最为适当。

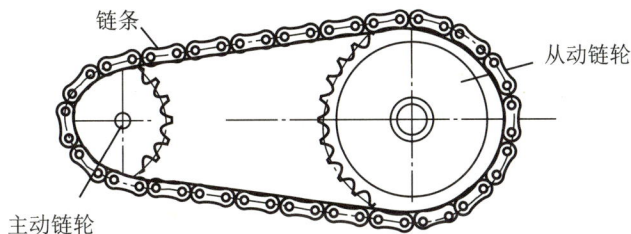

图 5-2-1　链传动的组成

## 二、链传动的特点和应用

链传动是属于具有中间挠性件的啮合传动，它兼具齿轮传动和带传动的一些特点，具体分述如下。

1. 优点

①传动距离远，平均传动比准确。
②结构比较紧凑，有效拉力大，传动效率高。
③不受潮湿及高温等不良环境的影响，使用寿命长。
④作用在轴和轴承上的力较小，可用于两轴中心距较大的场合。传动效率比带传动高。

2. 缺点

①瞬时速度不稳定，从动轮的回转不均匀，不宜用于要求传动精度高的机械上。
②高速运转时易产生振动，发出噪声。
③安装与维护较困难，且制造成本高。

④无过载保护，链条的铰链磨损后，链条节距变大，传动中链条容易脱落。

链传动适用的范围是传递功率 $P \leqslant 100$ kW，中心距 $a$ 为 $5 \sim 6$ m，传动比 $i \leqslant 8$，链速 $V \leqslant 15$ m/s，传动效率为 $0.95 \sim 0.98$。

## 三、链传动的类型与结构

按用途的不同，链传动可分为传动链、起重链和牵引链。传动链主要用于工作速度 $v < 15$ m/s 的一般机械传动中；起重链用于提升重物，其工作速度 $v \leqslant 0.25$ m/s；牵引链用于运输机械中，工作速度 $v \leqslant 4$ m/s。

常用的传动链主要有滚子链（见图 5-2-2）和齿形链（见图 5-2-3）两种。

图 5-2-2　滚子链　　　　　　　　图 5-2-3　齿形链

### 1. 滚子链

（1）滚子链的组成

滚子链由滚子、套筒、销轴、内链板、外链板组成，如图 5-2-4 所示。

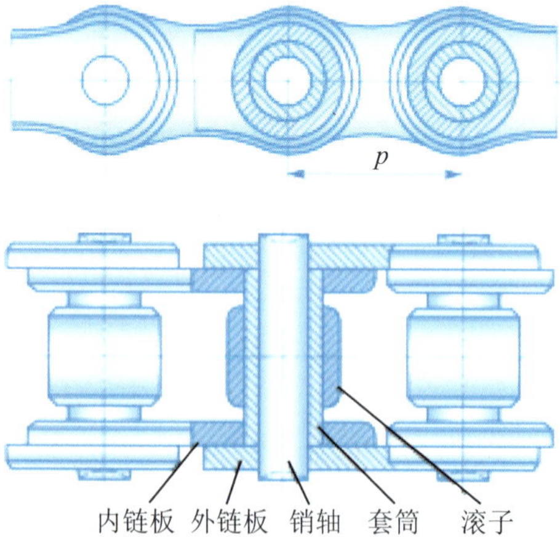

内链板　外链板　销轴　套筒　滚子

图 5-2-4　滚子链的结构

内链板与套筒、外链板与销轴均为过盈配合；套筒与销轴、滚子与套筒均为间隙配合，它们之间可以自由转动，能减轻对齿廓的磨损。内链板紧压在套筒两端，称为内链节。销轴与外链板铆牢，称为外链节。内外链节构成一个铰链。当链条啮入、啮出时，内外链节做相对转动。同时滚子沿链轮链齿滚动，可减少链条与轮齿的磨损。内外链板均做成"∞"字形，目的是为了减轻重量，并保持各横截面的强度大致相等。链条材料为经过热处理的碳素钢或合金钢，以提高链的强度和耐磨性。

（2）滚子链链条的主要参数——节距 $p$

节距 $p$ 为滚子链上相邻的两个滚子的中心距离。节距越大，链条各零件的尺寸就越大，所能传递的功率也越大。

按链条的结构类型可将链条分为单排链和多排链。多排链的承载能力与排数成正比，但由于精度的影响，各排链所承受的载荷不均匀，所以多排链的排数一般不超过四排。

链条长度以链节数表示。实际应用时最好采用偶数链节，这样内外链板正好相接，可直接采用连接链节，接头处用开口销或弹簧卡固定。若链节数为奇数，则还需采用过渡链节，此时若链条受到拉伸作用，过渡链节还需承受附加弯矩，故通常避免采用奇数链节的链条。

（3）滚子链的标记

滚子链是标准件，其标准为 GB/T 1243—2006，分为 A、B 两个系列，常用的是 A 系列。滚子链的标记方法为：

链号 —— 排数 —— 链节数 —— 标准编号

例如，链号为 08A、单排、87 节的滚子链标记为 08A-1-87 GB/T 1243—2006。

### 2. 齿形链

齿形链又称无声链，是由许多齿形链板用铰链连接而成的。与滚子链相比，齿形链的优点是运转平稳、噪声小、承受冲击载荷的能力高，缺点是结构复杂、价格较高、质量大。齿形链多用于高速（链速可达 40 m/s）或运动精度要求较高的场合。

## 四、传动链的失效形式及维修措施

### 1. 链条铰链磨损

链条铰链的销轴与套筒之间承受较大的压力且存在相对滑动，故在承压面上会产生磨损。磨损使链条节距增加，极易产生跳齿或脱链。可采用的维修措施如下。

①提高加工与安装精度。

②提高支承件的刚度。

③更换新链条。

④适当张紧。

### 2. 链板疲劳开裂

链传动的紧边和松边拉力不等，在链条工作时作用在链条上的拉力在不断发生变化，经一定的应力循环后，链板会发生疲劳断裂。可采用的维修措施如下。

①重新选用规格合适的链条。

②更换质量合格的链条。

③控制或减弱负载和动力源的冲击振动。

### 3. 多次冲击断裂

链传动在起动、制动、反转或重复冲击载荷的作用下，链条、销轴、套筒会发生疲劳断裂。可采取措施使链的负荷稳定。

### 4. 链条铰链的胶合

链速过高时销轴和套筒的工作表面由于摩擦而产生瞬时高温，使两者直接接触发生黏结，同时随着销轴与套筒的运动，表面的金属从零件上撕落而引起的一种严重黏着磨损现象，这种现象称为胶合。链传动的极限速度会受到胶合的限制。可采用的维修措施如下。

①消除润滑油内的杂质，改善润滑条件，更换润滑油。

②更换质量合格或稍大规格的链条。

### 5. 链条的静力拉断

在低速($v<0.6$ m/s)重载或突然过载时，载荷超过链条的静强度，链条将被拉断。

## 五、链传动的布置及张紧方式

### 1. 链传动的布置

链传动的两轴应平行，两链轮应位于同一平面内。一般宜采用水平或接近水平的布置，并使链的松边位于下方。在保证两链轮轴线平行前提下，链传动的布局可分为两种，一种是主动轮直径大，从动轮直径小；另一种是主动轮直径小，从动轮直径大。这两种布局形式分别用于不同传动比的场合。

### 2. 链传动的张紧方式

链传动的张紧方法有以下两种。

①增大两轮中心距。

②采用张紧装置。张紧装置中张紧轮的直径稍小于小链轮直径，并置于松边。张紧轮的加装位置有两种，一种是张紧轮置于传动链的外侧，靠近小链轮，如图 5-2-5(a)所示；另一种是张紧轮置于传动链的内侧，靠近大链轮，如图 5-2-5(b)所示。

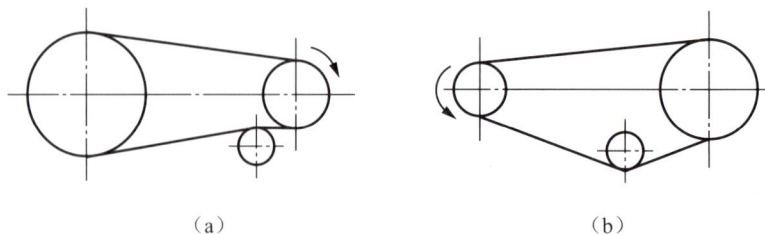

(a)                              (b)

图 5-2-5　链传动的布置及张紧

## 六、链传动的润滑

良好的润滑能减小链传动的摩擦和磨损，能缓解冲击、帮助散热，是链传动正常工作的必要条件。如图 5-2-6 所示，链传动的润滑方式主要有浸泡润滑、飞溅润滑、压力润滑三种。根据传动链的润滑要求及润滑环境的不同，可选择适合的润滑方式。链传动润滑剂常选用 L-AN32、L-AN46、L-AN68 机械润滑油。

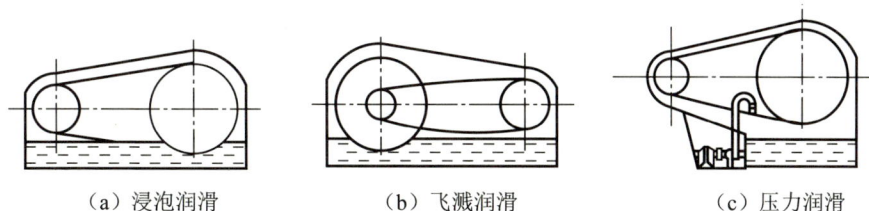

（a）浸泡润滑　　　　　　（b）飞溅润滑　　　　　　（c）压力润滑

图 5-2-6　链传动的润滑方式

## 七、链传动在汽车中的应用

在汽车传动系统中，链传动主要用于发动机的配气机构。对于顶置式气门机构的发动机，曲轴与凸轮轴间的距离一般都比较大，为减少发动机的外形尺寸，通常不采用齿轮作为正时机构，而是采用同步带或链条传动作为正时机构。与同步带相比，链的使用寿命较长，但传动过程中产生的噪声较大。为减小噪声，通常选用小链节的链条。

图 5-2-7　发动机正时链

链传动具有尺寸紧凑、可靠性高、耐磨性高等特征，这些特征是齿轮传动和带传动所不具备的，因此链传动具有广阔的应用前景。近年来，汽车用链的研发正朝小节距、高转速、多品种和高性能指标的方向发展。越来越多的汽车发动机的正时传动系统采用了链传动，如图 5-2-7 所示。通用（GM）、奔驰（Benz）、宝马（BMW）、奥迪（Audi）、大众（VW）等国际汽车公司的轿车产品中发动机的正时传动系统和机油泵传动系统均采用链传动。

### 思考与练习

**一、填空题**

1. 链传动由_____、_____和_____组成。

2. 按用途不同链传动可分为_____、_____和_____三类。

3. 链传动按结构及形式不同可分为_____与_____，其中，_____是应用最广泛的传动链。

4. 多排链的排数一般不超过_____，否则各排链受力将_____。

5. 滚子链的标记为 08A-1-80 GB/T 1243—2006，表示_____。

**二、判断题**

1. 链传动宜用于要求传动精度高的机械上。（　　　）

2. 自行车中所使用的链条属于滚子链。（　　　）

3. 滚子链的排位越多，承载能力越强，但一般不超过四排。（　　　）

4. 当滚子链的链节数为奇数时，接头采用连接链条。（　　　）

5. 为减少汽车运行的噪声，汽车上一般不采用链传动。（　　　）

### 三、选择题

1. 链传动属于_____传动。

A. 具有中间挠性体的摩擦传动

B. 具有中间挠性体的啮合传动

C. 两零件直接接触的啮合传动

D. 两零件直接接触的摩擦传动

2. 下列关于链传动特点的描述中，错误的是_____。

A. 传动距离远，过载打滑

B. 不受湿气及高温等不良环境的影响，使用寿命长

C. 高速运转时易产生振动，发出噪声

D. 链条的铰链磨损后易脱落

3. 链传动与带传动相比，它的主要优点是_____。

A. 工作平稳，且无噪声　　　　　　　B. 制造费用低

C. 平均传动比准确　　　　　　　　　D. 使用寿命长

4. 机车及一般工厂的动力传动链条采用_____。

A. 滚子链　　　　　　　　　　　　　B. 齿形链

C. 平环链　　　　　　　　　　　　　D. 钩接链

5. 滚子链的结构中，属于间隙配合的是_____。

A. 套筒与销轴　　　　　　　　　　　B. 内链板与套筒

C. 外链板与销轴　　　　　　　　　　D. 外链板与套筒

### 四、简答题

1. 链传动应用于哪些场合？有哪些优缺点？

2. 链传动适合在哪些场合进行动力传递和运动？

3. 链传动主要有哪些布局形式？

4. 链传动主要采用的润滑方式有哪几种？

5. 汽车发动机的配气机构选择链传动的特点是什么？

## M任务 3 螺旋传动的认知

### 任务描述

现代汽车上两传动件之间的传动方式有带传动、链传动、齿轮传动及螺旋传动，通过本任务可以使学生知道螺旋传动的类型和分类，同时了解螺旋传动的适用场合。

## 任务目标

1. 知道螺旋传动的分类及组成。
2. 知道螺旋传动的应用场合。

## 相关知识

### 1. 普通螺旋传动

普通螺旋传动是由螺杆和螺母组成的简单螺旋副实现的传动。

传动中螺母固定不动，螺杆回转并做直线运动，如图 5-3-1 所示。螺杆回转，螺母做直线运动，如图 5-3-2 所示。螺杆固定不动，螺母回转并做直线运动，如图 5-3-3 所示。

（a）实物图　　　　　　　　　　　　　　（b）结构图

图 5-3-1　台虎钳传动结构

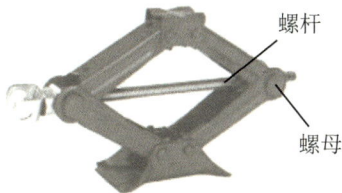

图 5-3-2　汽车用丝杠千斤顶　　　　图 5-3-3　螺纹千斤顶　　　　千斤顶

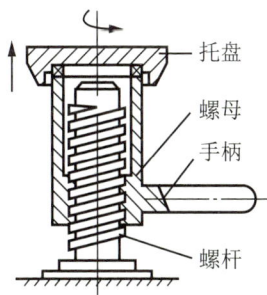

### 2. 滚珠螺旋传动

滚珠螺纹的牙顶为平面，牙底呈半圆形，滚珠螺旋传动主要由滚珠、螺杆、螺母以及滚珠循环装置组成，如图 5-3-4(a)所示。在螺杆与螺母之间放置若干钢珠，可将螺杆与螺母间的滑动接触变为滚动接触，因此传动摩擦系数小、传动效率及精密度高，而且可避免因滑动接触摩擦生热导致的胀、缩间隙。汽车转向器中便很好地应用了滚珠螺旋传动，如图 5-3-4(b)所示。

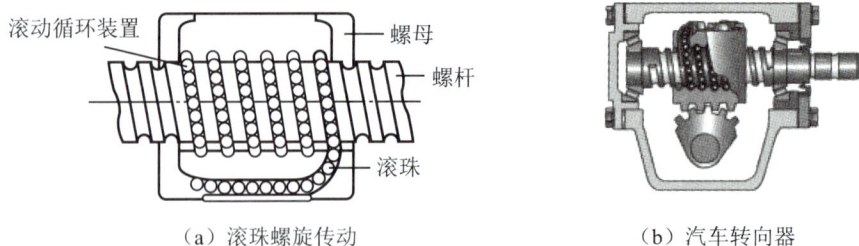

（a）滚珠螺旋传动　　　　　　　　（b）汽车转向器

图 5-3-4　滚珠螺旋传动

**思考与练习**

简答题

1. 螺旋传动的分类有哪些？
2. 螺旋传动的特点是什么？
3. 滚珠螺旋传动在转向器中是如何工作的？

## 任务 4　摩擦轮传动的认知

### 任务描述

通过本任务的学习可以让学生掌握摩擦轮传动的类型和结构，懂得摩擦轮传动的原理。学习摩擦轮传动的相关知识，对于提高学生在维修工作中的分析与判断能力有很大帮助。

### 任务目标

1. 认识摩擦轮传动的类型、结构。
2. 了解摩擦轮传动的原理。

### 相关知识

#### 一、摩擦轮的概述

两机械零件做相对运动时，在接触处会产生一种阻碍运动的力，称为摩擦力。凡是利用摩擦力，将主动轴的回转运动依靠滚动接触直接传给从动轮，使其发生回转的，称为摩擦轮。摩擦轮传动的特点如下。

①结构简单，制造容易且成本低；起动缓和，噪声小，并可在运转中变速、变向。

②负载轻时，可高速回转；过载时，产生打滑而不致损坏机械零件。

③传动过程中有打滑现象，传动比不精确。

④因摩擦力有限，无法传递较大的动力，传动效率较低，轮缘磨损较快。

## 二、摩擦轮传动原理

摩擦轮传动是借助两个相互压紧的滚轮，通过接触面间的摩擦力传递运动和动力。由于传动中存在打滑现象，从而影响了从动轮的旋转精度，降低了传动效率。因此，必须适当增加两轮面接触处的摩擦力，而摩擦力的大小取决于接触面间的正压力和摩擦系数。

如图 5-4-1 所示为一组摩擦轮，设 $A$ 为主动轮，$B$ 为从动轮，若两轮接触处仅为彼此相切，而无正压力，则两轮间不会产生摩擦力；若沿两轮的中心连线加以适当的压力，则接触处即产生一定的摩擦力 $F$，主动轮 $A$ 的回转运动才能传给从动轮 $B$。可以通过在摩擦轮上装置弹簧或其他加压装置的方式来增大正压力，但是采用这些方法会增加作用在轴与轴承上的载荷，导致传动件尺寸的增大、机构笨重。

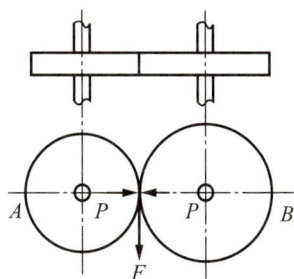

**图 5-4-1　摩擦轮传动原理**

摩擦系数与两机械零件间的接触材料、接触面的状况有关。为了增大摩擦系数，通常采用软材料（如皮革、橡胶、木材等）制成主动轮的周缘，而从动轮则多使用硬质材料（如铸铁、铝合金等金属材料）制成。这样除了可增加摩擦系数，还可避免传动中打滑，致使从动轮的轮面局部磨损。

## 三、摩擦轮传动的类型及应用场合

摩擦轮传动包括圆柱形摩擦轮传动、圆锥形摩擦轮传动、滚子平盘式摩擦轮传动等。

### 1. 圆柱形摩擦轮传动

当两轴的中心线在同一平面内且互相平行时，可使用圆柱形摩擦轮传动。根据接触位置的不同，可分为外接（见图 5-4-2）与内接（见图 5-4-3）两种。

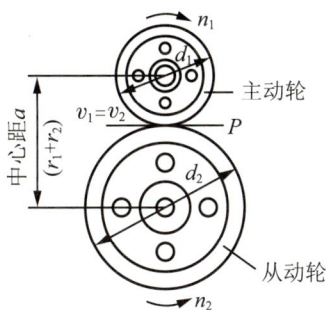

**图 5-4-2　外接圆柱形摩擦轮**

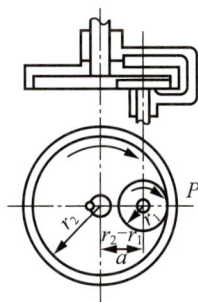

**图 5-4-3　内接圆柱形摩擦轮**

摩擦轮传动的传动比计算公式为：

$$i = \frac{n_1}{n_2}$$

式中　$n_1$——主动轮转速，r/min；
　　　$n_2$——从动轮转速，r/min。

## 2. 圆锥形摩擦轮传动

当两轴的中心线在同一平面内，但两轴不平行而互成一角度时，可使用圆锥形摩擦轮传动。根据接触位置的不同，可分为外接与内接两种，如图 5-4-4 所示。

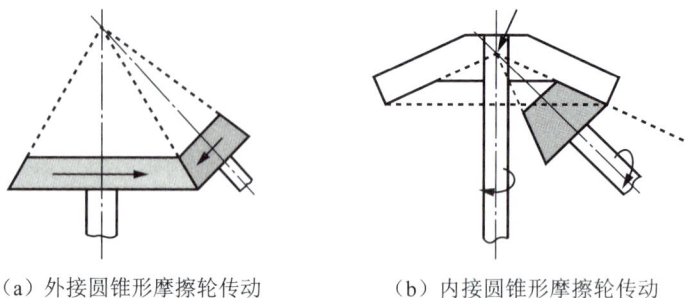

（a）外接圆锥形摩擦轮传动　　　　（b）内接圆锥形摩擦轮传动

**图 5-4-4　圆锥形摩擦轮传动**

## 3. 滚子平盘式摩擦轮传动

如图 5-4-5 所示为滚子平盘式机械无级变速机构的示意图。当动力源带动轴 I 上的滚子以恒定的转速 $n_1$ 回转时，因滚子紧压在平盘上，靠摩擦力的作用，使平盘转动并带动从动轴 II 以转速 $n_2$ 回转，假定滚子与平盘接触线 AB 的中点 C 处无相对滑移，为纯滚动，则滚子与平盘在点 C 处的线速度相等。

如图 5-4-6 所示为在汽车修理车间经常看到的摩擦压力机。摩擦压力机利用摩擦轮进行摩擦传动而工作，两个主动摩擦轮在主轴上旋转，与从动轮分别接触并产生摩擦力，通过摩擦力传递运动，使从动轮旋转，从而带动螺杆下降、上升，完成冲压工作。

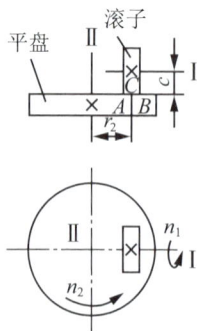

**图 5-4-5　滚子平盘式机械无级变速机构示意图**

**图 5-4-6　摩擦压力机**

## 思考与练习

### 一、填空题

1. 摩擦轮传动是利用_____将主动轮的运动和动力传递给从动轮的。

2. 摩擦轮传动的功率与摩擦力大小成_____，而摩擦力的大小取决于_____和接触间的_____。

3. 外接圆柱形摩擦轮传动，两轮轴线_____，两轮转向_____，中心距为两轮半径_____；内接圆柱形摩擦轮传动，两轮轴线_____，两轮转向_____，中心距为两轮半径_____。

4. 摩擦轮传动的传动比就是_____与_____的比值，也等于它们接触直径的_____。

5. 当两轮摩擦的中心线_____，但_____时，可使用圆锥形摩擦轮传动。按接触位置的不同又可分为_____与_____两种。

**二、判断题**

1. 摩擦轮传动具有结构简单，维修容易，传动比精确，成本低等特点。（　　）

2. 摩擦轮传动是利用摩擦力将主动轮的运动和动力传递给从动轮的。（　　）

3. 欲增加摩擦轮传动的功率，可通过增大摩擦系数，增加正压力等途径实现。（　　）

4. 通常从动轮的周缘大都采用软材料制成。（　　）

5. 为防止过载打滑时在从动轮的轮面上产生局部磨损，从动轮多使用硬质材料制成。

（　　）

**三、选择题**

1. 下列关于摩擦轮传动的特点描述中，错误的是_____。

A. 传动平稳，噪声小　　　　　　　　B. 结构简单，维修容易

C. 传动比不精确　　　　　　　　　　D. 能传递较大的动力

2. 增加摩擦轮传递的动力，下列方法错误的是_____。

A. 主动轮的周缘采用软材料制成　　　B. 增大两轮间的摩擦系数

C. 增大两轮间的正压力　　　　　　　D. 从动轮的周缘采用软材料制成

3. 下列关于外接圆柱形摩擦轮传动的特点描述中，错误的是_____。

A. 两轮转向相反，中心距为两轮半径之和

B. 传动比等于它们直径的反比

C. 两轮轴线平行

D. 两轮转向相反，中心距为两轮半径之差

4. 下列关于圆锥形摩擦轮传动的特点描述中，错误的是_____。

A. 按接触位置不同，可分为外接与内接两种

B. 适用于两轴交错传动

C. 外接圆锥形摩擦轮传动，两轮的回转方向箭头同时指向或同时背离接触点

D. 两轮的中心线应在同一平面内

**四、简答题**

1. 简单描述摩擦轮传动的优缺点。

2. 圆柱形摩擦轮的转速与直径有何关系？

**齿轮传动的认知**

### 任务描述

齿轮传动是应用最为广泛和特别重要的一种机械传动形式，它可以用于传递空间任意轴之间的运动和动力。在工程机械以及汽车、机械式钟表中都有齿轮传动，齿轮传动是机器所占比重最大的传动形式，如图 5-5-1 所示为汽车变速箱齿轮传动。

**图 5-5-1　汽车变速箱齿轮传动**

### 任务目标

1. 了解齿轮的用途，熟悉齿轮传动的特点与类型。
2. 理解渐开线齿轮齿廓的形成及其基本性质。
3. 认识渐开线直齿圆柱齿轮及齿轮传动中各部分的名称与正确啮合的条件。
4. 知道直齿圆柱齿轮的几何尺寸与计算公式，并学会计算应用。

### 相关知识

## 一、齿轮传动的特点及类型

**1.** 齿轮传动的特点

齿轮传动是依靠两轮轮齿之间直接接触的啮合传动来传递空间任意两轴之间的运动和动力的，其圆周速度可达 300 m/s，传递功率可达 105 kW，齿轮直径的制作范围很大，最小可为 1 mm，大的可达 150 m。齿轮传动是现代机械中应用最广泛的一种机械传动，其特点如下。

（1）优点

齿轮传动的优点是瞬时传动比恒定不变；机械效率高；使用寿命长，工作可靠性高；结构紧凑，适用的圆周速度及功率的范围较广等。

（2）缺点

齿轮传动的缺点是对制造和安装的精度要求较高，使用成本较高；不适用于远距离的两轴间传动；低精度齿轮在传动时会产生噪声和振动。

**2.** 齿轮传动的类型

齿轮的种类很多，齿轮传动可按不同方法进行分类。按照齿轮齿廓曲线的不同可将齿轮分为渐开线齿轮、圆弧齿轮、摆线齿轮等。根据一对齿轮两轴线的相对位置和齿轮齿向的不同，齿轮传动可分为不同的类型，见表 5-5-1。

表 5-5-1　齿轮传动的分类

| 平行轴齿轮传动 | 直齿圆柱齿轮传动 | | 齿轮齿条传动 | 人字齿轮传动 |
|---|---|---|---|---|
| |  外啮合 | 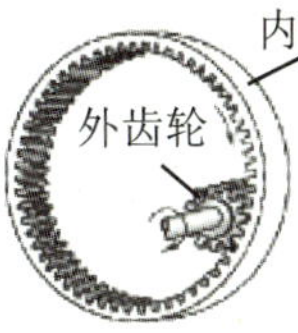 内啮合<br>内齿轮<br>外齿轮 |  |  |
| | 轮齿齿线与轴线平行 | | | |
| 相交轴齿轮传动 | 直齿圆锥齿轮传动 | 斜齿圆锥齿轮传动 | 曲齿圆锥齿轮传动 | |
| | 两轴相交，分度曲面为圆锥面的锥齿轮 | | | |
| 交错轴齿轮传动 | 蜗杆传动 | 交错轴斜齿轮传动 | 准双曲面齿轮 | |
| | 两轴线既不相交也不平行 | | | |

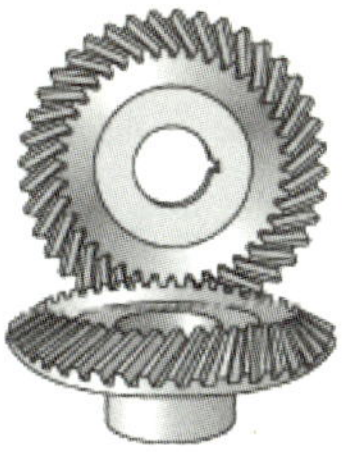

## 二、渐开线齿轮传动的基本常识

### 1. 渐开线的形成及基本性质

如图 5-5-2 所示,当直线 $NK$ 沿着一个固定的圆做纯滚动时,此直线上任一点 $K$ 的轨迹称为该圆的渐开线,这个圆称为渐开线的基圆,直线 $NK$ 称为渐开线的发生线。

由渐开线形成的过程可知,渐开线具有以下特性。

①发生线沿基圆滚过的长度等于基圆上被滚过的相应弧长,即 $\overline{NK}=\overset{\frown}{AN}$ 。

②发生线 $NK$ 是渐开线在任意点 $K$ 的法线,即渐开线上任意点的法线必与基圆相切。

③如图 5-5-2 所示的 $\alpha_k$ 是渐开线上 $K$ 点的法线与该点的速度方向线所夹的锐角,称为该点的压力角。渐开线上各点处的压力角不等,随半径的不同而变化,$K$ 点离圆心 $O$ 越远,压力角越大,反之则越小。基圆上的压力角等于零。

图 5-5-2　渐开线的形成

④渐开线的形状取决于基圆的大小。基圆半径越小,渐开线越弯曲;基圆半径越大,渐开线越趋于平直;基圆的半径为无穷大时,渐开线趋于平直。

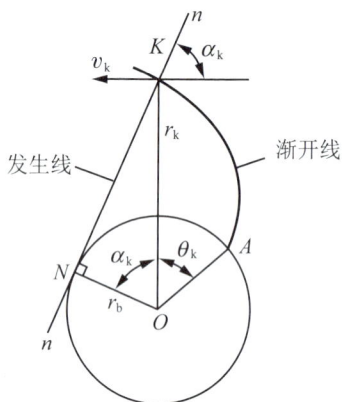

### 2. 渐开线直齿圆柱齿轮各部分的名称及参数

(1)直齿圆柱齿轮的各部分名称。

直齿圆柱齿轮的各部分名称,如图 5-5-3 所示。

图 5-5-3　直齿圆柱齿轮各部分的名称及代号

①“四圆”。

直齿圆柱齿轮的“四圆”是指齿顶圆、齿根圆、分度圆和基圆。

齿顶圆：由齿轮各轮齿顶部所围成的圆，用 $r_a$ 表示半径。

齿根圆：由齿轮各轮齿根部所围成的圆，用 $r_f$ 表示半径。

分度圆：具有标准模数、标准齿形角，且其上齿厚等于齿槽宽的圆，用 $r$ 表示半径。

基圆：在渐开线齿轮形成过程中，发生线在其上做纯滚动的圆，用 $r_b$ 表示半径。

②"四弧"。

直齿圆柱齿轮的"四弧"是指齿距、齿厚、齿槽宽和基圆齿距。

齿距：相邻两轮齿在分度圆上所对应的弧长，用 $p$ 表示。

齿厚：齿轮轮齿两侧在分度圆上所对应的弧长，用 $s$ 表示。

齿槽宽：相邻轮齿近侧齿廓在分度圆上所对应的弧长，用 $e$ 表示。

基圆齿距：相邻两轮齿在基圆上所对应的弧长，用 $p_b$ 表示。

③"三高"。

直齿圆柱齿轮的"三高"是指齿高、齿顶高和齿根高。

齿高：齿顶圆至齿根圆的径向距离，用 $h$ 表示。

齿顶高：分度圆至齿顶圆的径向距离，用 $h_a$ 表示。

齿根高：分度圆至齿根圆的径向距离，用 $h_f$ 表示。

④齿宽。

齿宽是指齿轮有齿部分沿分度圆柱面的直母线方向量度的宽度，用 $b$ 表示。

（2）直齿圆柱齿轮的主要参数

①齿数 $z$。

在齿轮整个圆周上轮齿的总数称为齿轮的齿数，用 $z$ 表示。

②模数 $m$。

齿距 $p$ 除以圆周率所得的商称为模数，即 $m = p/\pi$，单位为 mm。模数能反映齿轮尺寸大小和轮齿承载能力，是计算齿轮尺寸的基本参数。齿数相等的齿轮，模数越大，齿轮的齿形越大，如图 5-5-4 所示；反之，模数越小，齿轮的齿形越小。当模数一定时，齿数越多，齿轮的几何尺寸越大。为了便于齿轮的设计与制造，我国已经规定了标准模数系列，具体见表 5-5-2。

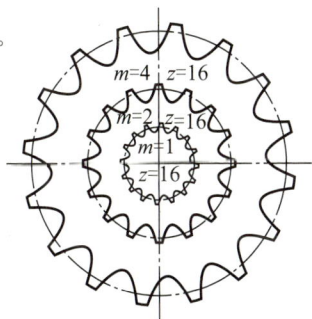

图 5-5-4　不同模数的轮齿

表 5-5-2　渐开线圆柱齿轮标准模数系列表（摘自 GB/T 1357—2008）　　　　单位：mm

| 第一系列 | 1 | 1.25 | 1.5 | 2 | 2.5 | 3 | 4 | 5 | 6 |
| | 8 | 10 | 12 | 16 | 20 | 25 | 32 | 40 | 50 |
| 第二系列 | 1.125 | 1.375 | 1.75 | 2.25 | 2.75 | 3.5 | 4.5 | 5.5 | (6.5) |
| | 7 | 9 | 11 | 14 | 18 | 22 | 28 | 35 | 45 |

注：本表中数据适用于直齿和斜齿渐开线圆柱齿轮的法向模数；

　　优先选用第一系列法向模数，应避免采用第二系列中的法向模数 6.5。

③齿形角 $\alpha$。

齿轮齿廓上某点径向直线与齿廓在该点的切线所夹的锐角称为该点的齿形角，用 $\alpha$

表示。齿廓上不同点的齿形角是不相等的。越远离基圆，齿形角越大；越靠近基圆，齿形角越小。通常所说的齿形角即为分度圆上的齿形角，且我国规定为 $20°$，其公式为：

$$\cos \alpha = \frac{r_\mathrm{b}}{r}$$

式中　$r_\mathrm{b}$——基圆半径，mm；

　　　$r$——分度圆半径，mm。

分度圆上齿形角的大小，会对齿轮的几何形状产生影响。在分度圆半径不变的条件下，齿形角大于 $20°$ 时，$r_\mathrm{b}$ 减小，齿顶变尖，齿根变厚，承载能力增强，但传动较费力；齿形角小于 $20°$ 时，$r_\mathrm{b}$ 增大，齿顶变宽，齿根变细，承载能力降低。

齿形角对齿形的影响如图 5-5-5 所示。

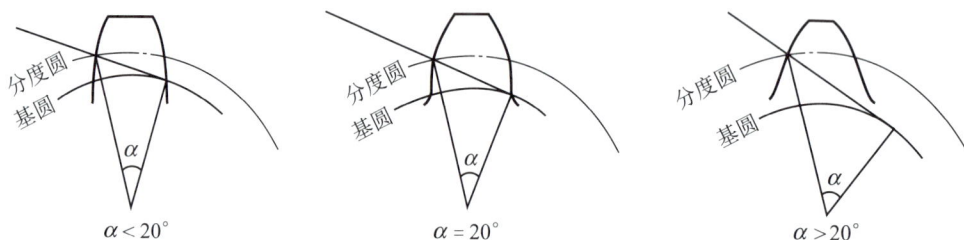

分度圆　　基圆　　$\alpha < 20°$　　分度圆　　基圆　　$\alpha = 20°$　　分度圆　　基圆　　$\alpha > 20°$

**图 5-5-5　不同齿形角的齿轮齿形**

④齿顶高系数 $h_\mathrm{a}^*$。

齿顶高系数为齿轮齿顶高与模数的比值，用 $h_\mathrm{a}^*$ 表示，即 $h_\mathrm{a}^* = h_\mathrm{a}/m$，国标规定标准齿 $h_\mathrm{a}^* = 1$。

⑤顶隙系数 $c^*$。

齿轮顶隙与模数的比值称为顶隙系数，用 $c^*$ 表示，即 $c^* = c/m$，国标规定标准齿 $c^* = 0.25$。

**3. 渐开线齿轮啮合的特点**

①渐开线齿轮能够保持恒定的传动比。

②渐开线齿轮具有中心距可分性，即齿轮因磨损导致中心距改变，却仍然能够保持齿轮的传动比不变。

③齿廓间正压力方向不变。渐开线两齿轮在传动中，啮合点的轨迹为一条直线，如图 5-5-6 所示 $N_1N_2$，因此有利于齿轮传动的平稳性。

④制造工艺性好。

**4. 渐开线齿轮正确啮合的条件**

①主动齿轮与从动齿轮的模数相等，即 $m_1 = m_2 = m$。

②主动齿轮与从动齿轮的齿形角相等，即 $\alpha_1 = \alpha_2 = \alpha$。

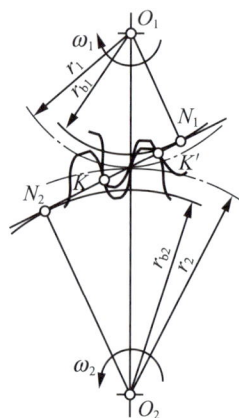

**图 5-5-6　渐开线齿轮的啮合**

## 三、渐开线直齿圆柱齿轮各部分尺寸的计算公式

渐开线直齿圆柱齿轮各部分尺寸的计算公式见表 5-5-3。

表 5-5-3　渐开线直齿圆柱齿轮各部分尺寸的计算公式

| 名　称 | 符　号 | 计算公式 | 备　注 |
|---|---|---|---|
| 模　数 | $m$ | 选用标准值 | 齿轮三要素 |
| 齿形角 | $\alpha$ | 选用标准值，$\alpha = 20°$ | |
| 齿　数 | $z$ | 由传动比计算求得 | |
| 顶　隙 | $c$ | $c = c^* m = 0.25m$ | 轮齿径向四个参数 |
| 齿顶高 | $h_a$ | $h_a = h_a^* m = m$ | |
| 齿根高 | $h_f$ | $h_f = (h_a^* + c^*)m = 1.25m$ | |
| 齿高 | $h$ | $h = h_a + h_f = (2h_a^* + c^*)m = 2.25m$ | |
| 齿　距 | $p$ | $p = \pi m$ | 圆周方向四个参数 |
| 齿　厚 | $s$ | $s = p/2 = \pi m/2$ | |
| 槽　宽 | $e$ | $e = s = p/2 = \pi m/2$ | |
| 基圆齿距 | $p_b$ | $p_b = p\cos\alpha = \pi m\cos\alpha$ | |
| 分度圆直径 | $d$ | $d = mz$ | 四个直径 |
| 基圆直径 | $d_b$ | $d_b = d\cos\alpha = mz\cos\alpha$ | |
| 齿顶圆直径 | $d_a$ | $d_a = d + 2h_a = m(z+2)$ | |
| 齿根圆直径 | $d_f$ | $d_f = d - 2h_f = m(z-2.5)$ | |
| 齿　宽 | $b$ | $b = (6\sim12)m$，通常取 $b = 10\,m$ | 一个齿宽 |
| 中心距 | $a$ | $a = (d_1 + d_2)/2 = m(z_1 + z_2)/2$ | 一个中心距 |

## 思考与练习

### 一、填空题

1. 齿轮传动是依靠_____来传递空间任意两轴之间的运动和动力的。

2. 人字齿轮是将左旋与右旋的两个_____合并成一体而制成的。

3. 所谓内啮合齿轮传动就是一个_____齿轮与一个_____齿轮相啮合。

4. 分度圆是指齿轮上具有_____和_____的圆。

5. 模数就是齿轮的_____与_____之比，其单位为_____，模数越_____，齿轮的齿形越大。

### 二、判断题

1. 内啮合齿轮传动中，小齿轮为内齿轮，大齿轮为外齿轮。（　　　）

2. 直齿轮、斜齿轮的齿线均为直线型。（　　　）

3. 传动要平稳就是要求齿轮传动的瞬时传动比恒定。（　　　）

4. 齿厚可用直尺测量出来。（　　）

5. 全齿高就等于齿顶高和齿根高之和。（　　）

### 三、选择题

1. 直齿圆柱齿轮传动属于_____。

A. 平行轴齿轮传动     B. 相交轴齿轮传动

C. 交错轴齿轮传动     D. 开式传动

2. 内啮合齿轮传动就是_____的齿轮传动。

A. 两个外齿轮间      B. 两个内齿轮间

C. 一个外齿轮与一个内齿轮间  D. 一个外齿轮与两个内齿轮间

3. 蜗杆传动属于_____。

A. 平行轴齿轮传动     B. 相交轴齿轮传动

C. 交错轴齿轮传动     D. 开式传动

4. 直齿圆锥齿轮传动属于_____。

A. 平行轴齿轮传动     B. 相交轴齿轮传动

C. 交错轴齿轮传动     D. 开式传动

5. 下列属于交错轴齿轮传动的是_____。

A. 直齿圆柱齿轮传动    B. 直齿圆锥齿轮传动

C. 蜗杆传动       D. 齿轮齿条传动

## 任务 6　Mission 6　蜗杆传动的认知

### 任务描述

  上一任务我们了解了齿轮传动的应用及其特点，齿轮传动应用很广，但在一些结构要求紧凑，传动比要求很大的场合中，齿轮传动就难以满足其要求，使用蜗杆传动就可以很好满足其要求，蜗杆传动具有其他传动机构没有的优点，主要用于升降机、卷扬机及数控设备中。

### 任务目标

1. 了解蜗杆传动的组成。

2. 掌握蜗杆传动的特点。

3. 知道蜗杆传动回转方向的判定方法。

### 相关知识

#### 一、蜗杆传动的组成

  蜗杆传动是由蜗杆、蜗轮组成的啮合传动装置，如图 5-6-1 所示。蜗杆传动用于传递在空间交错的两轴间的运动和动力，通常两轴交错角为 90°。

蜗杆上只有一条螺旋线的称为单头蜗杆，有两条以上螺旋线的称为多头蜗杆，通常蜗杆的头数 $z$ 为 1～4。蜗杆传动的类型很多，如阿基米德蜗杆、渐开线蜗杆等，实际生产中应用最多的为阿基米德蜗杆。

在蜗杆传动中，蜗轮通常为从动件，蜗杆通常为主动件。蜗杆传动几何参数的国家标准见 GB/T 19935—2005。

图 5-6-1　蜗杆传动

## 二、蜗杆传动的参数

### 1. 蜗杆传动的传动比

蜗杆传动的传动比是指主动件蜗杆角速度与从动件蜗轮角速度的比值，也等于主动件蜗杆头数与从动件蜗轮齿数的反比，即

$$i_{12} = \frac{w_1}{w_2} = \frac{n_1}{n_2} = \frac{z_2}{z_1}$$

### 2. 主平面

通过蜗杆轴线且与蜗轮轴线相垂直的平面称为主平面。在主平面内的蜗杆传动相当于标准齿条与标准直齿圆柱齿轮相啮合，如图 5-6-2 所示。

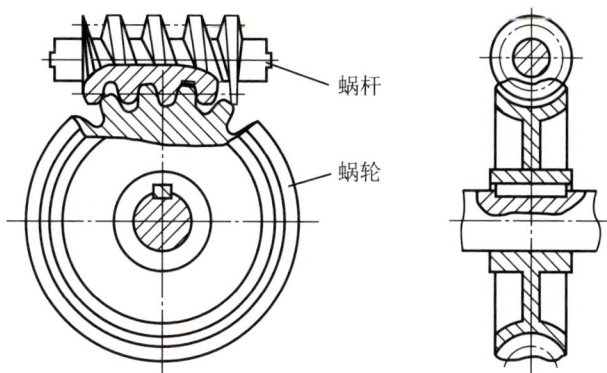

图 5-6-2　蜗杆传动的主平面

### 3. 模数

如图 5-6-2 所示，蜗杆传动的主平面蜗杆的模数是指轴向模数，用 $m_x$ 表示。蜗轮的模数是指端面模数，用 $m_t$ 表示。蜗杆与蜗轮正确啮合时必须满足蜗杆的轴向模数等于蜗轮的端面模数，即 $m_t = m_x = m$。

### 4. 齿形角

蜗杆的齿形角为轴向齿形角，用 $\alpha_x$ 表示。蜗轮的齿形角为端面齿形角，用 $\alpha_t$ 表示。蜗杆与蜗轮正确啮合时必须满足蜗杆的轴向齿形角等于蜗轮的端面齿形角，即 $\alpha_x = \alpha_t = \alpha$。

### 5. 导程角与螺旋角

蜗杆的导程角：蜗杆分度圆柱螺旋线的切线与端平面之间的夹角，用 $\lambda$ 表示。蜗轮的螺旋角：蜗轮分度圆柱轮齿的旋向与轴线间的夹角，用 $\beta$ 表示。蜗杆与蜗轮正确啮合时必须满足蜗杆的导程角等于蜗轮的螺旋角，且旋向相同，即 $\lambda = \beta$。

### 6. 蜗杆的直径系数

蜗杆的直径系数是蜗杆分度圆直径 $d_1$ 与轴向模数 $m$ 的比值，用 $q$ 表示，即 $q = d_1/m$。

蜗杆的直径系数与蜗杆导程角之间的关系为：$q = z_1/\tan\lambda$。

蜗杆头数 $z_1$ 一定时，蜗杆直径系数 $q$ 值越小，导程角 $\lambda$ 越大，效率越高。

### 7. 蜗杆传动的标准中心距

蜗杆传动的标准中心距 $a$ 为：

$$a = \frac{d_1 + d_2}{2} = \frac{m(q + z_2)}{2}$$

式中　$d_1$——蜗杆分度圆直径，mm；

　　　$d_2$——蜗轮分度圆直径，$d_2 = mz_2$，mm。

## 三、蜗杆传动正确啮合的条件

1. 蜗杆的轴向模数等于蜗轮的端面模数，即 $m_x = m_t = m$。
2. 蜗杆的轴向齿形角等于蜗轮的端面齿形角，即 $\alpha_x = \alpha_t = \alpha$。
3. 蜗杆导程角等于蜗轮螺旋角，且旋向相同，即 $\lambda = \beta$。

## 四、蜗杆传动的三向判别

蜗杆传动的三向即蜗杆(蜗轮)旋向、蜗杆转向、蜗轮转向。

### 1. 蜗杆(蜗轮)旋向的判别

蜗杆(蜗轮)的旋向判别与斜齿轮旋向判别方法相同，均采用右手定则。伸出右手，掌心对着自己，四指指向与蜗杆(蜗轮)的轴线方向一致，则大拇指指向与蜗杆(蜗轮)螺旋线一致的为右旋，不一致的为左旋，如图5-6-3所示。

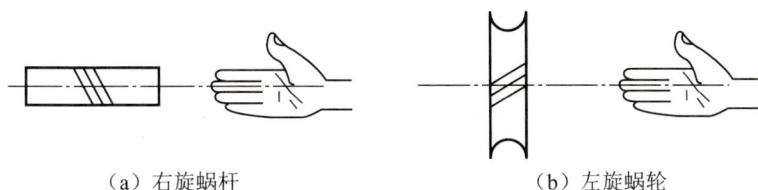

（a）右旋蜗杆　　　　　　　　　　　（b）左旋蜗轮

**图 5-6-3　蜗杆（蜗轮）旋向的判别**

**2. 蜗轮回转方向的判别**

左旋蜗杆用左手，右旋蜗杆用右手，四指弯曲的方向表示蜗杆的回转方向，拇指伸直代表蜗杆轴线，则拇指所指方向的反方向为蜗轮上啮合点的线速度的方向。

**3. 蜗轮蜗杆传动中三向的判断方式**

知道三向中的任意两向，即可判别出第三向。具体判断方法如下。

①已知蜗杆（蜗轮）旋向、蜗杆转向，求蜗轮转向。利用左（右）手定则，伸出左（右）手，弯曲四指指向与蜗杆旋转方向一致，则大拇指指向的反方向即为蜗轮在啮合点处的运动方向。

②已知蜗杆（蜗轮）旋向、蜗轮转向，求蜗杆转向。利用假设法加左（右）手定则，假设蜗杆为顺时针旋转，用左（右）手定则判断蜗轮的转向，如果与已知方向一致，说明假设正确，即蜗杆为顺时针旋转；不一致，说明假设错误，则蜗杆为逆时针旋转。

③已知蜗杆转向、蜗轮转向，求蜗杆（蜗轮）旋向。利用假设法加左（右）手定则，假设蜗杆（蜗轮）为左（右）旋，用左（右）手定则判断蜗轮的转向，如果与已知方向一致，说明假设正确，即蜗杆（蜗轮）为左（右）旋；不一致，说明假设错误，则蜗杆（蜗轮）为右（左）旋。

## 五、蜗杆传动的特点

**1. 优点**

传动比大，结构紧凑，体积小，重量轻，其传动比 $i$ 为 10～80，若只传递运动（如分度运动），其传动比可达 1000。

传动平稳，噪声小。蜗杆传动同时进入啮合齿的对数较多且啮合为逐渐进入和逐渐退出，所以工作平稳，产生的噪声小。

具有自锁性能。当蜗杆的导程角很小时，蜗杆只能带动蜗轮传动，而蜗轮不能带动蜗杆转动。

**2. 缺点**

蜗杆传动效率低。因为传动中摩擦磨损较大，所以传动效率较低。

蜗杆传动发热量大，齿面容易磨损，成本高。因此需要有良好的润滑和散热装置。同时为了减少磨损，需要采用减摩性能良好的有色金属材料制造蜗轮，如铜合金等，材料成本高。

蜗杆不能任意互换啮合。仅模数和齿形角相同的蜗杆与蜗轮是不能任意互换啮合的。

### 六、蜗杆传动在汽车中的应用

根据蜗杆传动的特点可知蜗杆传动一般用于传递功率不大的连续运转的场合。汽车的转向器中有蜗杆传动的形式，如图5-6-4(a)所示。汽车气压制动系统中的蹄鼓间隙调整装置，也采用了蜗杆传动。汽车差速器中的托森差速器又称

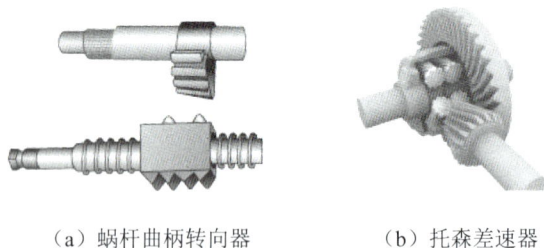

（a）蜗杆曲柄转向器　　（b）托森差速器

图5-6-4　蜗杆传动在汽车中的应用

蜗轮蜗杆式差速器，如图5-6-4(b)所示，利用蜗杆传动的不可逆性原理和齿面高摩擦条件，使差速器根据其内部差动转矩的大小而自动锁死或松开，即在差速器内差动转矩较小时起差速作用，而差动转矩过大时自动将差速器锁死。

### 思考与练习

**简答题**

1. 蜗杆传动有哪些特性？在汽车传动系统中哪些部位应用了蜗杆传动？
2. 蜗杆传动中蜗杆的材料是用青铜制造的吗？为什么？

## M任务7 轮系传动的认知

### 任务描述

汽车变速器、主减速器、差速器等是由多对齿轮传动或蜗杆传动组成的封闭箱体内的传动装置，多对相互啮合齿轮组成的传动装置称为轮系。汽车变速器、差速器、主减速器都采用了轮系传动，轮系有几种类型？它们有何不同？当多组齿轮啮合时，如何计算它们的转速和传动比？

### 任务目标

1. 了解轮系的分类和应用。
2. 知道定轴轮系和周转轮系的组成和特点。
3. 认识定轴轮系和周转轮系传动比的计算方法。

## 一、轮系的种类

由一系列齿轮相互啮合组成的传动系统称为轮系。按轮系传动时各齿轮的几何轴线位置是否相对固定，轮系可分为定轴轮系、周转轮系和混合轮系三大类。

### 1. 定轴轮系

轮系传动时，各齿轮的几何轴线位置均是相对固定的，这种轮系称为定轴轮系，如图 5-7-1 所示。

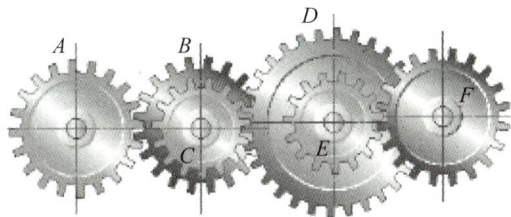

图 5-7-1    定轴轮系

### 2. 周转轮系

传动时，轮系中至少有一个齿轮的几何轴线的位置相对于机架不固定，且绕着其他齿轮的固定几何轴线回转的轮系称为周转轮系。如图 5-7-2 所示，齿轮 1、3 和构件 $H$ 绕各自的几何轴线 $O_1$ 和 $O_H$ 回转，齿轮 2 一方面绕自身轴线 $O_2$ 回转，另一方面轴线 $O_2$ 又绕固定轴线 $O_H$ 回转。

如图 5-7-2 所示，在周转轮系中，绕着固定的轴线回转的齿轮称为中心轮，又称太阳轮（如图 5-7-2 中的齿轮 1）；既自转又公转的齿轮，称为行星轮；支持行星轮的构件称为行星架（图 5-7-2 中的构件 $H$）。

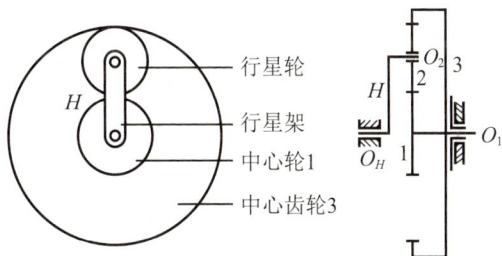

图 5-7-2    周转轮系

周转轮系分行星轮系与差动轮系两种。有一个中心轮的转速为零（即固定）的周转轮系称为行星轮系，如图 5-7-2 所示。中心轮的转速都不为零的周转轮系称为差动轮系。本项目只介绍行星轮系。

### 3. 混合轮系

在轮系中，既有定轴轮系，又有周转轮系，被称为混合轮系，如图 5-7-3 所示为汽车主减速器总成，其中主减速器部分为定轴轮系，差速器部分为周转轮系，即图中 2、3、4、6、9 构成周转轮系，7、8 构成定轴轮系，1 为支撑轴承。

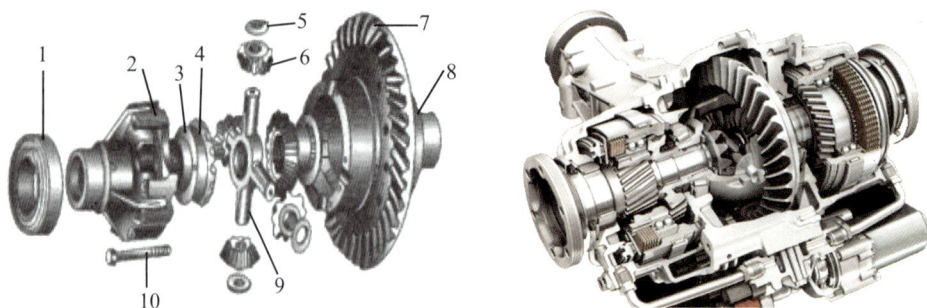

图 5-7-3　汽车主减速器中的混合轮系

## 二、轮系的应用及特点

### 1. 用于换向机构

换向机构是用来改变从动轮转向的机构。如图 5-7-4（a）所示，动力由主动轮 $A$ 经惰轮 $C$ 传至从动轮 $D$，此时主动轮与从动轮的转向相同。如图 5-7-4（b）所示，动力由主动轮 $A$ 经惰轮 $B$、$C$ 传至从动轮 $D$，此时首末两轮的转向相反。

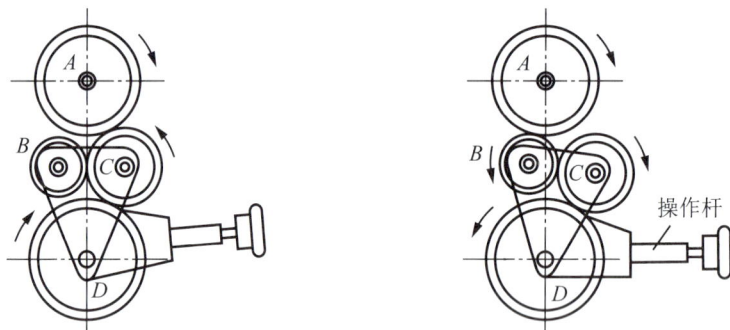

（a）首末两轮的转向相同　　　　　　　（b）首末两轮的转向相反

图 5-7-4　换向机构

### 2. 用于变速机构

变速机构是用来改变从动轮转速的机构。如图 5-7-5 所示为汽车变速器的齿轮变速机构，它能通过改变齿轮的啮合位置和啮合数量，达到改变输出轴转速的目的。

### 3. 用作较远距离的传动

当两轴中心距较大时，若仅用一对齿

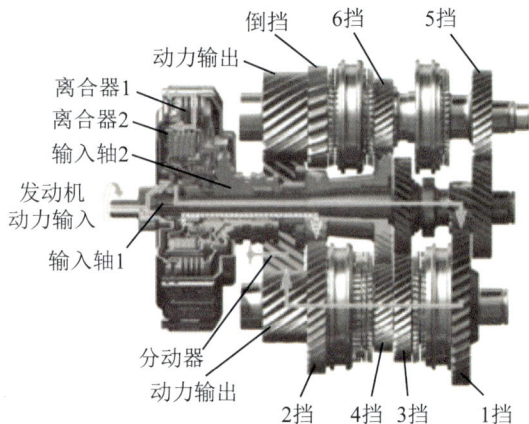

图 5-7-5　变速器的变速机构

轮传动，则会使两齿轮的尺寸过大，这样不仅浪费材料，而且传动机构庞大。若采用轮系传动，则可使其结构紧凑，并能进行远距离传动。

**4. 用以获得很大的传动比**

用一对相互啮合的齿轮传动，受齿轮结构的限制，传动比不能过大，而采用轮系传动，就可以获得很大的传动比。例如，要实现传动比为 100 的传动，因传动比为两轮齿数的比值，若仅用一对齿轮，则两轮的直径会相差很大，而采用三级或三级以上的轮系，则大轮直径可大为减小。

**5. 可实现运动的合成与分解（实现差速作用）**

采用行星轮系可以将两个独立的回转运动合成为一个回转运动，也可将一个回转运动分解为两个独立的回转运动。例如，汽车的后桥差速器能将主减速器的动力分解，从而传递到左右两边的传动半轴上驱动车轮转动，如图 5-7-6 所示。

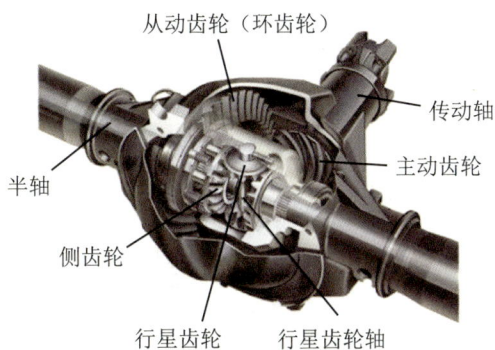

图 5-7-6　汽车差速器

## 三、定轴轮系的传动比

定轴轮系的传动比是指轮系中首末两轮的转速（或角速度）之比。定轴轮系传动比的计算除算出轮系传动比的数值外，一般还要确定首末轮的转向关系。

**1. 定轴轮系传动比的计算**

无论是圆柱齿轮、圆锥齿轮，还是蜗杆传动，传动比均可用下式表示：

$$i_{12} = \frac{n_1}{n_2} = \frac{w_1}{w_2} = \pm \frac{z_2}{z_1}$$

式中　$w_1$、$w_2$——主动轮、从动轮角速度，rad/s；

$n_1$、$n_2$——主动轮、从动轮转速，r/min；

$z_1$、$z_2$——主动轮、从动轮齿数。

**2. 定轴轮系齿轮传动中齿轮旋转方向的表示**

各种类型齿轮传动，主动轮、从动轮的转向关系可用箭头标注法或"±"法确定。各种传动中的标注方法见表 5-7-1。

表 5-7-1　各种传动中齿轮旋转方向的标注方法

| 名　　称 | 图　　例 | 方向判定 |
|---|---|---|
| 圆锥齿轮传动 | | 不能用"±"表示，齿轮的转向只能标注在图上，两箭头为"头碰头，尾碰尾" |
| 蜗杆传动 | | 不能用"±"表示，转向只能标注在图上，具体方向判定见蜗杆蜗轮旋向判定 |
| 圆柱齿轮传动 | | 两轴转向相反，传动比前加— |
| | | 两轴转向相同，传动比前加＋ |

**3.** 平行定轴轮系传动比的计算

如图 5-7-7 所示为各轴线平行的定轴轮系，输入轴与主动轮 1 固定连接，输出轴与从动末轮 5 固定连接，其中轮 1、2′、3′、4 为主动轮，2、3、4、5 为从动轮，故该轮系传动比 $i$ 为：

$$i_{12}=\frac{n_1}{n_2}=-\frac{z_2}{z_1}，\quad i_{2'3}=\frac{n_{2'}}{n_3}=-\frac{z_3}{z_{2'}}，\quad i_{3'4}=\frac{n_{3'}}{n_4}=-\frac{z_4}{z_{3'}}，\quad i_{45}=\frac{n_4}{n_5}=-\frac{z_5}{z_4}$$

轮系的传动比 $i$ 等于各级齿轮传动比的连乘积，即

$$i_{15}=i_{12}\times i_{2'3}\times i_{3'4}\times i_{45}=\frac{n_1}{n_2}\times\frac{n_{2'}}{n_3}\times\frac{n_{3'}}{n_4}\times\frac{n_4}{n_5}$$

$$=(-1)^4\frac{z_2}{z_1}\times\frac{z_3}{z_{2'}}\times\frac{z_4}{z_{3'}}\times\frac{z_5}{z_4}$$

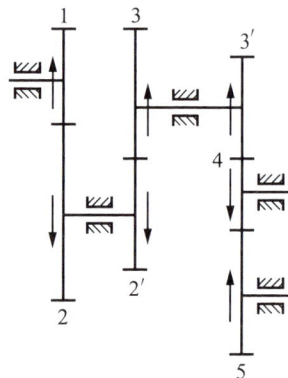

图 5-7-7　定轴轮系

综上所述，定轴轮系传动比公式为：

$$i_{1k}=(-1)^m\frac{\text{从轮 1 到轮 }k\text{ 之间所有从动轮齿数的连乘积}}{\text{从轮 1 到轮 }k\text{ 之间所有主动轮齿数的连乘积}}$$

式中　$m$——轮系中从轮 1 到轮 $k$ 之间外啮合齿轮的对数。

**例 1**　如图 5-7-7 所示的轮系中，已知 $z_1=20$，$z_2=40$，$z_{2'}=30$，$z_3=60$，$z_{3'}=25$，$z_4=30$，$z_5=50$。齿轮 1 的转速 $n_1=1440$ r/min，试求齿轮 5 的转速 $n_5$。

解：由已知条件可得

$$i_{15}=\frac{n_1}{n_5}=\frac{z_2}{z_1}\times\frac{z_3}{z_{2'}}\times\frac{z_4}{z_{3'}}\times\frac{z_5}{z_4}=\frac{40\times60\times30\times50}{20\times30\times25\times30}=8$$

则

$$n_5=\frac{n_1}{i_{15}}=\frac{1440}{8}\text{ r/min}=180\text{ r/min}$$

**例 2**　如图 5-7-8 所示的轮系中，已知 $z_1=16$，$z_2=32$，$z_{2'}=20$，$z_3=40$，$z_{3'}=20$，$z_4=40$，均为标准圆锥齿轮传动。已知轮 1 的转速 $n_1=1000$ r/min，试求轮 4 的转速及转动方向。

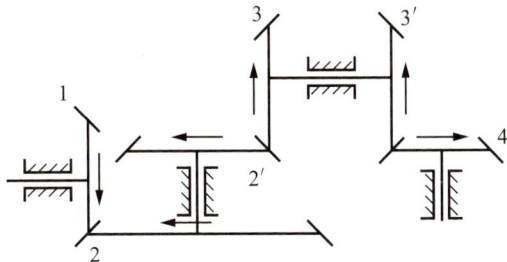

图 5-7-8　圆锥齿轮定轴轮系

解：由已知条件可得

$$i_{14}=\frac{n_1}{n_4}=\frac{z_2}{z_1}\times\frac{z_3}{z_{2'}}\times\frac{z_4}{z_{3'}}=\frac{32\times40\times40}{16\times20\times20}=80$$

则

$$n_4=\frac{n_1}{i_{14}}=\frac{1000}{80}\text{ r/min}=12.5\text{ r/min}$$

轮 4 的转向如图所示，为逆时针转动。

### 4. 末端为齿条传动的轮系计算

轮系中，若末端带有齿条传动，则齿条传动部分把齿轮的转动转换为齿条的移动，从而把转动转化为移动，如图 5-7-9 所示。由齿条传动的相关知识可知，齿条的移动速度就等于与之啮合的小齿轮的线速度，图 5-7-9 中，齿条的移动速度等于齿轮 7 的圆周线速度，小齿轮的线速度可通过其转速计算，即

$$v=\pi m z n$$

式中　$v$——齿条移动速度，mm/min；

$m$——齿条模数，mm；

$z$——与齿条啮合的小齿轮的齿数；

$n$——与齿条啮合的小齿轮的转速，r/min。

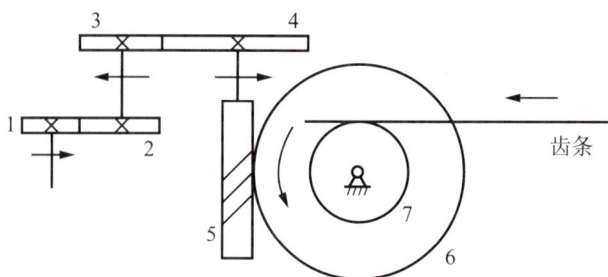

图 5-7-9　末端为齿条传动的轮系

而与齿条啮合的小齿轮的转速 $n$ 又可以通过轮系的传动比进行计算。如果要计算齿条的移动距离，则计算公式可改为：

$$L = \pi m z N$$

式中　$L$——齿条移动距离，mm；

　　　$m$——齿条模数，mm；

　　　$z$——与齿条啮合的小齿轮的齿数；

　　　$N$——与齿条啮合的小齿轮的转动圈数，r。

## 四、行星轮系的传动比

如图 5-7-10(a)所示的行星轮系中，行星轮 2 既绕自身的轴线自转，又绕 $O_1$ 或 $O_H$ 公转，因此不能直接用定轴轮系传动比计算公式求解行星轮系的传动比，通常采用反转法间接求解其传动比。

假定行星齿轮系各齿轮和行星架 $H$ 的转速分别为 $n_1$、$n_2$、$n_3$、$n_H$。先在整个行星齿轮系上加一个与行星架转速大小相等、方向相反的公共转速（$-n_H$），将行星齿轮系转化为一假定轴齿轮系，如图 5-7-10(b)所示，再用定轴齿轮系的传动比计算公式，求解行星齿轮系的传动比。

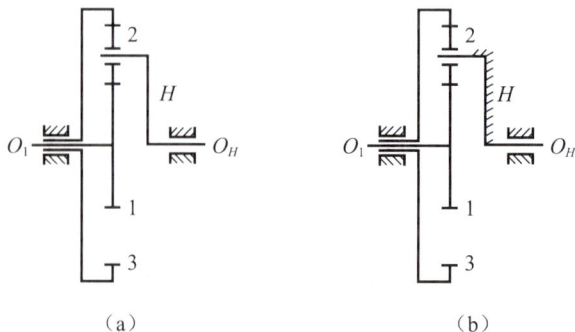

（a）　　　　　　　　　　　　　　（b）

图 5-7-10　行星轮系

由相对运动原理可知，对整个行星齿轮系加上一个公共转速（$-n_H$）以后，该齿轮系中各构件之间的相对运动规律并不改变，但转速发生了变化。

既然该轮系的反转机构是定轴轮系，则在如图 5-7-10(b)所示反转机构中，轮 1 和轮 3 间的传动比可表示为：

$$i_{13}^H = \frac{n_1^H}{n_3^H} = \frac{n_1 - n_H}{n_3 - n_H} = (-1)^1 \frac{z_2 z_3}{z_1 z_2} = -\frac{z_3}{z_1}$$

式中，$i_{13}^H$ 表示反转机构中轮 1 与轮 3 相对于行星架 $H$ 的传动比。$(-1)^1 \frac{z_2 z_3}{z_1 z_2}$ 中"$(-1)$"表示在反转机构中有一对外啮合齿轮传动，传动比为"负"说明轮 1 与轮 3 在反转机构中的转向相反。

一般情况下，若某单级行星齿轮系由多个齿轮构成，则传动比的计算方法可归纳为：

①求传动比大小。

$$i_{1k}^H = \frac{n_1^H}{n_k^H} = \frac{n_1 - n_H}{n_k - n_H} = \frac{\text{从轮 1 到轮 } k \text{ 之间所有从动轮齿数的连乘积}}{\text{从轮 1 到轮 } k \text{ 之间所有主动轮齿数的连乘积}}$$

②确定传动比的符号。

标出反转机构中各个齿轮的转向来确定传动比符号。当轮 1 与轮 $k$ 的转向相同时，取"＋"，反之则取"－"。自动变速器行星轮系主要包括齿轮机构和换挡执行机构两部分，行星齿轮机构的作用是提供几个不同传动比供选择，而换挡执行机构的作用是挡位的变换。

## 五、单排行星齿轮的结构和传动比

单排行星齿轮包括一个太阳轮、若干个行星齿轮及安装行星齿轮的行星架和一个齿轮在内侧的内齿圈。由于单排行星齿轮具有两个自由度，如果没有固定元件就没有固定的传动比。为了具有固定的传动比，可将太阳轮、行星架和内齿圈中的某一个加以固定，或使其中的一个元件获得固定的转速，或使两个独立元件连接起来，使行星齿轮机构的自由度只有一个，从而获得固定的传动比。单排行星齿轮系运行情况和传动比的计算方法见表 5-7-2。

表 5-7-2　单排行星齿轮系统运动情况和传动比的计算

| 固定件 | 主动件 | 从动件 | 说明 | 传动比 | 传动效果 | 从动件转动方向 |
|---|---|---|---|---|---|---|
| 太阳轮 | 行星架 | 齿圈 | 行星架顺时针转动时，会驱动行星架上固定的行星齿轮向前滚动并带动内齿圈顺时针转动，将动力输出 | $i_{H3} = \dfrac{n_H}{n_3} = \dfrac{z_3}{z_1 + z_3}$ （传动比小于1） | 加速 | 与主动件相同 |
| | 齿圈 | 行星架 | 齿圈顺时针转动时，会使行星轮在固定的太阳轮上滚动，并带动行星架顺时针转动 | $i_{3H} = \dfrac{n_3}{n_H} = \dfrac{z_3 + z_1}{z_3}$ | 减速 | |

| 固定件 | 主动件 | 从动件 | 说　明 | 传动比 | 传动效果 | 从动件转动方向 |
|---|---|---|---|---|---|---|
| 齿圈 | 行星架 | 太阳轮 | 行星架驱动行星齿轮在固定的齿圈内滚动，并带动太阳花超速转动 | $i_{H1}=\dfrac{n_H}{n_1}=\dfrac{z_1}{z_1+z_3}$（传动比小于1） | 加速 | 与主动件相同 |
|  | 太阳轮 | 行星架 | 太阳轮顺时针方向转动时，会驱动行星齿轮逆时针转动，由于内齿圈固定，行星齿轮在转动的同时会在齿圈内壁顺时针爬行，并带动行星架顺时针转动，将动力输出。因为齿圈固定，$n_3$ 为0 | $i_{1H}=\dfrac{n_1}{n_H}=\dfrac{z_1+z_3}{z_1}$（传动比大于1） | 减速 |  |
| 行星架 | 太阳轮 | 齿圈 | 由于固定了行星架，行星齿轮的轴线被固定，行星齿轮只有自转没有公转，相当于定轴齿轮系，太阳轮顺时针转动会使行星齿轮驱动齿圈反转，实现输入轴与输出轴的方向转动，自动变速器的倒挡一般都是通过这种方式来实现的 | $i_{13}=\dfrac{n_1}{n_3}=-\dfrac{z_3}{z_1}$ | 减速 | 与主动件相同 |

行星齿轮变速器的种类很多，但都是由单排行星齿轮演变而来的，如图 5-7-11 所示。

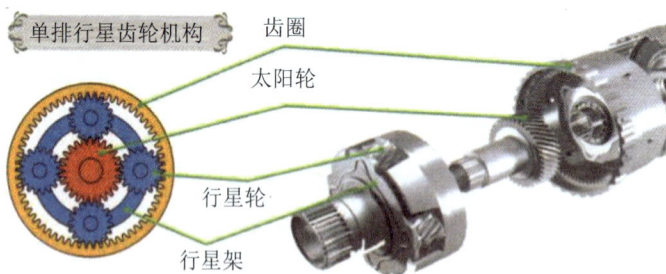

**图 5-7-11　行星齿轮变速器**

**例3**　如图 5-7-12 所示的轮系中，已知 $z_1=100$，$z_2=101$，$z_{2'}=100$，$z_3=99$，且各齿轮均为标准齿轮传动。试求 $i_{H1}$。

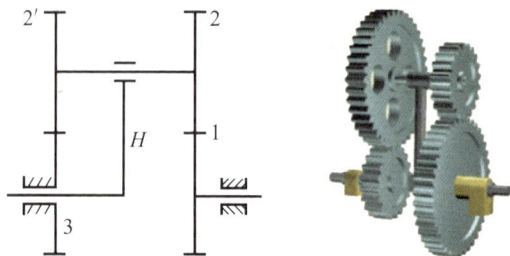

**图 5-7-12　行星轮系**

解：$i_{13}^H=\dfrac{n_1-n_H}{0-n_H}=1-i_{1H}=\dfrac{z_2 z_3}{z_1 z_2}$,

$$=\dfrac{101\times 99}{100\times 100}=\dfrac{9999}{10000}$$

所以 $\qquad i_{1H}=1-i_{13}^H=1-\dfrac{9999}{10000}=\dfrac{1}{10000}$

所以 $\qquad i_{H1}=\dfrac{1}{i_{1H}}=10000$

结论：系杆转 10000 圈，轮 1 同向转 1 圈。

## 思考与练习

### 一、填空题

1. 由_____相互啮合组成的传动系统称为轮系。

2. 轮系传动时，各齿轮的_____位置均是相对固定的，这种轮系称为定轴轮系。

3. 混合轮系指既有_____又有_____的轮系。

4. 换向机构是用来改变_____的机构，变速机构是用来改变_____的机构。

5. 汽车变速箱中的齿轮传动属于_____，汽车差速器中的齿轮传动属于_____。

6. 定轴轮系的传动比是指轮系中_____之比。

7. 轮系的传动比等于_____的连乘积，也等于轮系中所有_____齿数的连乘积与所有_____齿数的连乘积之比。

8. 在轮系中，既为前一级齿轮副中的从动轮，又为后一级齿轮副中的主动轮，这样的齿轮称为_____。惰轮齿数的多少对轮系的_____没有影响，但却可以改变轮系中从动轮的_____。

9. 定轴轮系齿轮传动中判断齿轮旋转方向的方法有_____、_____。

10. 行星轮系是由_____、_____和_____三种基本构件组成的。

11. 单排行星齿轮具有两个_____，如果没有_____就没有固定的传动比。

12. 单排行星齿轮系由多个齿轮构成，则传动比的计算方法为_____。

13. 辛普森行星齿轮技术的自动变速器是一种_____机构。

14. 行星齿轮变速器的种类很多，但都是在_____基础上进行演变的。

### 二、判断题

1. 各齿轮的轴均是固定的轮系称为定轴轮系。（　　　）

2. 行星轮系和差动轮系的区别在于中心轮是否固定。（　　　）

3. 周转轮系可实现运动的合成与分解。（　　　）

4. 惰轮在轮系中是无用的。（　　　）

5. 轮系可以达到很大的传动比，可以实现较远距离的传动。（　　　）

6. 外啮合圆柱齿轮传动时，主、从动轮转向相同。（　　　）

7. 定轴轮系可以用画箭头法表示各轮转向。（　　　）

8. 一对外啮合的齿轮传动，两轮的转向相同，传动比取正值。（　　　）

9. 内啮合圆柱齿轮传动时，主、从动轮转向相反。（　　）

10. 齿轮传动时传动比恒定是因为齿轮的齿数不变。（　　）

11. 在行星齿轮系中，中心轮就是太阳轮。（　　）

12. 汽车自动变速器中的齿轮传动属差动轮系。（　　）

13. 汽车自动变速器的行星齿轮机构通常是由单排行星齿轮机构组成的。（　　）

14. 单排行星齿轮机构中由一个行星齿轮、多个行星架组成。（　　）

15. 差动轮系是传动时只有一个运动来源的周转轮系。（　　）

## 三、选择题

1. 定轴轮系与周转轮系的区别在于_____。

A. 齿轮的几何轴线位置是否相对固定　　B. 齿轮的轴是否相对固定

C. 齿轮的转动方向是否改变　　　　　　D. 齿轮的转速是否改变

2. 运动的合成与分解可通过_____实现。

A. 定轴轮系　　　B. 传动轮系　　　C. 周转轮系　　　D. 都不能

3. 将行星轮系转化为定轴轮系后，各构件间的相对运动_____变化。

A. 发生　　　　　B. 不发生　　　　C. 不确定　　　　D. 增大

4. 齿轮系的下列功用中，必须依靠行星轮系实现的是_____。

A. 变速传动　　　　　　　　　　B. 大的传动比

C. 分路传动　　　　　　　　　　D. 运动的合成和分解

5. 下列选项中，不属于轮系特点的是_____。

A. 可获得较大的传动比

B. 不能把两个独立的运动合成为一个运动

C. 可实现多级变速传动，并能变换运转方向

D. 适合于远距离两轴间的运动传递

6. 下列关于惰轮在轮系中作用的描述，正确的是_____。

A. 改变从动轮转向　　　　　　　B. 改变从动轮转速

C. 提高齿轮强度　　　　　　　　D. 改变主动轮转向

7. 在齿轮齿条传动中，齿轮齿条之间的转向关系可用_____表示。

A. 箭头标注法　　　　　　　　　B. "±"法

C. $(-1)^m$　　　　　　　　　　D. 左（右）手定则

8. 定轴齿轮系_____的传动可以冠以正负号。

A. 所有齿轮轴线平行　　　　　　B. 首末两轴轮线不平行

C. 所有齿轮轴线都不平行　　　　D. 其中一组齿轮轴线平行

9. 将周转轮系转化成假想的定轴轮系后，再计算传动比的方法称为_____。

A. 反转　　　B. 连乘积法　　　C. "±"法　　　D. $(-1)^m$法

10. 将行星轮系转化成普通轮系来求行星轮系的传动比，可使行星轮系中各构件之间的相对运动保持不变，将_____视为固定不动。

A. 太阳轮　　　B. 行星轮　　　C. 行星架　　　D. 齿圈

11. 在行星轮系中，如果将太阳轮作为固定件，行星架作为主动件，齿圈作为从动件，其得到的传动效果是_____。

A. 减速　　　　　B. 加速　　　　　C. 不增不减　　　D. 空挡

12. 在行星轮系中，如果将齿圈作为固定件，行星架作为主动件，太阳轮作为从动件，得到的传动比_____。

A. 大于 1　　　　B. 小于 1　　　　C. 等于 0　　　　D. 大于 2

13. 在行星轮系中，如果太阳轮、行星架、齿圈均不固定，任意两个元件互为输入和输出都无法获得动力的传递，此时为_____。

A. 加速挡　　　　B. 减速挡　　　　C. 空挡　　　　　D. 直接挡

### 四、简答题

1. 什么是轮系？轮系有哪些类型？

2. 定轴轮系和周转轮系有什么区别？

3. 简述轮系的作用。

4. 轮系在汽车上有哪些应用？

5. 轮系有哪些类型？在汽车上有何应用？

6. 已知一齿轮传动中主动齿轮的 $n_1 = 960$ r/min，$z_1 = 20$，从动轮 $z_2 = 50$，试计算传动比 $i$ 和从动轮的转速 $n_2$。

## 工匠巡礼

　　李明权从事汽车维修制造行业，20 多年来，经他手调试、维修的汽车成千成万。他也获奖无数："全国劳动模范""全国交通技术能手""广东省技术能手""深圳市高层次人才""鹏城工匠""深圳市技术能手""深圳市第五届技能标兵"。李明权几十年如一日，苦心钻研，面对问题总是迎难而上，也因此迎来了许多惊喜。他发现市场上在售的汽车测电笔存在缺陷，给维修工作带来不便，重新设计改造后，发明了带电压显示的多功能汽车测电笔。他发现加油设备自动变速加油时存在诸多弊端，如需要手摇泵油等，便发明了全电脑控制的油液加注装置。此外，他还发明了导油功能的手套、汽车驾驶习惯检测两项实用新型专利。

# 实验　汽车手动变速器的拆装

## 实验介绍

变速器是汽车传动系统的一个重要组成部分，它通过齿轮副组成的轮系方式来改变输出的转速和扭矩。通过手动变速器的拆装和观察，可以明确定轴轮系传动比的计算、齿轮的方向判别和输出轴的速度计算。

## 实验目的

1. 了解变速系统的基本构造与换挡原理。
2. 了解变速系统的各挡位动力传递路线。
3. 通过拆装变速器，了解轮系在传动中的作用。
4. 明确定轴轮系传动比计算、齿轮方向判别。
5. 鼓励学生积极参与实验，使学生获得成功的体验，建立和增强学生学习专业知识的信心。
6. 引导学生学会倾听、主动交流、相互合作、尊重他人，掌握科学的学习方法和养成良好的学习习惯。

## 实验准备

手动变速器、棘轮扳手及套筒、一字螺丝刀、卡簧钳、指针式扭矩扳手、轴承拉拔器、铜棒、铁锤及常用工具。

## 实验步骤

**一、准备工作**

教师指导学生课前准备好实验所用的实验器材。

**二、实验操作**

1. 拆卸

1）交替拆下变速器后端盖固定螺栓，取下后端盖，如图1所示。

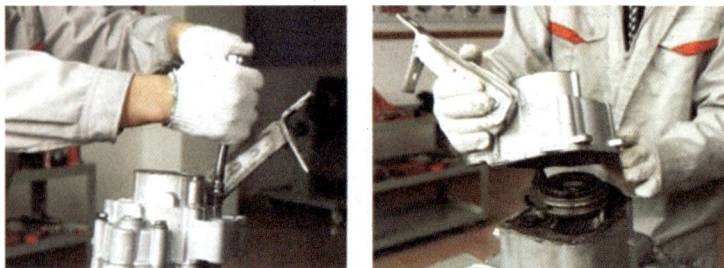

图1　拆后端盖

2）拧下输入轴空心螺栓，取下五挡同步器接合套，如图 2 所示。

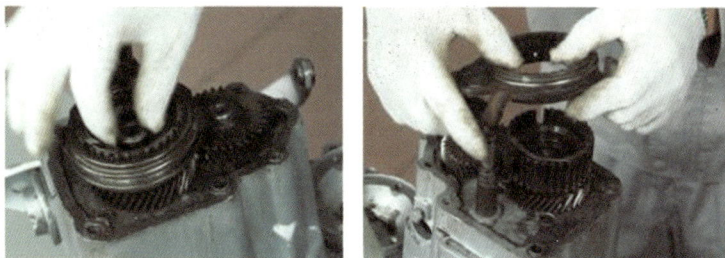

图 2　拆下五档同步器接合套

3）用工具拆下五挡同步器毂、输入轴五挡齿轮以及五挡同步环，如图 3 所示。

图 3　拆下五档同步器毂、输入轴五档齿轮及五档同步环

4）拆下输出轴五挡齿轮锁止卡环，取下五挡齿轮，如图 4 所示。

图 4　拆下五档齿轮

5）撬开驱动法兰盘端盖，取下锁止垫圈，取下驱动法兰盘，如图 5 所示。

图 5　拆下驱动法兰盘

6）同理取下另一驱动法兰盘及其部件，如图 6 所示。

图 6　拆下另一驱动法兰盘及其部件

7）拆下换挡拨叉轴总成，如图 7 所示。

图 7　拆下换挡拨叉轴总成

8）取下变速器壳体固定螺栓，用橡胶锤轻敲壳体，取下变速器壳体，如图 8 所示。

图 8　拆下变速器壳体

9）拆下倒挡换挡联动装置固定螺栓，取下倒挡换挡联动装置，如图 9 所示。

图 9　拆下倒挡换挡联动装置

10)取出拨叉轴、五挡换挡拨叉，如图 10 所示。

**图 10　取出拨叉轴、五档换挡拨叉**

11)取下倒挡拨叉、三四挡拨叉、一二挡拨叉，如图 11 所示。

**图 11　取下倒挡拨叉、三四档拨叉、一二档拨叉**

12)用专用工具取下输入轴的球轴承、膨胀盘，如图 12 所示。

**图 12　取下输入轴的球轴承、膨胀盘**

13)用工具取下输出轴四挡齿轮锁圈，取下四挡齿轮，如图 13 所示。

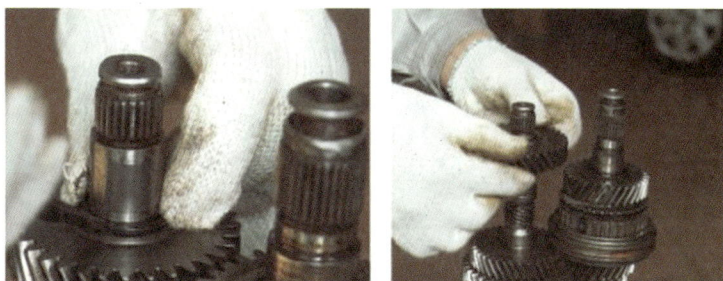

**图 13　取下四档齿轮**

14）取下输出轴总成、倒挡惰轮，如图 14 所示。

图 14　取下输出轴总成、倒挡惰轮

15）取下输出轴三挡、二挡、一挡齿轮，如图 15 所示。

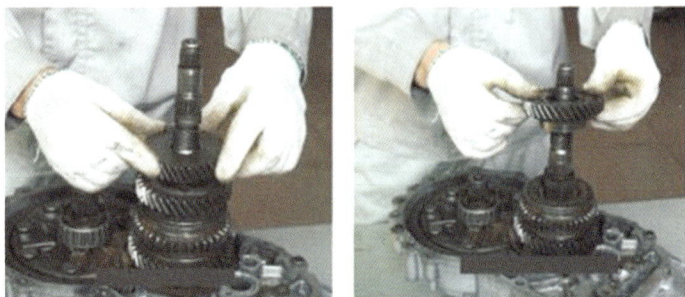

图 15　取下输出轴三档、二档、一档齿轮

16）取下二挡齿轮滚针轴承内圈、同步环、弹簧圈等部件。再取出一二挡同步器组件、一挡齿轮，如图 16 所示。

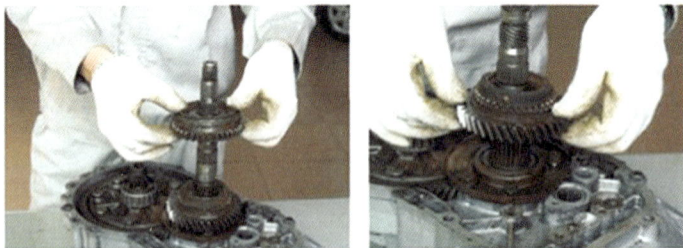

图 16　取出一二档同步器组件、一档齿轮

17）拧下紧固螺栓，取下轴承盖和输出轴，如图 17 所示。

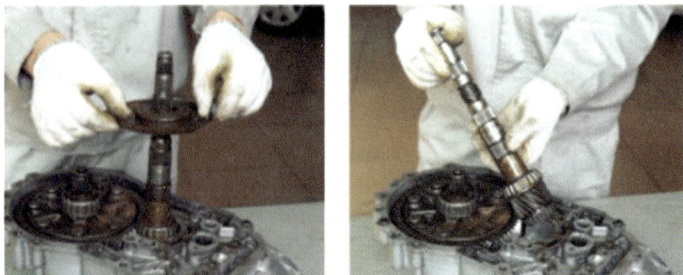

图 17　取下轴承盖和输出轴

18)取出差速器，如图 18 所示。

图 18　取出差速器

2. 观察

观察变速器内齿轮啮合情况。

仔细观察变速器输入轴、输出轴、倒挡轴、拨叉、同步器的结构特点，熟悉各零部件的名称和互相连接关系及作用。

3. 安装

按拆卸过程的相反步骤安装。

三、实验注意

1. 拆装时，应注意安全。

2. 正确使用工具，严格遵照拆装顺序。

3. 装配时，各轴应在空挡位置。

4. 装配输入轴、输出轴、主减速齿轮轴及主减速器时，注意轴承预紧力。

5. 在装入变速器壳时，注意接触面密封情况。

6. 装配完变速器操纵机构后，操纵应轻便灵活，锁止机构能起作用。

四、实验报告

实验结束后留出部分时间，分小组交流讨论，分享各自的学习成果，共同进步。填写实验表及评价表。

| 实验名称 | | | | |
|---|---|---|---|---|
| 班级 | | 姓名 | | |
| 地点 | | 日期 | | |
| 实验表 | | | | |
| 工量具 | 作业内容 | 作业要求 | 检查结果 | 测量值 |
| | 一、手动变速器的拆装<br>1. 拆后端盖 | | □正　常<br>□不正常 | — |
| | 2. 拆五挡同步器接合套 | | □正　常<br>□不正常 | — |

| 实验表 | | | | |
|---|---|---|---|---|
| 工量具 | 作业内容 | 作业要求 | 检查结果 | 测量值 |
| | 3. 拆五档同步器毂和输入轴五档齿轮和同步环 | | □正　常<br>□不正常 | — |
| | 4. 拆五档齿轮 | | □正　常<br>□不正常 | — |
| | 5. 拆驱动法兰盘 | | □正　常<br>□不正常 | — |
| | 6. 拆换挡拨叉轴总成 | | □正　常<br>□不正常 | — |
| | 7. 拆变速壳体 | | □正　常<br>□不正常 | — |
| | 8. 拆倒挡换挡联动装置 | | □正　常<br>□不正常 | — |
| | 9. 取出拨叉轴和五档换挡拨叉 | | □正　常<br>□不正常 | — |
| | 10. 取下倒挡拨叉、三四档拨叉、一二档拨叉 | | □正　常<br>□不正常 | — |
| | 11. 取下输入轴的球轴承和膨胀盘 | | □正　常<br>□不正常 | — |
| | 12. 取下四档齿轮 | | □正　常<br>□不正常 | — |
| | 13. 取下输出轴总成和倒挡惰轮 | | □正　常<br>□不正常 | — |
| | 14. 取下输出轴三档、二档、一档齿轮 | | □正　常<br>□不正常 | — |
| | 15. 取下二档齿轮滚针轴承内圈、同步环、弹簧圈 | | □正　常<br>□不正常 | — |
| | 16. 取出一二档同步器组件和一档齿轮 | | □正　常<br>□不正常 | — |
| | 17. 取下轴承盖和输出轴 | | □正　常<br>□不正常 | — |
| | 18. 取出差速器 | | □正　常<br>□不正常 | — |
| | 二、实验评价 | | □正　常<br>□不正常 | — |

续表

| 评价表 | | | |
|---|---|---|---|
| 项目 | 评价指标 | 自评 | 互评 |
| 实验工作 | 认识手动变速器及作业要求 | □合　格<br>□不合格 | □合　格<br>□不合格 |
| | 按作业要求完成作业内容 | □合　格<br>□不合格 | □合　格<br>□不合格 |
| | 作业单填写完整 | □合　格<br>□不合格 | □合　格<br>□不合格 |
| 职业素养 | 工作服整洁、没有装饰品或硬质件 | □合　格<br>□不合格 | □合　格<br>□不合格 |
| | 正确查阅维修资料和学习材料 | □合　格<br>□不合格 | □合　格<br>□不合格 |
| | 合作默契，交流顺畅 | □合　格<br>□不合格 | □合　格<br>□不合格 |
| 个人反思 | | 完成实验的安全、质量、时间和5S要求，是否达到最佳程度，请提出个人改进建议 | |
| 教师评价 | 教师签字<br>日　期 | 成绩 | |
| | | □合　格　□不合格 | |

# 汽车液压液力传动

## 项　目　描　述

　　液压传动是以液体作为工作介质来进行动力和运动传递并控制的一种传动方式。它通过密闭容器内的液体的静压能和机械能之间的能量转换来传递动力和运动。

　　现代的汽车动力转向系统和自动变速器的液控部分、自卸货车的举升系统和汽车举升机、汽车液压助力转向系统、汽车液压悬架系统等大都采用液压传动方式。了解这些液压知识，对于一名汽车运用与维修专业的学生来说，是最基本的。

## M任务 1 MISSION 液压传动的认知

### 任务描述

　　通过本任务可以让学生了解液压传动的基本知识，如液压压力的产生和压力传递，液压系统的组成、优缺点、主要性能参数。为后续的任务打下基础。

### 任务目标

1. 知道液压传动的组成。
2. 了解液压传动的特点。
3. 了解液压传动的两个基本参数。
4. 了解液压千斤顶的工作原理。

### 相关知识

#### 一、液压传动的工作原理和组成

##### 1. 液压传动的工作原理

图 6-1-1 为液压千斤顶工作原理图。图 6-1-2 是液压千斤顶的工作原理简图。

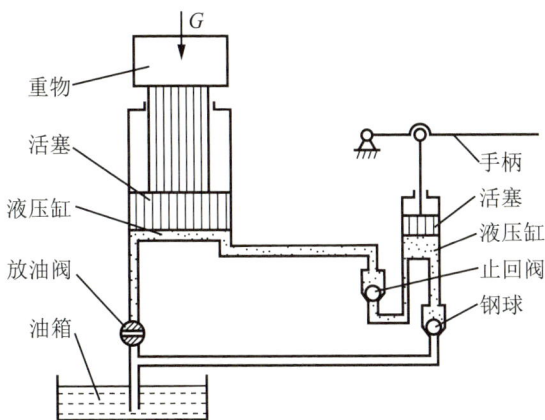

图 6-1-1　液压千斤顶工作原理图　　　　图 6-1-2　液压千斤顶的工作原理简图

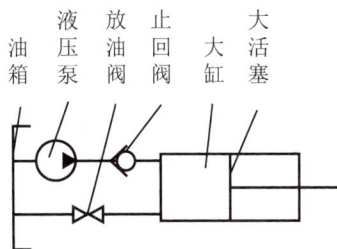

大油缸和大活塞组成举升液压缸。手柄、小油缸、小活塞、止回阀和钢球组成手动液压泵。如提起手柄使小活塞向上移动，小活塞下端油腔容积增大，形成局部真空，这时钢球打开，通过吸油管从油箱中吸油；用力压下手柄，小活塞下移，小活塞下腔压力升高，钢球关闭，止回阀打开，下腔的油液经管道输入举升大油缸的下腔，迫使大活塞向上移动，顶起重物。再次提起手柄吸油时，止回阀自动关闭，使油液不能倒流，从而保证了重物不会自行下落。不断地往复扳动手柄，就能不断地把油液压入举升缸下腔，使重物逐渐地升起。如果打开放油阀，举升缸下腔的油液通过管道、放油阀流回油箱，重物就向下移动。这就是液压千斤顶的工作原理。

通过对上面液压千斤顶工作过程的分析，可以初步了解到液压传动的基本工作原理。液压传动是利用有压力的油液作为传递动力的工作介质。压下手柄时，小油缸输出压力油，是将机械能转换成油液的压力能，压力油经过管道及止回阀，推动人活塞举起重物，是将油液的压力能又转换成机械能。大活塞举升的速度取决于单位时间内流入大油缸中油容积的多少。由此可见，液压传动是一个不同能量的转换过程。

## 2. 液压传动系统的组成

从上述实例可以看出，整个液压系统由以下几个部分组成。

（1）动力元件

动力元件是指原动机的旋转机械能转化成液压能输出的装置，如给液压系统提供压力油的液压泵，是系统的动力源。

（2）执行元件

执行元件是指把油液的液压能转换成机械能的装置，如做直线运动的液压缸、做回转运动的液压马达，以驱动工作部件。

（3）控制元件

控制元件是指对系统中油液压力、流量或流动方向进行控制和调节的装置，如液压阀，控制调节系统方向、压力和流量等，以保证执行元件完成预期的工作。

（4）辅助元件

辅助元件包括各种油箱、油管、过滤器、蓄能器等。在液压系统中，它们起连接、储油、过滤、储存压力能、测量压力和防止流体泄漏等作用。

## 二、液压传动的特点

液压传动与其他传动形式相比较，有以下特点。

①功率密度（即单位体积所具有的功率）大，结构紧凑，质量小。

②能无级调速，调速范围大。

③由于液压元件质量小，惯性矩小，故变速性好。

④运动平稳可靠，能自行润滑，使用寿命较长。

⑤操纵方便、省力，特别是与电气组合应用时。

⑥液压元件易于实现标准化、系列化和通用化，有利于生产与设计。

## 三、液压传动的两个基本参数及关系

### 1. 压力

如图 6-1-3 所示，油液被装在密封的液压缸中，当活塞受到向左的外力 $F$ 作用时，液压缸左腔内的油液受活塞的作用处于被挤压的状态，同时油液对活塞有一个反作用力 $F_P$，而使活塞处于平衡状态，即有两个力同时作用在活塞上，一个是外力 $F$，另一个是油液作用于活塞的力 $F_P$，两个力大小相等，方向相反。如果活塞的有效作用面积为 $A$，油液作用在活塞单位面积上的力为 $F_P/A$，活塞作用在油液单位面积上的力为 $F/A$。

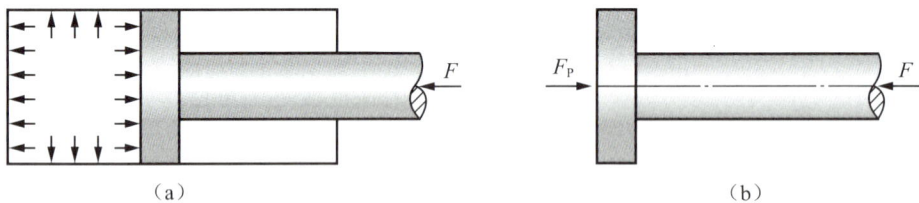

（a）　　　　　　　　　　　　　　　　（b）

图 6-1-3　油液压力的形成

压强是作用在液体单位面积上的力，一般用 $p$ 表示，而作用在活塞有效面积上的力，用 $F$ 表示。当活塞的有效作用面积为 $A$ 时，有下列关系式

$$F = pA$$

### 2. 流量

单位时间内进出液压缸或通过管道某一截面的液体的体积称为流量，符号为 $q$（单位为 $m^3/s$）。若在时间 $t$ 内流过的液体体积为 $V$，则流量为：

$$q = V/t$$

3. 压力损失与流量的关系

沿程损失是液体沿相同截面的直管流动一段距离，由于液体对管壁以及液体分子之间的摩擦而造成的。管道越长，流速越快，损失就越大；管道越短，损失越小。局部损失是液体通过管道截面和形状突然改变或管道弯曲等局部地方所造成的。

## 四、液压油的选择

液压油可分为两大类：一类为可燃性液压油；另一类为抗燃性液压油。

一般油液在温度升高时，黏度会降低，这样会使液压系统的泄漏增加，执行元件的工作性能也变坏。所以选择液压油时应考虑以下几方面的情况。

(1)工作压力

工作压力较高的液压系统应选用黏度较大的液压油；反之，选用黏度较小的液压油。

(2)环境温度

环境温度较高时，应选用黏度较大的液压油；反之，选用黏度较小的液压油。

(3)运动速度

当运动部件的速度较高时，应选用黏度较小的液压油；反之，选用黏度较大的液压油。

### 思考与练习

**一、填空题**

1. 液压系统中的压力取决于_____，执行元件的运动速度取决于_____。

2. 液压传动装置由_____、_____、_____、_____四部分组成，其中_____、_____为能量转换装置。

**二、选择题**

1. 液压系统中的动力元件是_____。

A. 液压泵　　　　　B. 马达　　　　　C. 液压缸

2. 液压系统中的执行元件是_____。

A. 液压泵　　　　　B. 液压阀　　　　　C. 液压缸

3. 能对液压系统的压力、流量起调节作用的元件是_____。

A. 液压泵　　　　　B. 液压阀　　　　　C. 液压缸

4. 蓄能器是一种_____。

A. 能量储存装置　　　B. 油液储存装置　　　C. 控制系统压力的装置

**三、简答题**

1. 液压传动主要由哪几部分组成？各部分的作用是什么？

2. 液压传动系统有哪些优缺点？

## 任务 2　液压系统元件的识别

### 任务描述

通过本任务可以让学生了解液压传动系统中液压元件的符号，为后续识读液压传动图打下基础。例如，汽车冷却系统采用的水泵和润滑系统采用的油泵，能将输入的机械能转换为液压能输出。其中需要控制元件来控制水泵和油泵的流量和压力。通过控制液体的流量和压力可以控制执行元件的启动、停止、运动方向和速度等。

### 任务目标

1. 了解液压泵的工作原理及液压泵的分类和选用。
2. 了解液压缸的类型及特点。
3. 认识各种控制阀的结构和符号，了解液压控制阀的工作原理。
4. 知道各个辅助元件的工作原理及使用方式。

### 相关知识

#### 一、液压泵、液压马达和液压缸

在液压系统中，液压泵、液压马达和液压缸都是能量转换装置。

##### 1. 液压泵

在液压传动中常用的液压泵有齿轮泵、叶片泵和柱塞泵三种。如图 6-2-1 所示为单柱塞泵的结构示意图，柱塞安装在泵体内，柱塞在弹簧的作用下和偏心轮接触。

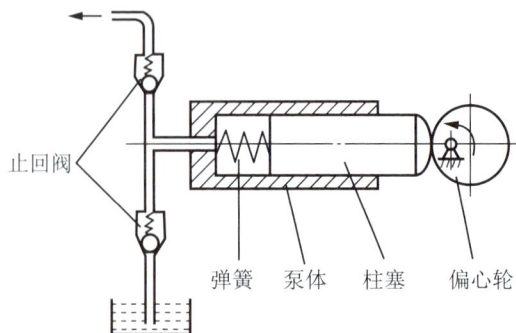

止回阀　　弹簧　泵体　柱塞　偏心轮

图 6-2-1　液压泵

（1）齿轮泵

齿轮泵的种类较多，按其啮合形式可分为外啮合和内啮合齿轮泵。常用的是外啮合齿轮泵。如图 6-2-2 所示为外啮合齿轮泵的工作原理图。一对互相啮合的齿轮安装于壳体内部，齿轮的两端面以端盖密封。两齿轮将壳体内部分成左右两个互不相通的左腔和右腔，在壳体上开有两个孔分别和左腔、右腔相通。当齿轮按图示方向旋转时，右腔啮合着的轮齿逐渐脱开啮合，使该腔容积逐渐增大，形成局部真空。油箱内的油液在大气压的作用下经油管和壳体上的吸油口进入右腔（吸油腔）。吸入右腔齿间的油液在密封的工作空间中随着齿轮旋转，沿泵体内壁带入左腔；而轮齿在左腔逐渐进入啮合，密封工作空间逐渐减小，使齿间的油液被挤压并经压油口排出。当轮齿不断的旋转时，右腔就不断从油箱中吸油，左腔就连续不断地输出压力油。

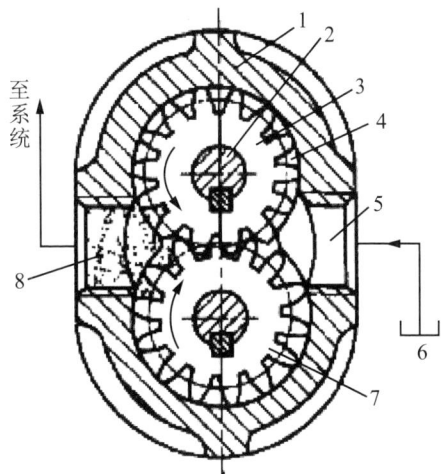

图 6-2-2　齿轮泵

1. 壳体　2. 传动轴　3. 主动齿轮
4. 密封工作腔　5. 吸油腔　6. 油箱
7. 从动齿轮　8. 压油腔

齿轮泵吸油腔、压油腔是分别独立的，所有齿轮泵不需要专门的配流机构，故其结构简单，齿轮泵的结构决定它只能是定量泵。齿轮泵结构简单、工艺性好、工作可靠、成本低，对液压油的污染不太敏感，便于维护，故在汽车上得到广泛应用。缺点是泄露很大，噪声较高。

（2）叶片泵

叶片泵的结构较齿轮泵复杂，但其工作压力较高，且流量脉动小，工作平稳，噪声较小，寿命较长。所以它被广泛应用于机械制造中的专用机床、自动线等中低压液压系统中，但其结构复杂，吸油特性不太好，对油液的污染也比较敏感。

根据各密封工作容积在转子旋转一周吸、排油液次数的不同，叶片泵分为两类，即完成一次吸、排油液的单作用叶片泵和完成两次吸、排油液的双作用叶片泵。单作用叶片泵多用于变量泵，工作压力最大为 7.0MPa，双作用叶片泵均为定量泵，一般最大工作压力也为 7.0MPa，结构经改进的高压叶片泵最大工作压力可达 16.0～21.0MPa。

叶片泵按其工作方式不同分为双作用式叶片泵和单作用式叶片泵两种。

双作用式叶片泵，如图 6-2-3（a）所示，主要由定子、转子、叶片和前后两侧装有端盖的泵体等组成。

单作用式叶片泵，如图 6-2-3（b）所示，定子表面是一圆形，转子与定子间有一偏心距 $e$，端盖上只开有一条吸油槽和一条压油槽。

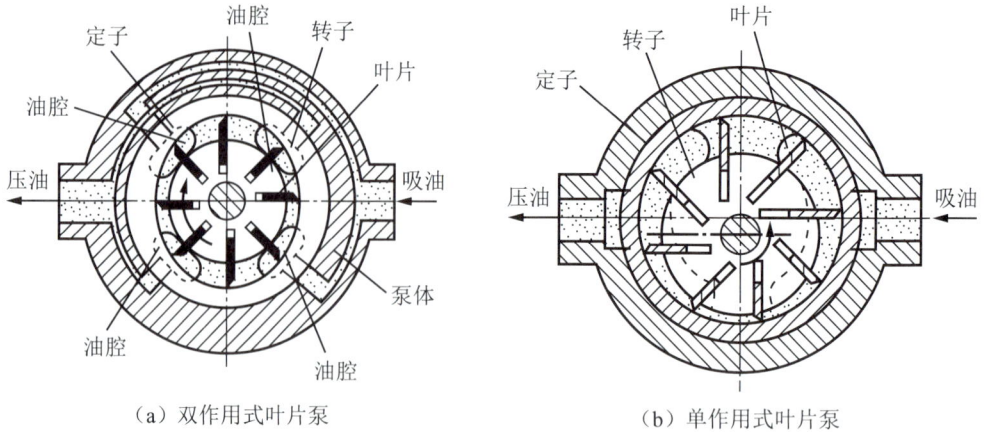

（a）双作用式叶片泵　　　　　　（b）单作用式叶片泵

图 6-2-3　叶片泵

（3）柱塞泵

轴向柱塞泵是利用与传动轴平行的柱塞在柱塞孔内往复运动所产生的容积变化来进行工作的。由于柱塞和柱塞孔都是圆形零件，加工时可以达到很高的精度配合，因此具有容积效率高，运转平稳，流量均匀性好，噪声低，工作压力高等优点，但对液压油的污染较敏感，结构较复杂，造价较高。

柱塞泵按照柱塞的排列方向的不同，分为轴向柱塞泵和径向柱塞泵。轴向柱塞泵（见图 6-2-4）由配流盘、缸体（转子）、柱塞和斜盘等零件组成。

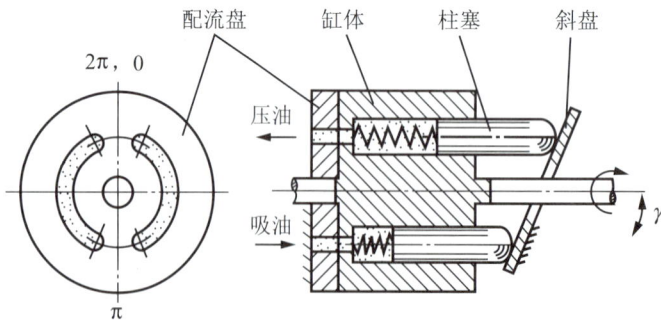

图 6-2-4　轴向柱塞泵

图 6-2-5　液压马达

2. 液压马达

液压马达与液压泵的功能相反，是液压系统中的重要执行元件之一。它的功能是把液体的压力能转换为机械能以驱动工作部件运行。液压马达的结构、分类以及工作原理与液压泵大致相同。按其结构形式可将液压马达分为齿轮式、叶片式、柱塞式和其他形式，按其排量能否调节可将液压马达分为定量马达和变量马达。如图 6-2-5 所示为一款液压马达。

## 3

液压缸

液压缸是将液体的压力能转换为机械能的能量转换装置，它是液压系统中的执行元件。按结构不同，液压缸可分为活塞式、柱塞式、伸缩套筒式和摆动式液压缸。

（1）活塞式液压缸

活塞式液压缸分为双杆活塞式和单杆活塞式液压缸。

双杆活塞式液压缸，如图 6-2-6 所示主要由缸体、活塞和两直径相同的活塞杆组成。

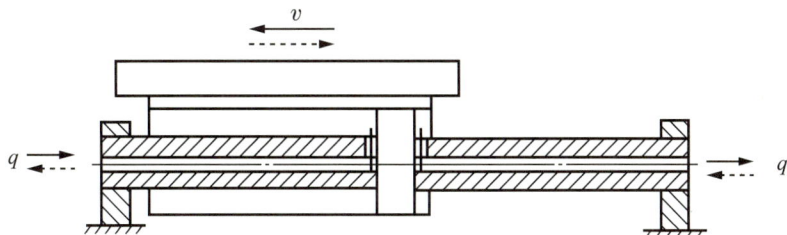

图 6-2-6　双杆活塞式液压缸

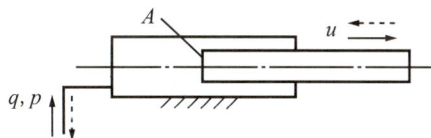

单杆活塞式液压缸，如图 6-2-7 所示主要是由缸体、活塞和活塞杆组成，由于活塞一端有杆，而另一端无杆，所以活塞两端的有效作用面积不等。

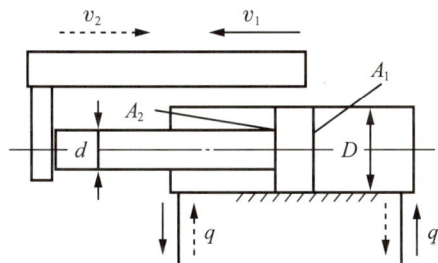

图 6-2-7　单杆活塞式液压缸　　　　图 6-2-8　柱塞式液压缸

（2）柱塞式液压缸

柱塞式液压缸，如图 6-2-8 所示只能在压力油的作用下产生单向运动，另一方向的运动往往靠其自重（垂直放置）或弹簧等其他外力来实现。

（3）伸缩套筒式液压缸

由多个柱塞缸套装而成，各节伸出时行程大，缩回时结构体积小，如图 6-2-9 所示。有单作用和双作用两种。此缸伸缩顺序为：伸出由大节到小节逐次进行（大缸有效作用面积大，同等压力下推力大）；空载缩回时，由小节到大节（小节柱塞面积小，摩擦阻力小，易复位）。常用于起重机悬臂和自卸汽车翻斗液压缸。

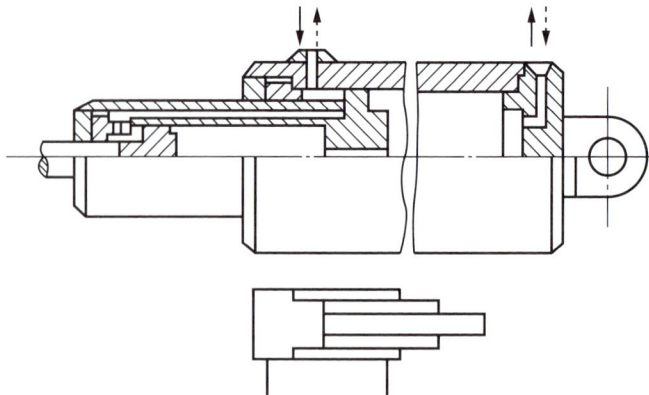

图 6-2-9　伸缩套筒式液压缸

## 二、液压控制阀

　　液压控制阀是用来控制液压系统中油液的压力、流量和流动方向的，使执行机构的推力、速度和运动方向符合要求。按照功用，液压控制阀分为方向阀、压力阀和流量阀三大类。

### 1. 方向控制阀

　　方向阀是用来控制油液流动方向的阀，按类型分为单向阀和换向阀。

　　(1)单向阀(止回阀)

　　单向阀是控制油液单方向流动的方向阀，不允许倒流，按阀芯结构分为球阀式、锥阀式，如图 6-2-10 所示。如图 6-2-10(b)所示为锥阀式单向阀，阀的原始状态是阀芯在弹簧的作用下轻压在阀座上。

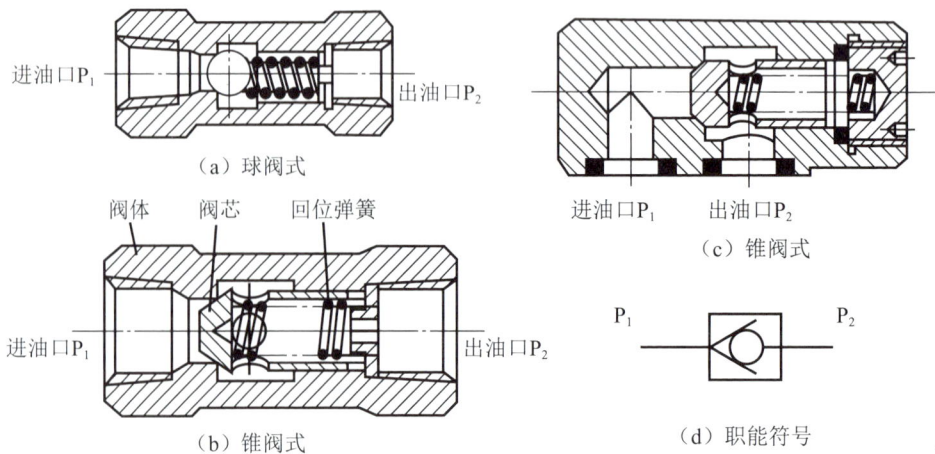

进油口$P_1$　　　　出油口$P_2$

（a）球阀式

进油口$P_1$　　出油口$P_2$

（c）锥阀式

阀体　　阀芯　　回位弹簧

进油口$P_1$　　　　出油口$P_2$

（b）锥阀式

$P_1$　　　　　　$P_2$

（d）职能符号

图 6-2-10　单向阀

（2）换向阀

换向阀是利用阀芯和阀体的相对位置来控制油路接通、关闭或改变油液流动方向的。换向阀阀芯的工作位置数称为"位"。在图形符号中，用方框表示，二个方框即二位，三个方框即三位。与液压系统中油路相连通的油口数称为"通"，在每个方框中，用箭头"↑"，封闭符号"⊥"、"⊤"等表示上下油口的通、断和连接关系。箭头"↑"或封闭符号"⊥"、"⊤"与方框的交点数即为通路数。下面以三位四通换向阀为例，如图 6-2-11（a）所示为三位四通换向阀的职能符号，图 6-2-11（b）所示为其结构图，图 6-2-11（c）所示为其原理图。在图 6-2-11（c）所示中 P 为供油口，T 为回油口，A、B 是通向执行元件的输出口。如图 6-2-11（c）所示的阀芯位置，液压缸两腔不通液压油，处于停机状态。若使换向阀的阀芯左移，阀体上的油口 P 和 A 连通、B 和 T 连通，液压油经 P、A 进入液压缸左腔，活塞右移，右腔油液经 B、T 流回油箱；反之，若使阀芯右移，则 P 和 B 连通，A 和 T 连通，活塞左移。

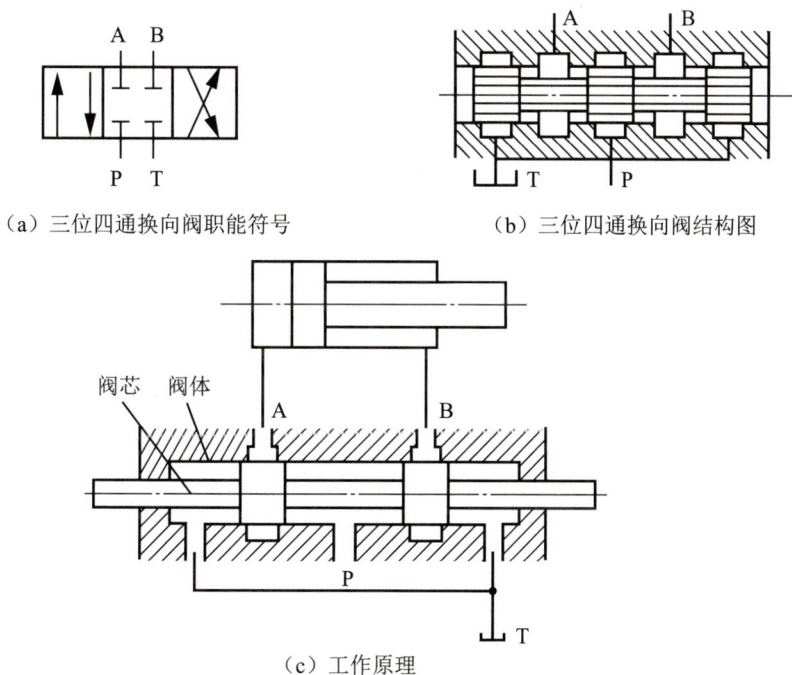

（a）三位四通换向阀职能符号　　　　（b）三位四通换向阀结构图

（c）工作原理

**图 6-2-11**

**2. 压力阀**

压力阀用来控制液压系统的压力，或利用系统中压力的变化来控制某些液压元件的动作。按照用途不同，压力阀分为溢流阀、减压阀、顺序阀和压力继电器等。

（1）溢流阀

溢流阀是通过阀口的溢流，使被控制系统或回路的压力维持恒定，实现稳压、调压或限压的作用。按其结构原理可分为直动式和先导式两种，其符号如图 6-2-12 所示。

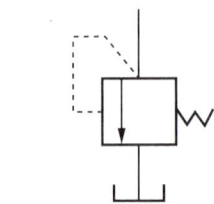

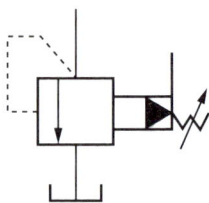

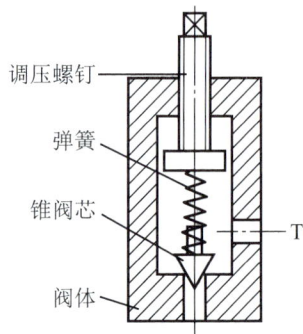

（a）一般符号或直动式符号　　（b）先导式符号

图 6-2-12　溢流阀　　　　　图 6-2-13　直动式溢流阀

如图 6-2-13 所示为锥阀型（还有球阀型和滑阀型）直动式溢流阀。

（2）减压阀

减压阀可以用来减压、稳压，将较高的进口油压降为较低而稳定的出口油压。

减压阀的工作原理是依靠压力油通过缝隙（液阻）降压，使出口压力低于进口压力，并保持出口压力为一定值，缝隙越小，压力损失越大，减压作用就越强。

如图 6-2-14 所示为先导式减压阀的结构原理及符号。

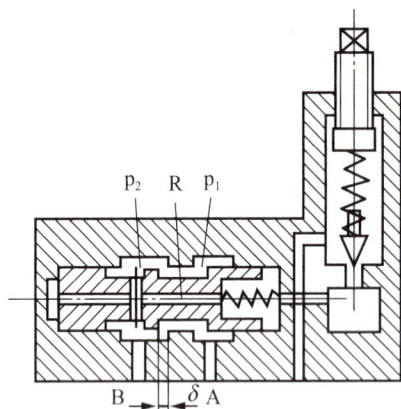

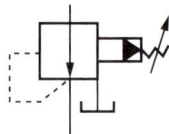

（b）先导式符号

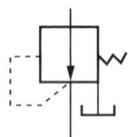

（a）结构原理图　　　　　　（c）一般符号

图 6-2-14　减压阀

3.　流量阀

流量阀应用于控制液压系统中液体的流量，实现对液压系统的速度控制。常用的流量阀有节流阀和调速阀。

（1）节流阀

普通节流阀常用的节流口形状有针阀式、偏心式、轴向三角槽式等。如图 6-2-15 所示为普通节流阀，采用轴向三角槽式节流口，工作时阀芯受力均匀、流量稳定性好、不易堵塞。

（2）调速阀

调速阀由定差减压阀和节流阀串联而成，定差减压阀能自动保持节流阀前后压力差不变，使节流阀前后压力差不受负载影响，从而通过节流阀的流量也基本为定值。在图 6-2-16 中，减压阀和节流阀串联在液压泵与液压缸之间。

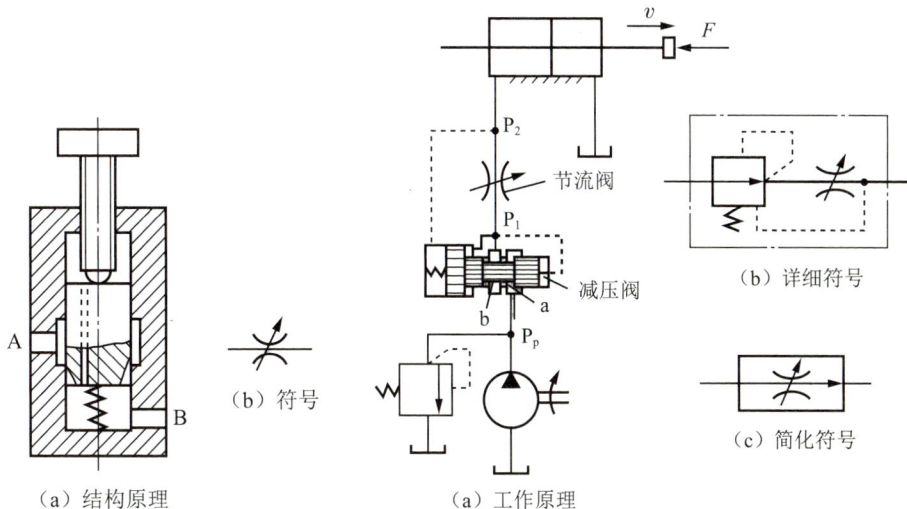

图 6-2-15　节流阀

图 6-2-16　调速阀

# 三、辅助元件

液压系统中的辅助元件包括蓄能器、过滤器、油箱、热交换器、管件等。这些元件对液压系统的性能、效率、温度升高、噪声和系统的使用寿命有很大的影响。随着汽车工业的不断发展，对各种辅助元件的要求也会越来越高，控制精度也越来越精确，因此，在选择和使用液压系统时，必须对辅助元件给予足够的重视。

## 1. 蓄能器

在液压系统中，蓄能器是一种能量储蓄装置，如图 6-2-17 所示。在适当的时机将系统中的能量转变为压缩能或位能储存起来，当系统需要时，又将压缩能或位能转变为液压或气压等能量释放出来，重新补供给系统。蓄能器在系统中的主要作用如下。

①在短时间内提供大量压力油，以实现执行机构的快速运动。

②补偿泄漏以保持系统压力。

③吸收脉动压力。

④缓和液压冲击。

图 6-2-17　活塞式蓄能器

蓄能器主要有活塞式和气囊式两种。汽车的防抱死制动系统（ABS 系统）中，通常运用活塞式蓄能器装置，如图 6-2-17 所示。

## 2. 过滤器

液压传动系统中所使用的液压油在使用过程中不可避免地会掺杂一些杂质。这些杂质混入液压油后，随着液压油的循环作用，会导致液压元件中相对运动部件之间的间隙、节流孔缝隙的堵塞或运动部件的卡死，进而影响系统的正常工作。实际统计数字显示，液压系统中 75％以上的故障是由于液压油中混入杂质所造成的。因此，保持油液的清洁，防止油液被污染，对液压系统是十分重要的。

（1）过滤器的分类

过滤器按滤芯材料和结构形式的不同可分为网式过滤器、线隙式过滤器、纸芯式过滤器、烧结式过滤器、磁性过滤器。汽车发动机机油滤清器的结构如图 6-2-18 所示。

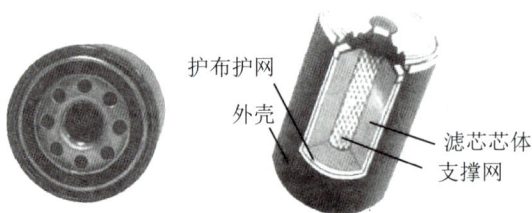

**图 6-2-18　机油滤清器的结构**

（2）过滤器的安装位置

在液压系统中，过滤器的安装位置有液压泵的吸油管路、压油管路、回油路、辅助泵的输油路。为了便于滤芯的清洗和保证过滤精度稳定，过滤器一般都只能单向使用，即进口与出口不可互换。汽车发动机机油滤清器的位置如图 6-2-19 所示。

## 3. 油箱

（1）油箱的功用

油箱的主要功用是储存油液，散发油液中的热量（在周围环境温度较低的情况下则是保持油液中的热量），释放出混在油液中的气体以及沉淀油液中的污物等。

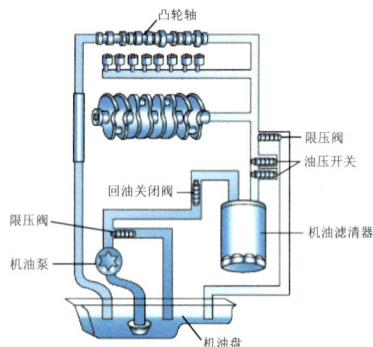

**图 6-2-19　发动机机油润滑系统**

（2）油箱的结构

液压系统中的油箱有整体式和分离式两种。整体式油箱利用主机的内腔作为油箱，这种油箱结构紧凑。如图 6-2-20 所示，油箱内部用两块隔板将吸油管与回油管隔开，油箱的顶部、侧部和底部分别装有滤油网、油位计和排放污油的放油阀。液压泵及其驱动电机的安装板则固定在油箱顶面上。

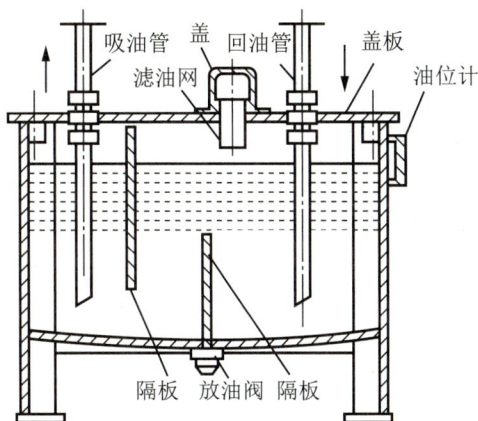

图 6-2-20　油箱

4. 密封装置

密封可分为间隙密封和接触密封两种方式。间隙密封是依靠相对运动零件配合面的间隙来防止泄漏，其密封效果取决于间隙的大小、压力差、密封长度和零件表面质量。接触密封是靠密封件在装配时的预压缩力和工作时密封件在油液压力作用下发生弹性变形所产生的弹性接触压力来实现的，其密封能力随油液压力的升高而提高，并在磨损后具有一定的自动补偿能力。目前，常用的密封件以其断面形状命名，如 O 形、Y 形、V 形密封圈等。此外，还有防尘圈、油封等。

（1）O 形密封圈

O 形密封圈的截面为圆形，如图 6-2-21 所示，常用在外圆或内孔的密封槽内。O 形密封圈依靠自身的弹性变形力进行密封。O 形密封圈的制作材料常用聚四氟乙烯、尼龙等。其特点是结构简单、制造容易、成本低、运动件的摩擦阻力小、装拆方便，且高压或低压的工作环境均适用，所以在液压系统中应用广泛。

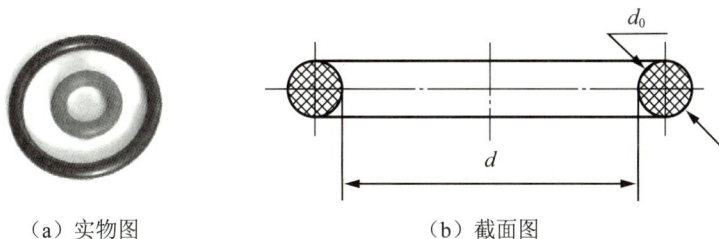

（a）实物图　　　　　　　　　　　　（b）截面图

图 6-2-21　O 形密封圈

（2）唇形密封圈

唇形密封圈根据截面的形状可分为 Y 形、V 形、U 形、L 形等。下面仅以 Y 形密封圈为例进行简单介绍。

Y 形密封圈的截面形状如图 6-2-22 所示。由于 Y 形密封圈的摩擦力小、使用寿命长、密封可靠、磨损后能自动补偿，所以它适用于运动速度较高的场合，其密封能力可随压力的升高而提高。使用时应注意安装方向，其唇口边应对着油压作用方向。

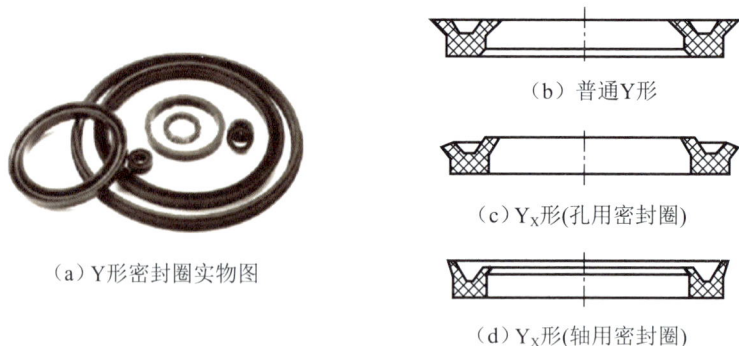

（a）Y形密封圈实物图

（b）普通Y形

（c）Y$_X$形(孔用密封圈)

（d）Y$_X$形(轴用密封圈)

图 6-2-22　Y 型密封圈

（3）油封

油封是适用于旋转轴的密封装置，按其结构可分为骨架式和无骨架式两类，常用于液压泵和液压马达的转轴密封。如图 6-2-23 所示为骨架式油封，它由橡胶油封体、金属加强环等部分组成。油封的内径 $d$ 要比被密封轴的外径略小。

图 6-2-23　油封

5. 管件

（1）管道

管道的种类、特点和适用范围见表 6-2-1。

表 6-2-1　管道的种类、特点和适用范围

| 种　类 | 特点和适用范围 |
|---|---|
| 钢管 | 价廉、耐油、抗腐、刚性好，但装配时不易弯曲成型。常用于装配及拆卸方便之处的压力管道。常用钢管为无缝钢管，低压的管道可用焊接钢管 |
| 紫铜管 | 价高、抗震性能差、易使油液氧化，但易弯曲成型，因能受的压力较低，一般只用于低压系统，或连接仪表和钢管不便装配之处 |
| 尼龙管 | 因其透明，可观察液体的流动情况。加热后可任意变曲成型及扩口，冷却后即定型。其承压能力因材料而异 |
| 塑料管 | 耐油、价低、装配方便，长期使用会老化，一般只用作液压系统的回油管与泄油管 |
| 胶管 | 用于相对运动组件间的管道连接，分高压和低压两种类型。高压胶管是以钢丝纺织体或钢丝缠绕体为骨架的胶管，价格较高，用于压力油路。低压胶管是以麻线或棉线编织体为骨架的胶管，用于回油管路 |

（2）管接头

管接头是用于管道和管道、管道和其他元件(如泵、阀、集成块等)之间的可拆卸连接件。管接头种类很多，按通路数和方向的不同，可分为直通、直角通和三通等式样。按管接头和管道的连接方式的不同，可将管接头分为扩口管接头、卡套式管接头和焊接式管接头。

## 思考与练习

**一、填空题**

1. 单作用叶片泵转子每转一周，完成吸、排油各_____次，同一转速的情况下，改变它的_____可以改变其排量。

2. 三位换向阀处于中间位置时，其油口 P、A、B、T 间的通路有各种不同的联接形式，以适应各种不同的工作要求，将这种位置时的内部通路形式称为三位换向阀的_____。

3. 压力阀的共同特点是利用_____和_____相平衡的原理来进行工作。

4. 顺序阀是利用油路中压力的变化控制阀口_____，以实现执行元件顺序动作的液压元件。

5. 一般的气源装置主要由空气压缩机、冷却器、储气罐、干燥器和_____等组成。

**二、选择题**

1. _____叶片泵运转时，存在不平衡的径向力；_____叶片泵运转时，不平衡径向力相抵消，受力情况较好。

A. 单作用　　　　　B. 双作用

2. 将发动机输入的机械能转换为液体的压力能的液压元件是_____。

A. 液压泵　　　　B. 液压马达　　　　C. 液压缸　　　　D. 控制阀

3. _____在常态时，阀口是常开的，进、出油口相通；_____、_____在常态状态时，阀口是常闭的，进、出油口不通。

A. 溢流阀　　　　B. 减压阀　　　　C. 顺序阀

4. 液压缸的种类繁多，_____可做双作用液压缸，而_____只能做单作用液压缸。

A. 柱塞缸　　　　B. 活塞缸　　　　C. 摆动缸

**三、图形符号识别题**

(a)_____　　　(b)_____　　　(c)_____　　　(d)_____

(e)_____　　　(f)_____　　　(g)_____　　　(h)_____

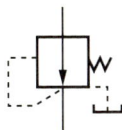 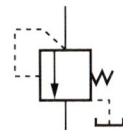

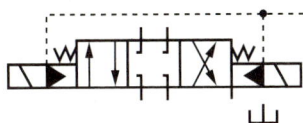

(i)_____　　　　　　　(j)_____

### 任务描述

液压传动是利用液压元件组成不同功能的基本回路，再由若干个基本回路有机地组合成能完成一定控制功能的传动系统，来进行能量的传递、转换和控制，以满足机器设备对各种运动和动力的要求。

能够看懂基本的液压回路，是了解液压传动工作原理的基本前提。

### 任务目标

1. 知道各种液压回路的基本组成，了解汽车上使用的液压基本回路。
2. 了解汽车上使用的液压制动系统及防抱死制动系统的工作原理。

### 相关知识

任何一种液压传动系统都是由一些基本回路组成的。液压基本回路是指由一些液压元件组成并能完成某种特定功能的典型回路。液压基本回路按功能可分为压力控制回路、速度控制回路、方向控制回路和多缸工作控制回路等。

## 一、压力控制回路

压力控制回路是用压力控制阀来控制整个系统或局部范围压力的回路。根据使用目的的不同，压力控制回路可分为调压回路、减压回路、增压回路和卸荷回路等。

### 1. 调压回路

如图 6-3-1 所示，调压回路用溢流阀来调定液压油的最高恒定压力，基本调压回路中主要由溢流阀完成调压。当压力大于溢流阀的设定压力时，溢流阀的开口便会加大，以降低液压泵的输出压力，维持系统压力的基本恒定。

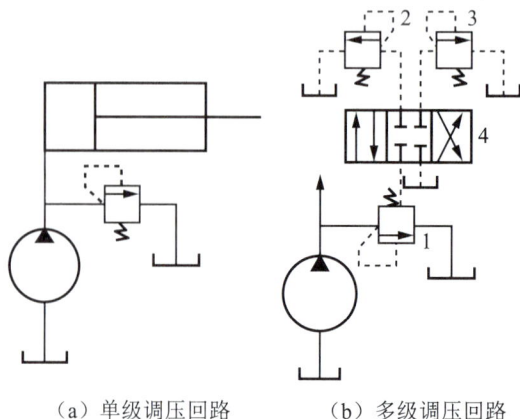

（a）单级调压回路　　　（b）多级调压回路

**图 6-3-1　调压回路**
1. 溢流阀　2、3. 调压阀　4. 换向阀

## 2. 减压回路

用单泵供油的液压系统中，主系统需要较高压力，而其他支系统需要较低压力时，可用减压阀组成减压回路。如图 6-3-2 所示，主系统的最高压力由溢流阀控制，支系统的压力由减压阀调定。减压阀前面的止回阀是为了保压。

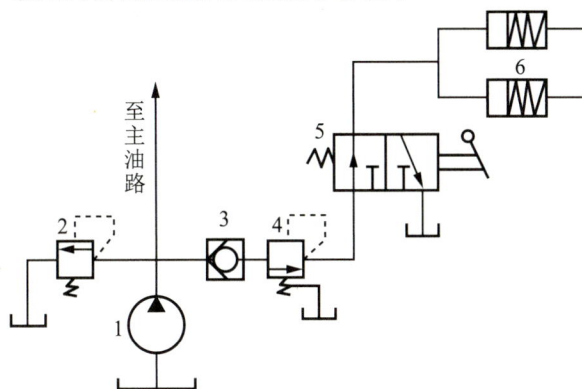

**图 6-3-2　减压回路**
1. 液压泵　2、4. 溢流阀　3. 止回阀　5. 卸荷阀　6. 工作缸

## 3. 增压回路

增压回路是用来使系统局部工作压力大于液压泵的供油压力，利用增压缸来实现增压的，如图 6-3-3 所示。

## 4. 卸荷回路

液压系统中的执行元件停止运动后，使液压泵输出的油液在低压下流回油箱，称为液压泵的卸荷。卸荷可节省动力消耗，减少系统发热，能够使液压泵卸荷的回路为卸荷回路，如图 6-3-4 所示。

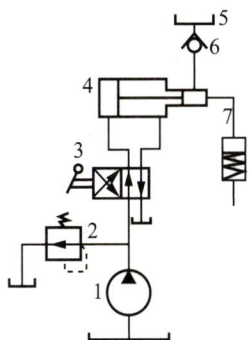

**图 6-3-3　增压回路**
1. 液压泵　2. 调压阀　3. 换向阀
4. 增压阀　5. 油箱　6. 止回阀　7. 工作缸

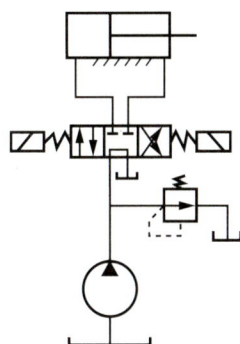

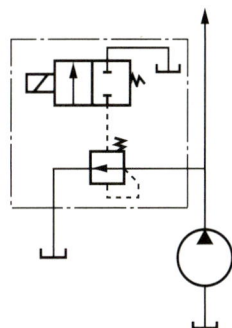

（a）换向阀卸荷回路　　（b）溢流阀卸荷回路
**图 6-3-4　卸荷回路**

## 二、速度控制回路

速度控制回路是对液压系统中执行元件的运动速度和速度切换实现控制的回路，按功能不同分为调速回路和同步回路。

**1. 调速回路**

调速回路就是用于调节执行元件工作速度的回路。可以用节流阀或调速阀来控制流量，达到调速的目的。如图 6-3-5 所示的节流阀就起到了这一作用，节流阀控制液压泵进入液压缸的流量（多余流量通过溢流阀流回油箱），从而控制液压缸的运动速度，这种形式的调速回路称为节流调速回路。用改变液压泵输出流量来调速的回路称为容积调速回路，如图 6-3-6 所示。

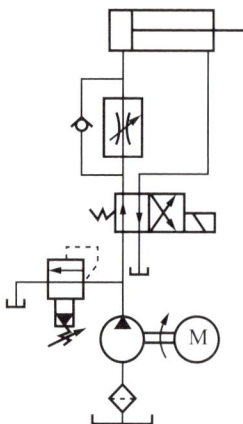

图 6-3-5　节流调速回路　　　　图 6-3-6　容积调速回路

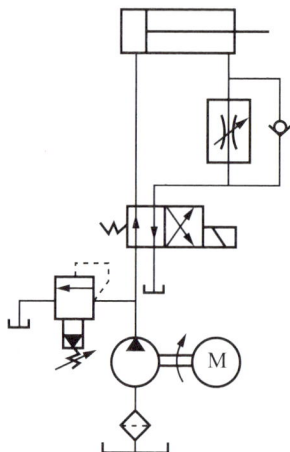

**2. 同步回路**

同步回路是指控制两个或两个以上执行元件同步运行的回路。同步回路分为串联、并联液压缸的同步回路。在汽车液压制动系统中，常采用的是并联式同步回路，如图 6-3-7 所示。汽车液压式制动系统，四个单作用轮缸并联，分别控制制动蹄张开实施制动；制动主缸为活塞式液压缸，由人力制动，工作时驾驶员踩下制动踏板，制动主缸挤压油液产生压力，通过管路传到四个轮缸并作用在活塞上，产生推力使制动蹄展开制动，制动力逐渐增强。松开踏板，制动主缸活塞退回卸压，轮缸活塞在弹簧作用下，松开制动蹄解除制动。由于各轮缸的结构参数相等，所以四缸同步。

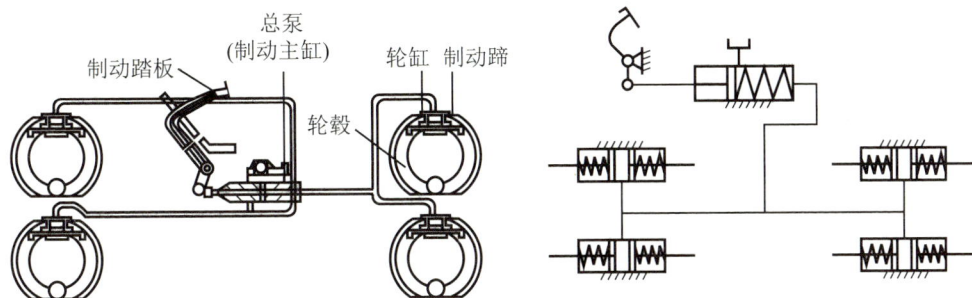

图 6-3-7　汽车制动系统液压并联式同步回路

# 三、方向控制回路

在液压系统中，控制执行元件的启动、停止（包括锁紧）及换向的回路，称为方向控制回路。方向控制回路主要有换向回路和锁紧回路，具体见表 6-3-1。方向控制回路在现代汽车上已得到广泛应用，如自卸车的液压千斤顶以及自动变速器的换挡控制回路等。

表 6-3-1　方向控制回路

| 种类 | 功能 | 回路图示例 | 说明 |
|------|------|-----------|------|
| 换向回路 | 用于控制执行元件的运动方向 |  | 当二位四通电磁换向阀通电时，换向阀接左位，液压泵的油液通往液压缸的无杆腔，使活塞向右运动；当电磁铁断电时，换向阀接右位，液压泵的油液通往液压缸的有杆腔，使活塞向左运动 |
| 锁紧回路 | 使执行元件能在任意位置上停留以及在停止工作时防止因受外力作用而发生移动 |  | 图中是通过三位四通换向阀的 O 型中位机能来实现的。当换向阀处于中位时，液压缸的进、出口都被封闭，可将液压缸锁紧 |

## 四、液压制动系统

如图 6-3-8 所示为交叉式双回路液压制动系统示意图。汽车在制动时，驾驶员踩下制动踏板，推杆便推动主缸活塞，迫使制动液经制动主缸和真空助力器将驾驶员踩踏板的力放大后传至车轮制动器使制动蹄张开，与制动鼓之间产生摩擦，汽车产生制动力，从而使汽车停止运行。后轮是鼓式制动器的汽车，其驻车制动器一般组合在后轮制动器上。

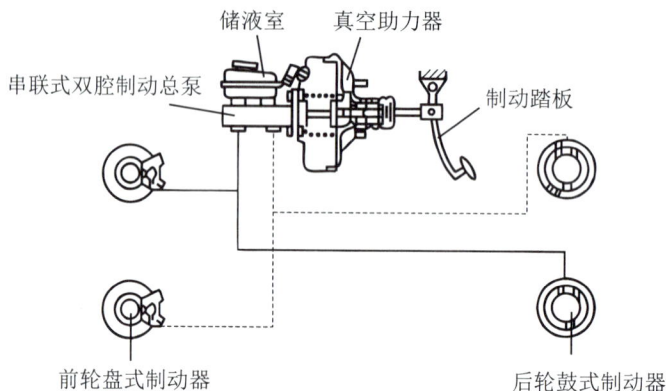

图 6-3-8　交叉式双回路液压制动系统示意图

## 五、汽车防抱死制动系统

汽车防抱死制动系统（ABS 系统）是一套能在制动过程中自动调节作用在车轮上的制动力矩，防止车轮抱死的电子控制装置。

ABS 系统的控制效果主要取决于系统所采用的控制通道数量和控制方法。目前绝大多数 ABS 系统采用"逻辑门限值控制方法"。踩下制动踏板，当汽车开始制动时，制动系统压力油油压升高，车轮速度开始下降。当车速降至某一车轮趋于抱死的数值时，行车电脑（ECU）向相应的电磁阀发出"保压"信号，接着输出"减压"信号，于是车轮制动液压缸内的液压力下降。如图 6-3-9 所示 ABS 系统的液压控制回路，其制动压力的调节采用循环调节方式，即对每一个控制通道都设置了一个三位三通电磁阀。该系统共有三个控制通道，因此有三个三位三通电磁阀，ECU 按控制电流的大小以三种电流分别向每个电磁阀通电，这样可以使每个电磁阀都有三种工作位置，从而在制动主缸、制动轮缸和回油管路之间建立起油压联系，并使 ABS 系统实现升压、压力保持和压力降低的调节过程。

由"保压—减压—加压"形成的防抱死制动系统的工作是瞬间完成的，其循环动作的频率可达 3～20 次/s，从而可保证每个车轮都不会发生制动抱死，并将车轮的滑移率控制在最佳范围。这种防抱死调节会一直持续到车速降至很低，或车轮不再趋于抱死时为止。

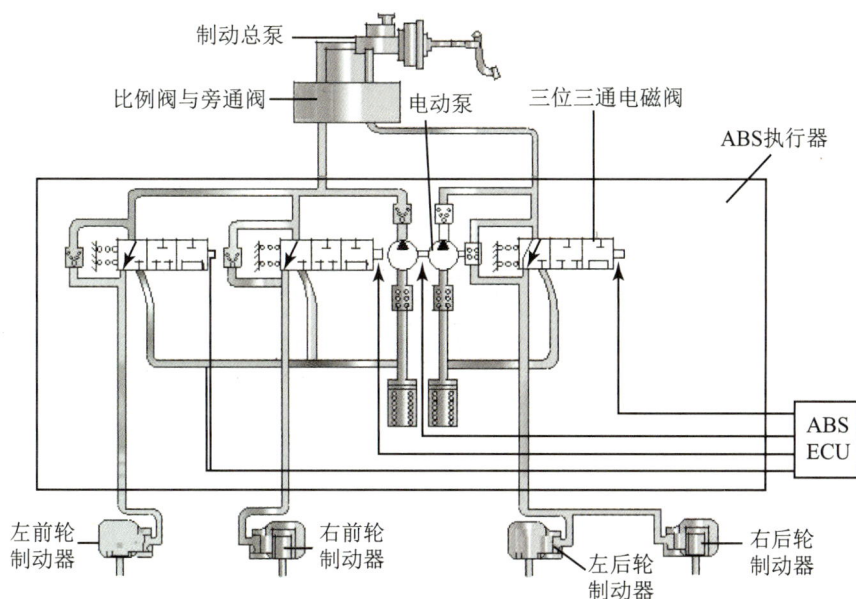

制动总泵

比例阀与旁通阀

电动泵

三位三通电磁阀

ABS执行器

ABS ECU

左前轮制动器

右前轮制动器

左后轮制动器

右后轮制动器

图 6-3-9　ABS 系统的液压回路

## 思考与练习

**简答题**

1. 液压制动系统使用在汽车上有什么优点？

2. 汽车上的液压制动系统中应用了哪些液压元件？

3. 简述 ABS 系统的液压工作过程。

## 任务 4　液力传动认知

### 任务描述

通过本任务可以让学生了解液力传动的基本知识，如液力的产生、传递，汽车中液力变矩器的组成、结构等，为后续的任务打下基础。

### 任务目标

1. 知道液力传动的组成。

2. 了解液力传动的工作原理。

### 相关知识

液力传动利用液体的动能进行能量传递，实现运动与动力的传递。

## 一、液力偶合器

如图 6-4-1 为液力偶合器的结构示意图，其主要零件形状如图 6-4-2 所示。

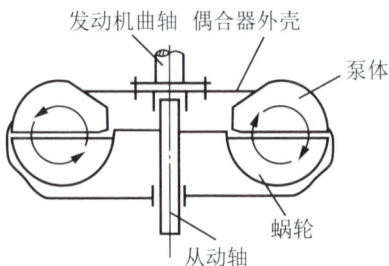

图 6-4-1　液力偶合器的结构示意图

图 6-4-2　液力偶合器主要零件

汽车自动变速器
丰田 340 辛普森
液力变矩器分解

由于泵轮和蜗轮的半径是相等的，故当泵轮的转速大于蜗轮的转速时，泵轮叶片外缘的液压大于蜗轮叶片外缘的液压。于是，工作液不仅随着工作轮绕其旋转轴线做圆周运动，并且在上述压力作用下，沿循环圆依箭头所示方向作循环流动。液体的质点的流线形成一个首尾相连的环形螺旋线，如图 6-4-3 所示。

## 二、液力变矩器

液力变矩器，如图 6-4-4 所示主要由可旋转的泵轮和蜗轮以及固定不动的导轮三个元件组成。

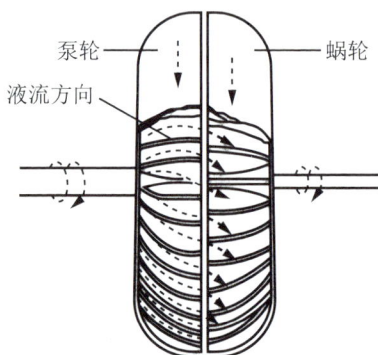

图 6-4-3　液力偶合器工作示意图

液力变矩器工作原理

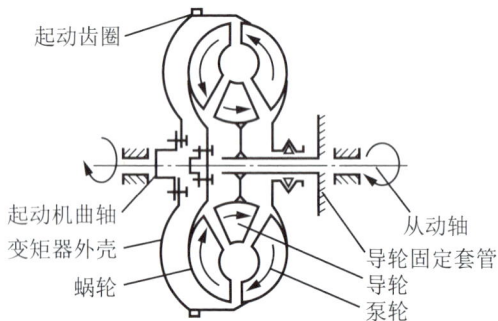

图 6-4-4　液力变矩器结构示意图

变矩器之所以能起变矩的作用，是由于结构上比偶合器多了导轮机构，在循环流动的过程中，固定不动的导轮通过油液给蜗轮一个反作用力矩。而这一反作用力矩则随着从蜗轮流出液体的方向的改变而改变大小，从而使蜗轮输出的转矩不同于泵轮输入的转矩。液力变矩器的主要零件，如图 6-4-5 所示。

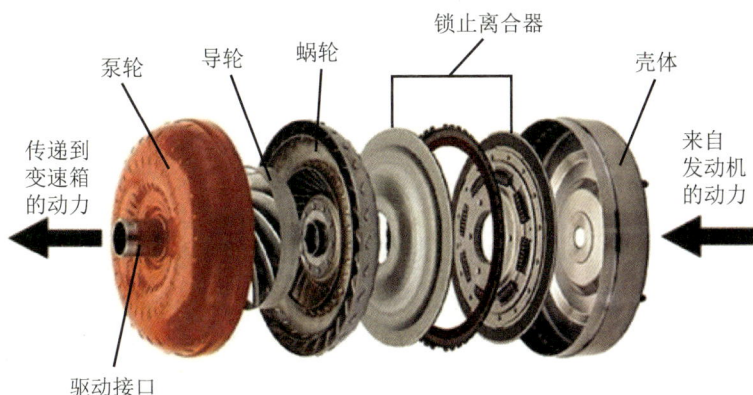

图 6-4-5　液力变矩器主要零件

如图 6-4-6 所示，将循环圆上的中间流线展开成一直线，各循环圆中间流线均在同一平面上展开。在展开的图上，泵轮 B、蜗轮 W 和导轮 D 便成三个环形平面，且工作轮的叶片角度也清楚地显示出来。

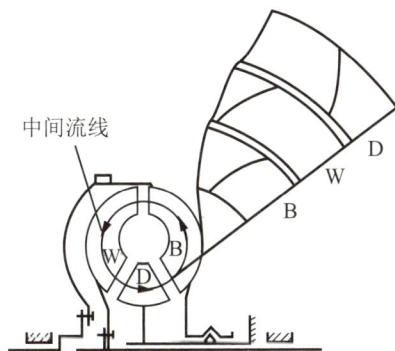

图 6-4-6　液力变矩器工作原理展开示意图
B. 泵轮　W. 蜗轮　D. 导轮

如图 6-4-7 所示是变矩器的三种工作状况，图 6-4-7(a)所反映的是当变矩器刚开始工作时的情况。图 6-4-7(b)所反映的是变矩器工作过程中的情况。图 6-4-7(c)所反映的是变矩器工作过程中的另一种情况。

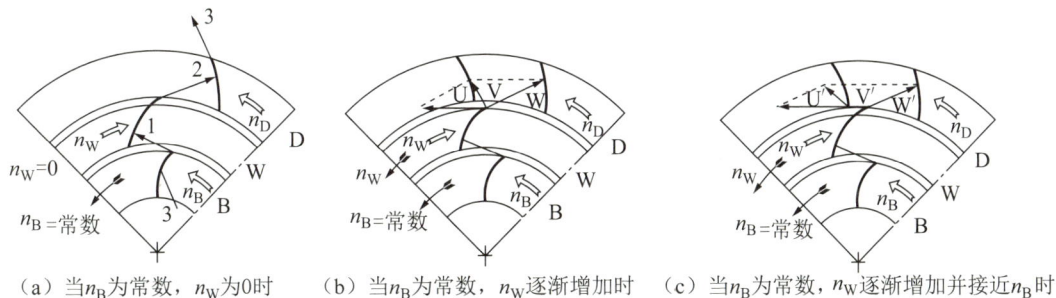

（a）当 $n_B$ 为常数，$n_W$ 为0时　（b）当 $n_B$ 为常数，$n_W$ 逐渐增加时　（c）当 $n_B$ 为常数，$n_W$ 逐渐增加并接近 $n_B$ 时

图 6-4-7　液力变矩器的工作原理

# 主要参考文献

[1] 顾欣. 汽车机械基础[M]. 南京：江苏教育出版社，2010

[2] 彭毕辉. 汽车机械基础练习册[M]. 南京：江苏凤凰教育出版社，2012

[3] 吴定春. 汽车机械基础练习册[M]. 北京：中国劳动社会保障出版社，2014

[4] 崔振民，张让梓. 汽车机械基础[M]. 北京：高等教育出版社，2014

[5] 高建平，庞志康. 汽车机械基础[M]. 北京：机械工业出版社，2015